浙江省"十一五"重点教材建设项目

黄奇杰　李淑瑛◎编著 //////////////

报刊编辑实务教程

ZHEJIANG UNIVERSITY PRESS
浙江大学出版社

发展文化软实力,增强编辑责任感(代序)

一

党的十八大报告中提出,扎实推进社会主义文化强国建设。文化是民族的血脉,是人民的精神家园。全面建成小康社会,实现中华民族伟大复兴,必须推动社会主义文化大发展大繁荣,兴起社会主义文化建设新高潮,提高国家文化软实力,发挥文化引领风尚、教育人民、服务社会、推动发展的作用。

2013年3月23日,国家主席习近平在莫斯科会见俄罗斯汉学家、学习汉语的学生和媒体代表时说:文化的繁荣是发展的最高目标,文化的创造是人类进步的源泉,文化的多样性是我们人类共同的财富。文化的影响力是超越时空、跨越国界的。文化交流是民心工程、未来工程,潜移默化、润物无声。

学习贯彻落实党的十八大精神和习近平主席的重要讲话,要从历史高度和文化层面更加深刻认识编辑工作在文化建设中的地位,增强编辑工作者的使命感和职业荣誉感,增强编辑的文化责任感,提高编辑产品文化含量,提高编辑文化素养,为建设社会主义和谐社会服务,为建设创新型国家服务,为人才强国战略服务,为增强中华文化的国际影响力服务。

改革开放以来,我们党和国家对文化发展的重视,达到了史无前例的高度,体现了中国共产党在新的历史时期对发展机遇与发展前景的把握能力。文化的力量可以坚固一个民族的根基,文化的自觉可以提高民族的自信,文化的内涵可以洗礼民族的灵魂,最为重要的是文化可以为一个民族带来持久的创新能力和鲜活的生命力。在人类开发和创造的各种力量中,文化力是最深厚、最强大的力量。纵观古今,强国都是"软硬"皆强,没有强大的文化,就不可能有强大的民族。随着经济全球化进程的加快和新科技革命的深入,世界各国之间的文化交流更加广泛,各种思想文化的碰撞更趋激烈,文化力在综合国力竞争中的分量越来越重,文化安全正在更多地被提上国家的议事日程。从现实看,国际国内的新形势把文化建设提高到了全局性和战略性的地位,加强文化建设是我国全面建设小康社会,构建社会主义和谐社会,实现科学发展,维护国家安全,加强民族团结和完成祖国统一大业的需要。

我国编辑要充分认识发展文化力的重要性。文化力是指文化所蕴涵的力量及文化所能激发的力量。美国哈佛大学教授约瑟夫·奈认为,文化、意识形态所体现出来的力量是一种"软实力",同经济、科技、军事等"硬实力"一同构成一个国家的综合国力。文化力是一种比物质的力量更强大、更深厚的力量,就对人们的影响来说,它有五大特点:

一是影响程度深。物质的力量只能作用于人的感官,其影响是比较浅层次的。文化力可以作用于人的感情、思想、灵魂,甚至造就或改变人的世界观。《论语·子罕》中有一句脍炙人口的名言:"三军可夺帅也,匹夫不可夺志也。"美国作家海明威的作品《老人与海》中也有一句名言:"一个人可以被毁灭,但不能被打败。"这两句话充分体现了精神的力量、文化的力量是不可战胜的。

二是影响的范围广。一份报刊可能有许多人传读观看,一本《哈利·波特》畅销全球。这说明文化产品可能影响一大批人,甚至影响一个民族,乃至影响整个世界。

三是作用的时间长。文化产品可能影响人的一生,甚至影响几代人、十几代人,乃至几十代人。在 2013 年 4 月四川雅安芦山抗震救灾中,当人民子弟兵冲锋在前时,人们会自然想起作家魏巍发表在 1951 年 4 月 11 日《人民日报》上的作品《谁是最可爱的人》,"我们的部队、我们的战士,我感觉他们是最可爱的人","我们以我们的祖国有这样的英雄而骄傲,我们以生在这个英雄的国度而自豪!"这铿锵有力的话语,影响着一代又一代中华儿女。

希腊神话历经数千年风雨,仍然"具有永恒的魅力"(马克思语)。可见,文化的力量经百代而不衰。

四是文化力可以转化为物质的力量。文化的力量之所以强大,关键在于它可以转化为经济的力量、政治的力量、军事的力量等物质的力量。科学技术、政治理论固然是这样,文学作品有时也有意料不到的经济效益。唐朝有 3 位王姓诗人各写了一首歌咏甘肃风物的七言绝句:王维的《送元二使安西》中"劝君更尽一杯酒,西出阳关无故人";王之涣的《凉州词》中"羌笛何须怨杨柳,春风不度玉门关";王翰的《凉州词》中"葡萄美酒夜光杯"。这 3 首诗共 12 句 84 个字,为后世的甘肃赢得了难以计数的旅游收入。无数旅游者千里迢迢、不辞劳苦地前去寻找阳关、玉门关,甘肃的夜光杯从甘东的平凉、天水一直卖到甘西的敦煌。这样的例子不胜枚举。

五是文化力是民族团结和国家统一的根基。作为体现民族共同特征的民族文化,是民族精神的结晶,是民族的灵魂,是民族的血脉,是民族凝聚力的核心和民族自豪感的源泉,是一个民族区别于其他民族的根本。古埃及、古巴比伦、古印度、古中国、古希腊、古罗马等文明古国中,中国是唯一的文明传承没有中断的国家,也是唯一的历经五千年沧桑而始终保持疆域基本稳定和国家统一的大国。今天我们说海峡两岸"血浓于水",这"浓于水"的"血"就是中华文化。台湾同胞说"把根留住",

这"根"也是中华文化。少数台独分子想搞分裂是不得人心的。

二

编辑工作是整个文化产品出版的中心环节。文化的力量是要通过文化产品的传播来实现的，只有通过传播，文化的力量才能得到充分的发挥，再优秀的作品如果没有经过传播，它就不可能对社会发挥作用。报刊、图书、广播、电视、网络是文化传播的重要载体。报刊出版业是内容产业，编辑对文化产品进行选择、把关、加工、提升，决定着文化产品的内容。编辑要从大量文化产品中选择最优秀的，要从芜杂的文化产品中选择对社会有益的，要把不完善的作品加工完善，要发掘作品中有价值的成分加以提升。随着社会的发展，编辑的功能变得更强大。总之，编辑在文化的记录、积累、传播、传承中起着至关重要的作用。可以这么说：一个国家编辑群体的水平和工作状况，在相当大的程度上影响和制约着民族的素质。我们不能只把编辑看做是报刊出版的一个工种，更应当从民族文化形成、发展、保存和传承的角度，从人类文明史的角度，从文化价值的层面，对编辑的功能进行再研究，对编辑的地位进行再认识。

编辑要担当起发展文化力的使命，必须具有文化自觉、政治素质、文字修养、知识功底、科技意识、经济头脑、全球视野、历史眼光等。所谓文化自觉，就是说编辑必须强烈意识到自己对民族文化所负的责任，有高品位的文化追求，有不可动摇的文化原则，有提高自己编辑产品文化含量的清晰思路，并且为此积累深厚的文化素养。报刊是特殊的精神产品，意识形态特征和文化知识载体特征非常鲜明，政治性、政策性强。政治具有明显的阶级性、倾向性和利益属性。编辑要努力提高思想政治素质，坚持以马列主义、毛泽东思想、邓小平理论和"三个代表"重要思想为指导，全面落实科学发展观，努力学习党的路线、方针、政策，保持坚定的政治立场和政治方向，坚持正确的舆论导向和"政治家办报"原则，以高度的政治敏锐性和政治把关意识，出版更多更好的精神文化产品，为全面建设小康社会提供精神动力、智力支持、舆论环境和社会条件，维护党和国家、人民的根本利益。

所谓文字修养和知识功底，这是编辑的基本功。文字是记录语言、表达思想的工具。一篇稿件，如果有错别字，不但会给阅读者带来不愉快，有时还不能准确表达意思。一个民族的语言文字保持最低标准是不能得以流传的。知识是人们在改造世界的实践中所获取的认识和经验的总和。编辑的知识面一定要广博，不仅可以避免知识类差错，还有助于对人、对事、对稿件的全面理解。编辑要立志为铸造中华文化的新辉煌作贡献，把个人的业务工作同民族文化复兴大业紧紧连在一起。每确定一个选题，加工一部（篇）原稿，推荐一种文化产品，都要考虑对民族文化复兴是起促进作用还是起"促退"作用，都要权衡对民族素质特别是对青少年的影响。

三

编辑产品是一种特殊产品,作用于人的精神世界,对民族精神的培育、国民素质的提高、科学技术的进步和国家整体实力的提高有着重大影响。当前,我国文化产品特别是一些报刊存在着"文化产品缺文化"倾向。一些媒体"文化缺失"最突出的表现,就是"炒、造、搞"。"炒"就是炒作,"造"就是造假,"搞"就是恶搞。随着我国现代化进程的快速发展,社会生活语言空前活跃、丰富的同时,逻辑混乱、语言失范的现象也相当普遍。任其蔓延,对我国文化和社会发展必将产生十分有害的影响。报刊作为重要媒体,在语言使用上起着引导、示范的作用。为了在广大群众中培养科学思维,倡导规范使用语言,净化语言环境,从而促进健康的人际交流,推动民族文化的传播,提高全民的文化素质,中国逻辑学会、中国编辑学会、中华新闻报社、教育部语言文字应用管理司、国家新闻出版总署报纸期刊出版管理司等单位联合举办了"全国报刊逻辑语言应用病例有奖征集活动",这次活动共挑出无可争辩的语言逻辑差错 14883 处。以 2006 年 7 月 14 日出版的 4 份中央级报纸和 24 份省市级报纸的 1~8 版正文为例,共挑出逻辑和语言应用方面的病例 1289 个,平均每份报纸 46 个,每版 5.8 个。有一份报纸的错误竟高达 184 个,平均每版 23 个。语言失范问题的严峻性到了令人瞠目结舌、不可容忍的程度,如果说是新中国成立以来最为严重的阶段,恐怕也不为过。

针对当前报刊出版物差错严重的情况,国家新闻出版总署已把 2007 年作为全国"出版物质量管理年",在全国范围内开展了有声势、有力度的出版物质量检查活动。2007 年 9 月 20 日,由中国编辑学会科技读物专业委员会主办的"新形势下如何保证和提高出版物质量研讨会"在桂林市举行,与会代表对出版行业中出现的不良现象进行了剖析和反思,表示要在确保提高出版物质量上起表率作用,要更加主动、更加自觉推动中国文化的大发展大繁荣,为中华民族的伟大复兴作贡献。据悉,国家语言工作委员会正在推出语言文字应用能力的国家标准和测评体系。我们要按照党的十八大的部署,更加自觉、更加主动地作好编辑出版工作,提高认识,从工作导向上保证提高出版物质量;强化管理,从制度上保证提高出版物质量,生产出更多与时代相适应的优质文化产品。当今人类信息传播已经发展到了全媒体时代,广大人民群众都通过博客、微博、微信等新的传播手段开展交流活动。在"人人都是记者"的今天,文字编辑已经成为全社会普遍需要掌握的重要技能。虽然一般人对于编辑的思想准备、责任担当和文字水平,还不可能也没有必要达到专业报刊编辑的水平,但是,从社会文明进步和语言文化的纯洁性的维护以及与时俱进的发展需要来看,让更多的人掌握文字编辑的能力,对于提高传播的有效性,促进社会文明的不断进步,都具有十分重要的意义。本书作者对于报刊编辑的思想道德的要求,对于编辑的社会责任感的阐述,对于编辑文字处理能力的引导,同样有助于并非专业编辑的普通人的思想水平和文字能力的提高，这对于当今社会的信息传播工作产生的积极作用是不可估量的。当然，本书作为高校本科新闻学科的专业教材，需要在更高的层次上对这几十年信息传播大发展对于报刊编辑提出的新要求，出现的新经验，形成的新理论，进行系统的总结和提炼，在深入研究的基础上撰写而成的教科书，对当代新闻专业的大学生乃至新闻媒体的从业者，都具有很强的理论价值和实际指导意义。这也正是本书的研究、撰写和出版的重要的时代意义和社会作用。

本书系浙江省"十一五"重点教材建设项目、浙江省高校省级实验教学示范中心——传媒实验中心教材建设项目。作者黄奇杰同志从事报刊编辑工作31年，10年前来到高校，与作者李淑瑛同志共同从事新闻教学工作，这本凝结他俩多年教学研究心得、汇集他们潜心思考的书稿，与众多"新闻编辑学"、"报纸编辑学"等书籍相比，有3个特点：一是将编辑理论与报刊实务相结合；二是将报纸业务与期刊实践相结合；三是将报纸编辑与电子排版相结合。相信本书出版将会在业界和学界产生一定反响，对提高编辑质量，净化语言环境，推动民族文化传播，具有一定的现实意义。笔者虽然从事过七年的刊物编辑工作，但只是在学术刊物兼任这一工作，没能广泛接触新闻性、社会性较强的报刊编辑业务，再加上自己在这方面没有下苦功夫进行深入的钻研，在这一专业领域没有什么话语权。但是，既有本书付梓前先睹为快的便利，又在阅读中学到了很多新东西的实惠，就写下这些话，一来对本书的出版表示热烈的祝贺，对作者的深入钻研、艰苦劳动表示衷心的感谢；二来把自己一些不成熟的想法提出来，以便求教于行家，为新闻传播行业和全社会的编辑水平的提高，奉献一点绵薄之力。

（於贤德：教授，哲学博士，浙江万里学院文化与传播学院院长）

目　录

第一章　报刊编辑责任

【学习目标】

- 定义报刊编辑
- 解释新环境下报刊编辑的基本素养和社会责任
- 分析版面语言和编辑权力
- 描述当代报刊编辑的基本流程

【引例】

《都市消费晨报》虚假失实报道典型案例剖析

2011 年 3 月 18 日　　来源：中国记协网

案例 1： 2007 年 6 月 1 日都市消费晨报 D2 版 转载稿件《王朔曝谢东为侯宝林私生子》。分析：编辑为了迎合热点，简单以王朔的名人影响力为信任基础，转载了这一新闻，导致以讹传讹。我们仔细琢磨这条新闻的内容就可以发现：这个消息从头到尾都只是王朔的个人揣测，并没有事实依据，造谣生事的嫌疑很大。所谓"不是你们家的人我赔 100 万"，只是王朔炒作自己观点的信口开河，完全不能成为事实证据。后经其他媒体证实，谢东父亲是原中国广播合唱团演员，母亲马增慧是侯宝林的同事。"谢东为侯宝林私生子"纯属谣言。这一虚假报道，也反映出编辑一味追求轰动效应，缺乏理性求证的工作作风。

案例 2： 2010 年 7 月 1 日都市消费晨报 A6 版 自采稿件《喀什"特区"效应催热房地产》。分析：毋庸置疑，"特区效应"肯定会带来变化。作为媒体，紧密关注变化的嗅觉必须有。但这些变化，是事实，还是人为的炒作？是缓慢的，还是剧烈的？媒体应该时刻保持清醒。这篇报道可以窥视出记者主观先行、急于成稿的心态。

第一，对一个地区的变化，外宣办、当地记者当然有发言权，但对于房产市场来说，他们都只是旁观者，并非业内人士，其观点只能作为参考；第二，稿件引述的都是模糊信息、概念化的信息，甚至文中直接使用了"传闻"这样的词汇，却没有具体的、准确的信息；第三，对于采访中听说的、获得的表象，稿件中没有显示记者调查的确切情况，如针对两个房产销售人员的说法，寻求楼盘详细的销控、不同时间房价的变化数据;第四,在围绕新闻主题寻求证据时,没有形成多角度、环环相扣的证据链。比如说,稿件提到的外地炒房客以及当地房产开发主管部门,本地市民,本地购房者,都应该成为采访对象,形成呼应的证据;第五,因为缺乏前后时间段房产销售量和销售价格准确、详实、细致的对比,缺乏对整个喀什市房产平均价格的掌握,"房产开发火热"、"房价一路上涨"、"房子涨疯了"的结论过于草率。

综合来看,整个稿件在缺乏记者详细调查的基础上,引述了大量的听说来的消息,颇具阵势,就读者普遍关心的社会热点问题营造出"形势",本身就有炒作和背离事实的风险,最终成为失实报道有其必然性。

案例3:2010 年 10 月 26 日都市消费晨报 D5 版 自采稿件《来 5 公斤黄金》。分析:中国人不露富是传统,"一位投资客出手 30 万一次性买走 5 公斤黄金"的消息源自中国一家黄金销售店,记者获得信息完全来自销售店工作人员之口,并未采访到购买黄金的顾客本人,稿件的表述却以直接引语方式,这本身就违反了成稿流程。另外,稿件中有明显几个硬伤:第一,黄金都是 300 多元 1 克,1 公斤售价就超过 30 万,5 公斤售价将达 150 万元以上。30 万如何买 5 公斤? 第二,稿件中采访的都是黄金销售方,并没有多渠道采访顾客,谈谈购买黄金的心态。市民追捧黄金是事实,但采访的过程中应该保持清醒,防止被黄金销售方炒作的心态利用。遗憾的是,在这篇稿件中,明显问题被记者编辑放过,导致稿件见报。这篇失实报道充分显示出,记者编辑迎合热点,追求轰动效应,置事实细节不顾。这一教训再次告诉我们,无论"再好的社会新闻",都必须严把事实关,新闻稿件中,不能有丝毫"合理想象"。

案例4:2010 年 11 月 18 日都市消费晨报 A4 版 自采稿件《首府公租房再获政策资金支持》。分析:经过调查,事实上,报道中提到的,发表对三部委联合发文的精神的理解,以及就落实政策时本地面临困难的这一"乌市住房保障管理办公室相关人士",并非乌市住房保障管理办公室的负责人,报道传递的观点只是个人评价,并不能代表乌市房产局和住房管理保障办公室的权威意见,甚至与实际工作的情况有很大出入。报道的刊发,不但给读者提供了错误的观点,更令主管部门相当尴尬和工作被动。因为 11 月 17 日是古尔邦节放假,记者无法采访到乌市房产局和住房管理保障办公室的负责人,便引用了此前就稿件新闻主题内容与乌市住房保障管理办公室某一工作人员聊天时的个人观点。

应该说,在看到国家三部委的联合发文,记者想立即追访乌鲁木齐本地落实情况的主观愿望是好的,但在采访成稿的操作环节中,却违反了采访流程的规定。按照报社规定,原则上不允许在采访中采用不具名的信息源——很容易影响新闻真实性;另外,此一时彼一时,新闻事实也会随着时间发展变化,记者拿彼时采访的内容运用到此时的稿件中,也违反了成稿流程。加上为抢发稿件未能采访权威对象,这都是导致稿件失实的原因。这一失实报道,充分暴露出记者的采访作风虚夸,报纸需要的,绝不是这样的独家新闻,不但不能给读者提供正确消息,还形成了错误引导和不良社会影响。

1.1 报刊与编辑

1.1.1 报纸：文化商品

报纸,是指有固定名称、刊期、开版,以新闻与时事评论为主要内容,每周至少出版一期的散页连续出版物。报纸作为一种公开出售的文化产品,要通过市场流通实现其价值和使用价值,因此具有商品属性。

一、报纸的构成

(一)报名(报纸名称)。如:《人民日报》(党报类)、《新民晚报》(晚报类)、《华西都市报》(都市报类)、《东南商报》(商报类)、《中国冶金报》(部门或行业报类)、《铁道建设报》(企业报类)等。

(二)刊期。日刊至周刊。

(三)开版(开本、版面)。对开、4 开、8 开。通常为 4 版至 64 版,有时多达 100 版以上。

(四)体裁。新闻报道与时事评论。新闻体裁是新闻内容的表达方式,报纸的新闻体裁通常分为新闻报道和新闻评论等。

(五)特征。散页连续出版物。

二、报纸的类型

报纸按照不同的标准,可以分为多种类型:

(一)以办报层次分:全国性,省级,地、市级,县市级。目前,我国公开出版的报纸有 1900 多种。其中全国性报纸 220 种,省级报纸 815 种,地、市级报纸 800 多种,县市级报纸 48 种。

(二)以报纸内容分:综合性、专业性;党报、都市报等;

(三)以出版时间分:日报,晚报,周报;

(四) 以版面大小分:

传统报型对开、四开、八开。

黄金报型(黄金分割率 1： 0.618,是古代希腊人发现的分割法,黄金报型由黄金分割率而得名)对开、四开。

三、报纸的开本

报纸版面大小,人们通常不用厘米等长度单位,而采用印刷业术语"开本"(简称"开")。开本的基础是"全张"(也叫"全开"),即印刷报纸时所用的原纸的尺寸,其长度和宽度都有法定的标准。过去印刷报纸使用的纸张是平板原纸,其规格为787毫米×1092毫米,是我国文化用纸的主要尺寸,现在印刷报纸使用的纸张是新闻纸(卷筒纸),有780毫米×1092毫米等规格。一个全张平均折多少份,折后的大小就称多少"开"。开本数字越大,面积越小。

以我国现在通用的新闻纸780毫米×1092毫米为一个全张来划分:

全张面积的1/2叫一个"印张"(也叫"一大张")。其开本为二开,通常称为"对开"(图1-1),尺寸是546毫米×780毫米(高546×宽780);

二开对折为四开(图1-2),尺寸是390毫米×546毫米;

四开对折为八开(图1-3),尺寸是273毫米×390毫米;

八开对折为十六开,尺寸是195毫米×273毫米;

十六开对折为三十二开,尺寸是136.5毫米×195毫米;

报纸开本如图1-1至图1-3所示。

图 1-1

图 1-2

图 1-3

1.1.2 期刊:成册杂志

期刊又称杂志,是指有固定名称,用卷、期或者年、季、月顺序编号,按照一定周期出版的成册连续出版物。

一、期刊的种类

目前,我国公开出版的期刊有9468种,其中综合类479种,哲学、社会科学类2339种,自然科学、技术类4713种,文化、教育类1175种,文学、艺术类613种,少儿读物类98种,画刊类51种。

二、期刊的特征

（一）形式：固定名称；顺序编号；装订成册；连续出版。

（二）内容：

1.多数期刊是有规律的定期出版物，因而其内容能与时俱进，跟随时代的进步和事物的发展而不断更新，便于历史地、系统地记录某一事件、某一学科研究进展的全过程或一段相当长的过程。

2.期刊在连续出版过程中，每后一期不仅是前一期序列上的自然延续，而且也是前一期作者、编者认识能力的深化和扩展，使得期刊有可能对事物的反映层次更深，对作者、编者的思考能力和认识能力展现得更为充分。

3.每种期刊虽有专一、明确的办刊宗旨，但每位作者的视野和角度总有不同，即使对同一领域的同一对象的反映和研究，不同作者所提供的信息和研究结论也会多种多样，因此期刊会呈现出各种资料汇聚、观点荟萃的特点，更有丰富性。

三、期刊的类型

（一）开本：16开（图1-4）、32开（图1-5）、64开。

图1-4

图1-5

（二）时间：周刊（如《读者参考》）、半月刊（如《半月谈》、《读者》）、月刊、双月刊、季刊、半年刊、年刊（年鉴）。

1.1.3　编辑：报刊"设计师"与"守门人"

在古代汉语中，"编"和"辑"最初是两个独立的单音节词，"编"字，最早见于甲骨文中，由"册"与"系"合体而成。《说文解字·系部》："编，次简也。"清段玉裁注曰："以丝次弟竹简而排列之曰编。"可见,编连竹简是它的本义,即顺次编排,编列之意。19 世纪末年,在河南安阳小屯村殷代都城遗址出土了大量公元前 14 世纪至公元前 11 世纪之间产生的甲骨文献。殷墟甲骨文,又称"殷墟文字"、"王八担",是殷商时代王室用于占卜记事而刻写在龟甲和兽骨上的文字。经研究发现,它们是按所记内容的事类加以区分,并以时间顺序分建窖储藏的,这足以说明我国编辑活动起源历史十分悠长。

"辑",本义为车舆,又同"集"。东汉班固《汉书》中常用之。例如,《礼乐志》记曰:"河间献王采礼乐古事,稍稍增辑,至五百余篇。"《艺文志》记曰:"门人相与辑而论纂,故谓之《论语》。"以上各篇中的"辑"字,唐代著名语言文字学家颜师古均注曰:"辑,与集同。"这里特指搜集、辑录。辑,又通"缉",所以早期"编辑"一词又经常写作"编缉"。

我国"编"、"辑"二字连用成"编辑"一词,最早见于北朝著名文学家魏收所著《魏书·李琰之传》,其中写道:"秘书监李琰之尝修撰国史,前后再居史职,无所编辑。"公元 7 世纪唐代史籍诏令每见此词。此时的"编辑"的基本含义,是"收集材料,整理成书"。

现代使用"编辑"这一概念,其含义有以下两种:一是指从事编辑工作的专业人员(编辑者);二是指围绕新闻或其他出版物的出版活动过程中,编辑者所从事的有关决策、组织、选择、加工、设计等专业工作(编辑工作)。

新闻出版界对"编辑"的概念众说纷纭,至今尚未达成共识。《新闻学简明词典》中给"编辑"这样定义:"报刊、图书出版过程中,有关组织、审读、编选、加工稿件以及制作标题、设计版面等专业性工作。"《广播电视简明词典》的"编辑"定义是:"广播电台、电视台从事组织、选编、加工节目文字稿件和音像素材以及编制节目等工作的专业人员。"可以看出,两个定义的基本内涵是一致的。第一种定义是基于印刷媒介的编辑,着重点在"专业性工作",相当于"编辑工作";第二种定义是基于电子媒介的编辑,着重点在"专业人员",相当于"编辑者"。之所以有分歧,主要是定义者所选择的角度不同。

人们比较倾向于《辞海》对"编辑"的解释:"编辑是指新闻出版机构组织、审读、编选、加工、整理稿件等工作",同时,"是指从事编辑工作的人员"。《辞海》对"编辑"的释义比较准确、简洁、权威。

1.1.4 编 辑 学

编辑学是研究编辑工作原理及编辑工作规律的一门科学。它包括图书、期刊(杂志)、报纸、广播电视编辑学、网络编辑学、电子出版物编辑学等。

报刊编辑学是编辑学的重要组成部分,它具体研究报刊的组稿、选稿、改稿、标题制作与版面设计等理论与实务。

新闻编辑学是探讨新闻编辑工作产生发展的过程,研究新闻工作的规律和方法、技巧的应用学科,是新闻学的一个重要分支。它主要研究报刊、广播、电视、网络、数字报业等不同媒介的新闻编辑的特点和要求等。

1.1.5 版面语言:报刊编辑的权力核心

1609 年,世界上第一份周报《通告—报道》在德国奥格斯堡诞生;1650 年,世界上第一张日报《新到新闻》在德国莱比锡创刊;世界上创办最早的期刊是 1665 年在法国创刊的《学者杂志》和同年在英国创刊的《哲学汇刊》。其中《哲学汇刊》至今还在出版。

报纸、期刊这两种最古老的传统印刷媒介已经走过了 400 年历程。随着时代的发展和科学技术的进步,不断产生与之竞争的传统媒介和新兴媒介,包括广播、电视、网络、手机报纸、数字报纸等。因此,近年来,国内外学界和业界的一些人士提出了"报纸生命说"。美国北卡罗莱纳州立大学教授菲利普·迈尔预测:"2044年 10 月,最后一位日报读者将结账走人。"(《正在消失的报纸》)清华大学新闻与传播学院教授刘建民提出了"报纸消亡论"(《关于报纸消亡的对话》)。北京《京华日报》社社长吴海民提出"报业寒冬论"。

虽然,近年来我国传媒市场格局发生了重大变化,经历着前所未有的"洗牌",新兴媒体正在蚕食着传统媒体特别是报业的"奶酪",分流了报纸的目标读者和广告市场,传统报纸正面临着新兴媒体的严峻挑战。但是,很多人士依然看好中国报业市场。人们认为,中国报纸不是"夕阳西下",而是还将经历较长的"正午时光"。理由是报纸具有独特的优势——版面语言。

报纸编辑的平台是版面,编辑报纸需要两种语言:一种是文字语言,一种是版面语言。报纸版面语言是报纸这一平面纸媒体特有的语言,是报纸客观存在的优势所在,报纸版面语言的独特作用,是其他媒介难以替代,并要借鉴的。文字语言是用来表现内容的,而版面语言则是用来评价稿件价值、表明编辑态度的。无论是广播、电视,还是手机短信、手机报纸、数字报纸,传播的形式和内容都是由报纸版面语言派生出来的。

作为大众传播媒介的报纸,尽管其介质、色彩、版式、内容等都发生了很大变化,但是,报纸版面语言具有的独特作用一直在发扬光大。

一、版面语言:表情达意体系

什么是报纸版面语言?业内专家曾发表不少独特见解:

"版面所运用的材料和结构规则构成版面表现内容的特殊语言——版面语言"。(郑兴东等《报纸编辑学教程》,中国人民大学出版社 2001 年版,第 227 页)

《人民日报》原总编辑范敬宜认为:"'版面语言'是办报人立场、观点、感情和审美眼光的自然流露。"(《人民日报版面备要·序》,人民日报出版社 1997 年版)

综上所述,版面语言是一张报纸表意、传情、叙事的符号,是编辑人员组织版面时,以版面要素为媒介,通过强化、淡化、美化的编辑手段,按照一定的布局结构构建的对稿件价值意义认识评价的表达体系。简而言之,报纸版面语言是编辑对稿件价值意义认识评价的表达体系。

版面要素是指面积、字符、图表、线条、网纹、色彩等,这是构成报纸版面语言的物质要素。编辑手段是构成报纸版面语言的行为要素,主要涉及版面前后、上下、左右等区位、区序、形状的处理;布局结构则指稿件内部结构(如题文关系)和稿件与稿件之间的结构等。

报纸版面语言是报纸版面学的核心概念,也是报纸编辑学的基本概念。版面是各种稿件、标题、照片、图表、线条、色彩整体结构的组合,是报纸的基本单元。报纸编辑流程是围绕版面工作进行的,编辑的所有工作都必须考虑版面需要,因此,版面语言是编辑在实际工作中必须掌握的语言。目前,新闻学界对报纸版面语言重视不够、研究不够,在报纸编辑实际工作中,许多报社的文字编辑同时就是版面编辑,许多编辑不太懂得报纸版面语言,没有很好地遵循报纸版面语言规则,版面编排杂乱无章的现象比较普遍。这种情况正是没有认识到版面语言的基石作用和统领作用所致。

二、报刊编辑掌握的权力

版面语言作为一种传情符号和表意体系,由此而产生的就是版面权力。新闻记者、报纸编辑,在国外被称为"无冕之王",在我国具有较高的社会地位,是因为报纸编辑拥有版面权,或者叫话语权。报纸编辑这种特有的权力,有时能起到行政权力、执法权力所起不到的作用。

报刊编辑的权力问题是编辑工作的核心问题。在报刊编辑部里,编辑是实际的掌权人。具体地说,报刊编辑通常手握五种实权:掌控报刊大政方针的权力;组织和指挥报道的权力;选择和取舍稿件的权力;审改和签发稿件的权力;直接发表言论,充当"意见领袖"的权力等。因此,做一位拥有如此权力的报刊编辑,对于一些人来讲,可能是人生中最为荣幸的事情。但是,无论是主观上还是客观上,编辑的权力都受到制约,这使得编辑工作在一定的轨道上运行,不致出轨。

编辑的权力受制约因素有以下几方面:政治、经济、社会和文化环境的规定;新闻机构的自律和控制;编辑主观条件和客观条件的制约等。每一位报刊编辑都要认真做到"情为民所系,权为民所用"(胡锦涛同志语)。

1.2　报刊编辑的工作环境

报刊编辑工作的环境是大众传媒内外的各种情况与条件的总和。报刊编辑工作既作用于编辑环境,又受到编辑环境的制约。了解和研究编辑环境,是做好报纸编辑工作的前提。

报刊编辑工作是伴随着报刊的诞生而出现的。在我国，相传早在汉代就有古代报纸，到了清末，出现了《察世俗每月统记传》等近代报刊，报刊编辑业务逐渐得到发展。辛亥革命以后，我国报刊越办越多，办报人员的分工也越来越细，报馆纷纷借鉴欧美和日本的报社制度，设主笔、访员、编辑等职（相当于现在的主编、记者和编辑），这才使报纸编辑的名义、地位和学术价值得以逐渐确立。

社会发展和科学技术的进步推动着报刊这一历史悠久的大众传播媒介不断革新。21世纪，人类社会正以前所未有的速度走向经济全球化、一体化，网络等新兴媒介快速兴起。报刊作为最古老的大众传播媒介，面对的是更加开放、也更具有挑战性的新环境。

1.2.1　复杂多变的社会环境

当今时代，编辑环境充满了变数。世界经济全球化，我国经济市场化，人口膨胀、老年社会，环境污染、资源短缺，自然灾害，地区冲突，贫富差距等，已成为困扰人类的世界性问题。变动的编辑环境给新闻媒体提供了丰富的新闻源，同时进一步增加了编辑人员判断和把握新闻的难度。我国社会变革加剧，腐败、就业、贫困、安全等问题依然严峻，使报刊编辑面对更加复杂多变的社会环境。

1.2.2　竞争激烈的市场环境

媒介种类与数量的递增使报刊编辑面对压力强大的市场环境。当前，大众传媒业空前繁荣，而竞争也异常激烈，各种媒体为了争夺受众和广告主，使尽各种办法，以求生存和发展。

进入21世纪后，我国传媒市场格局发生了重大变化，经历着前所未有的"洗牌"。以互联网为"第四媒体"和以手机移动终端为载体的手机短信、手机报纸、手机电视等"第五媒体"迅速崛起。这些新兴媒体正在蚕食着传统媒体特别是报刊业的"奶酪"，不仅分流了报刊的目标读者，而且分流了报刊的广告市场，传统报刊业正面临着新兴媒体的严峻挑战。

2012年1月16日，中国互联网络信息中心（CNNIC）在京发布的《第29次中国互联网络发展状况统计报告》显示，截至2011年12月底，中国网民规模达到5.13亿，全年新增网民5580万，互联网普及率较上年底提升4个百分点，达到38.3%。我国的网民规模居世界第一位。

使用手机，成为我国百姓"开门第八件事"。据国家工业和信息化部统计数据显示，截至2011年12月底，我国手机移动电话用户达9.86亿户，全年净增1.27亿户。受3G业务开展的影响，我国手机网民规模达到3.56亿，同比增长17.5%。被称为"拇指经济"的手机短信在我国呈现勃勃生机，越来越多的人习惯用手机短信交流信息,传递感情。据统计,2012年春节假期,全国手机短信发送量超过300亿条。以北京为例,2012年1月22日除夕当天,北京地区短信业务量总计高达9.87亿条,较2011年除夕增长3.74%。

1.2.3 不断创新的技术环境

现代科技发展使报刊编辑处于崭新的技术环境。20世纪电子技术的迅速发展,大大改变了新闻出版业的面貌。我国从20世纪70年代初开始研制电子排版设备,经过北京大学王选教授等专家十多年的艰苦攻关,终于在80年代初推出了举世瞩目的国产电子出版系统。1986年,《经济日报》首次采用并获成功,实现汉字、图片从录入、修改、编排到制版的电子化。到20世纪90年代中期,全国绝大多数报社已经采用了电子排版,彻底废除了铅与火,结束了100多年来"热排"的历史。随着电子出版系统的改进和报业经济的发展,我国绝大多数报社从单纯的激光照排向采编全过程的计算机化迈进。从告别"铅与火"到告别"纸与笔"。

编辑工具电子化,给编辑出版工艺流程、岗位职责、操作方式以及工作语言都带来一系列变化,提出许多新的要求。

21世纪初,新媒体技术给传统报刊业带来的挑战势不可挡。实现报网融合,发展数字报业,已是大势所趋。传统报刊业应对新媒体挑战,必须加快报刊业科技创新的步伐,加大技术投入,重视数字报业人才队伍建设,尽快建立适应传媒产业新的战略发展目标的数字技术、多媒体人才队伍。

1.3 报刊编辑的工作内容

1.3.1 报业与报社

报业作为信息产业的一部分,是由报刊生产、销售和经营三大系统有机组成。报刊生产包括产品设计、信息采集、编辑和制版印刷等环节,参与这一环节运作的主要有记者、通讯员、编辑、排版录入人员、制版印刷工人等;报刊销售也就是发行和零售,参与报刊销售工作的有报刊社发行部门人员、邮政和社会报刊发行公司人员、零售摊点的报刊零售员。目前,我国报刊发行主要有两条渠道:一是报刊社自办发行;二是通过邮局和社会报刊发行公司发行。报刊广告经营是报业经营的重要环节,也是报刊社发展的经济基础,参与报刊广告经营的有报刊社广告经营部门和社会广告公司等。

1996年1月15日,中国第一家报业集团——广州日报报业集团创建。目前我国经批准成立的报业集团有39家。

报刊社主要从事报刊编辑、出版、发行和经营。在社会主义市场经济条件下，报刊社既要承担政治宣传、引导舆论的政治任务，又要实行企业化经营管理，是"自主经营、自负盈亏、自我发展"的企业化管理的事业单位。

报社内部分工合作是以一定的组织形式固定下来的，它由三部分组成：负责报纸编辑工作的组织机构是编辑工作委员会，简称编委会；负责报纸印刷、发行和广告工作的组织机构是经营管理委员会，简称经委会；负责报社党务、行政等工作的组织机构是党务工作委员会。报社的最高领导是社长、总编辑、党委书记（一般是一人兼任）、总经理（由副社长兼任）。

报社编委会的办事机构是编辑部，下辖编委办公室（总编办）和各专业部（中心）。一般报社专业部门有政法、经济、科教、文体、理论、群工、记者、外宣等。现在多数报社实行的是编辑记者"采编合一"。

报社实行"编前会"制度，就是在每期报纸出版之前，由报社值班总编、总编室主任和各专业部门负责人等参加的版面协调会，协调和组织重大报道，安排版面。"编前会"召开的时间，晚报一般在当天上午8时左右；日报（早报）一般在出版前一天下午6时左右。"编前会"时间一般作为截稿时间。

1.3.2　报纸编辑工作的分类

报纸编辑工作指报纸编辑在报纸生产过程中所进行的一系列工作。报纸编辑工作的内容包括策划（组稿）、编稿（选稿）和组版等。策划指报纸的整体设计和新闻报道的策划与组织；组稿指分析与选择稿件、修改稿件和制作标题；组版指配置版面的内容和设计报纸版面。

报纸编辑工作是一项由众多环节组成的"系统工程"，不同的岗位，不同的业务职能，形成了编辑工作的多种类型。

一、按管辖范围和责任大小划分

（一）总编辑

编辑部门总负责人。其主要职能是：拟订编辑方针、设计办报方案；指导编辑部办报工作；对编辑部工作中出现的问题进行协调解决；对重要的稿件、标题、报纸的大样、清样进行审读、签发。

（二）编辑部主任

编辑部下属各具体业务部门负责人。其主要职能是：拟订本部门计划并组织和调控报道；审读、挑选、修改、签发稿件，并分别提供给有关版面主编。

（三）版面主编

负责设计、组织报纸版面的负责人。其主要职能是：设计版面的报道内容与形式，审读、选择和修改稿件，修改标题，配置版面内容，设计版面，校对小样。

（四）编辑

协助编辑部主任和版面主编工作、担负一定范围的稿件编辑任务的人员。其主要职责是：审读、初选和修改稿件、制作标题。

（五）校对

从事新闻出版过程中校对工作的专职人员。其主要职能是：根据图文原稿，核对校样，订正差错，保证出版物质量。

二、按业务程序划分

（一）日班编辑

编辑部组织日常宣传报道人员。其主要工作包括策划报道、布置采访、联系作者、处理、修改和提供稿件等。

（二）夜班编辑

负责每期报纸最后发排工作的编辑，因需要上夜班而得名。其主要职能是处理日班编辑送来的稿件，确定当天报纸的内容，对版面内容进行配置，修改标题、设计版面等，并必须在规定的付印时间之前完成。

（三）内务编辑

又称编务人员，是负责编辑部内部业务事宜的工作人员。其主要工作是搜集整理内部情况、出版内部新闻业务交流刊物，接待群众来信来电来访，培训通讯员等。

三、按编辑内容专业划分

可分为政法编辑、科教编辑、文化编辑、体育编辑、经济编辑等。经济编辑又可分为农业、工交、商贸、财政、金融编辑等。

1.4　报刊编辑的工作流程

报刊编辑工作是报纸生产中最重要的部分之一，由多道工序组成，报刊编辑工作各工序安排的程序就是报刊工作流程。

在报刊编辑工作流程中，首先是以报纸（期刊）总编辑为首的编委会在调查读者和分析市场的基础上，根据办报（刊）方针和宗旨，设计办报（刊）方案，对报纸（期刊）规模、结构、风格、特色做出总体规划。报刊编辑、经营部门根据总体规划，按照当前形势和任务，确定宣传重点和报道计划，选稿、改稿、制题、组版、校对等，周而复始地出版、发行报刊。随着社会发展和技术的不断进步，报刊编排经历了铅字排版到电子编排的历程。

1.4.1　报刊铅字排版编辑流程

从 15 世纪中期开始，一直到 20 世纪 70 年代，报纸铅字排版经历了一个漫长的发展过程。1041—1048 年,我国宋代毕昇发明的胶泥活字印刷术,于 15 世纪初传入西方。1450 年前后,德国的古登堡在中国胶泥活字印刷术的基础上发明了金属活字技术,逐渐应用于图书报刊印刷。1815 年 8 月 15 日,由英国传教士米怜、马礼逊和中国印刷工人梁发等创办的我国第一份中文报刊《察世俗每月统记传》,受技术条件限制,采用木版雕印。梁发被称为中国"报业之父"。1859 年,美国传教士甘布林在浙江省宁波市试制成功电镀汉字模,从此,铅活字取代木活字在中国的书报刊编排印刷中得到推广应用。

从新中国成立到 1986 年《经济日报》率先采用激光照排之前,我国报刊编排一直采用铅排。报刊一直沿用写稿依靠纸笔、传递依靠车辆、印刷依靠铅字、洗相依靠双手的传统生产工艺。报刊铅排不仅速度慢,而且质量较差。例如,编排对开报纸一个版面,一位熟练的铅排工人拣字排版需要花费 6 个小时左右,而利用计算机网络技术,不用 1 小时就能完成图文录入、版面设计等。

1.4.2　网络化报刊电子编排流程

网络化的报刊电子编排流程是以计算机技术、网络通讯技术等为基础的、全数字化的电脑网络编辑系统构成的报刊电子编排流程。电脑网络编辑系统的核心是采编流程管理系统,它将采、写、编、改、排、签发全部集中在网络中进行。这种编辑流程为无纸编辑形式,其主要特点是利用计算机技术进行写稿、编辑、发稿、组版,以代替传统的纸和笔。它是目前中外报刊普遍采用的一种高效率的电子编排系统。

计算机激光照排技术,最早在 20 世纪 60 年代由美国报业率先采用。从 20 世纪 70 年代初起,西方发达国家普遍采用了计算机激光照排新技术。

1974 年 8 月,我国有关部门组成工程组,启动了旨在使汉字进入计算机的"748"工程。1985 年,国产华光计算机激光编辑排版系统华光Ⅲ型成功推出。1986 年,《经济日报》使用华光Ⅲ型出版了世界上第一张采用计算机编辑、激光照排、整版输出的中文报纸,使我国报刊编排告别了"铅与火",迎来"光与电"的新时代。1994 年,北大方正飞腾排版软件 1.0 发布。目前,全国各报刊普遍使用北大方正飞腾排版软件 4.0 或 4.1。仅用十多年时间,我国报刊的编排手段和印刷出版技术基本实现了以计算机为主体的电子化作业,完成了从铅排时代到光电时代的飞跃。

报刊电子编排与手工铅排,既有相同之处,又有相当大的区别。两者相同之处在于:一是报刊编辑的基础理论没变;二是传统的选稿、改稿、制作标题、组版等基本原则变化不大。两者的区别在于:因计算机、网络通信等技术的介入,报刊图文稿件录入、校对、输出和组版技术的电子化、网络化,带来了版面设计风格的变化和出版方式的创新,简化了报刊的编排流程,提高了报刊的质量和出版速度。

1.5 报刊编辑的基本素养

在报刊出版过程中,编辑肩负着"总设计师"、"总把关人"和"再创造者"的重要职责。制定报刊编辑方针,设计报刊整体形象,策划和组织报刊每一阶段宣传报道;对报刊作品素材重新选择和组合,对文章表现形式进行再创造,为读者提供导向正确、内容真实、形式多样的精神文化产品。所以说,编辑是报刊及其传播活动的"总设计师"、"总把关人"、"再创造者"。

1.5.1 高度的责任意识

在报刊新闻传播过程中,编辑人员处于"守门人"的地位,掌管舆论报道的话语权,操有图文稿件的生杀权。报刊编辑权力和影响越大,同时也意味着其社会责任越重。报刊编辑人员必须具有高度的责任意识。

高度的责任意识,首先表现为要始终坚持社会效益优先的原则。当社会效益与经济利益发生矛盾时,后者要服从于前者,必须坚持正确的舆论导向。舆论导向正确是党和人民之福;舆论导向错误是党和人民之祸。胡锦涛总书记强调:宣传舆论工作关系事业兴衰,关系人心向背,关系社会稳定。这就要求编辑、记者等新闻工作者始终要把党和人民的利益放在最高的位置,把社会效益作为最高准则,做到守土有责、守土负责、守土尽责。

高度的责任意识,要求着力消除新闻报道的副作用。副作用是指随着报刊作品主要作用的产生而附带发生的不好的作用。例如,2009 年 8 月 4 日晚,杭州人魏某酒后驾驶保时捷越野车,撞死横穿马路的马某。某些媒体刻意在大标题中强调"杭州保时捷撞死人案司机父亲为董事长"。这是把一场酒后驾车引发的交通事故,描述成一场贫富对抗、强弱对立、社会断裂的标志事件。一些媒体在刻意强化那种"富人为富不仁欺压良民"的舆论偏见,传播"醉酒驾车者都是富人"的仇恨印象。这样的渲染是很可怕的。

高度的责任意识,包括多方面要求。大到版面与报道的宏观把握,小到文字标点的正确修改,编辑人员都要聚精会神,一丝不苟,认真负责。

1.5.2 丰富的知识结构

报刊报道涉及大千世界各种各样的事实,这就对编辑人员的知识提出了更高的要求。报刊编辑工作是一种独特的文化活动,因此,编辑人员知识结构应包括以下几个方面:

一、基础知识

基础知识是指文史方面的知识。编辑首先应具有"驾驭"文字的能力。著名语言学家、编辑家陈原先生希望编辑有驾驭文字的艺术，成为语言专家，甚至是语言文字运用自如的巨匠。他说："完全有理由可以说，语言文字（口头语言和书面语言）是一切编辑工作的基础。所以大众传播媒介特别是报刊编辑，应当毫无例外地掌握驾驭语言文字的艺术。"

二、专业基础知识

专业基础知识主要指传播学理论、新闻学概论、中外新闻史等。这些知识是新闻专业知识的基石，又是能指导新闻实践的专业理论基础。

作为报刊编辑，从制订报道计划、组织报道到选择稿件、修改稿件、组配稿件、制作标题、配写评论、编排版面等，要样样都能胜任。同时还要学会采访，既能当编辑，又能做记者。一位优秀的报刊编辑必须通晓新闻职业基础理论知识，因为这些基础理论源于实践又能用以指导实践。恩格斯说过，一个民族要想站在科学的最高峰，就一刻不能没有理论思维。那么，一个缺乏理论素养的报刊编辑，是难以胜任编辑工作、编写出有影响力作品的。

三、专业知识

专业知识主要是指采写、摄影、录音、编辑、版面设计之类的专业技术性较强的知识。这类知识仅从书本上学习是不够的，更要在实践中不断训练、总结、提高。

四、百科知识

百科知识是指包罗万象的知识，这是由报刊编辑"杂家"特点所决定的。之所以称报刊编辑为"杂家"，是指报刊编辑应尽可能多地掌握各类知识，拓宽自己的知识面。

五、边缘知识

边缘知识是指非新闻专业知识。报刊编辑在某一专业领域要有所"专攻"，政治、经济、法律、外语、文体、计算机、自然科学、社会科学等。只有这样，才能在该领域有一定的发言权。中国产业报协会曾于1997年提出倡议，应把计算机采编能力作为50岁以下编辑、记者必须达到的岗位要求之一，考核上岗。

1.5.3　综合的职业能力

报刊编辑职业能力结构应包括以下几方面：

一、认识形势和掌握政策的能力

形势就是事物变化和发展的形态及趋势。社会形势按地域划分，可以分为国际、国内、地区形势等；按内容划分，可以分为经济、政治、军事、教育、科技、农业、工业形势等。

政策是政党或国家为实现一定任务而制定的行为准则。政策按层次划分，可以分为总政策（总路线）、基本政策（中观政策）和具体政策等。

毛泽东曾经指出：政策和策略是党的生命。党的十六大将"不断提高科学判断形势的能力"列在加强党的五种执政能力建设的第一位。报刊作为党和人民的喉舌，编辑则是党和人民事业发展的宣传者、鼓动者、推进者和参与者。在我国进入全面建设小康社会、加快推进社会主义现代化建设的新阶段，面对风云变幻的国际形势和艰巨繁重的国内建设、改革任务，报刊编辑只有科学地认识国际、国内、地区、部门形势及其发展趋势，了解和掌握党的路线、方针、政策，才能提高自身的思想和业务水平，不断增强宣传工作的前瞻性、主动性，把握正确的舆论导向，提高信息传播艺术，促进党和国家的政策在干部群众中的贯彻落实，推动社会形势朝着有利于人民利益、有利于构建和谐社会的方向健康发展。

报刊编辑可以通过读书学习、宣讲辅导、新闻宣传、社会考察等途径，及时认识国内外形势，掌握党和国家的方针政策。

二、发现线索和分析问题的能力

同记者一样，编辑也应具有高度的新闻敏感。新闻敏感是指新闻工作者敏锐地发现新闻和对新闻所具有的价值迅速做出判断的能力。

1978 年 11 月 15 日，新华社发表《天安门事件完全是革命行动》，这篇只有 200 多字的消息像春雷一样震响了中华大地，对我国的政治生活产生了巨大的影响。它成功发表，反映了新闻工作者在编采过程中所表现出来的新闻敏感和政治胆识。

1978 年初冬，当时人们最关心的是对 1976 年清明节为悼念周恩来总理而发生的天安门事件的看法，它究竟是一起革命行动，还是反革命事件？ 1978 年 11 月 14 日，北京市委召开常委扩大会议，市委领导在作总结报告时，中间脱稿念了一段对天安门事件看法的文字，称"完全是革命行动"。1978 年 11 月 15 日《北京时报》发表了 8000 多字的会议新闻，在文中只提了几句。新华社北京分社记者写了一条 2000 多字的会议消息，11 月 14 日发到总社，也写得很简略。新华社领导认为，为天安门事件平反，才是当时最重大的政治新闻。他们决定重新编写，单发这条消息，国内部值班室主任舒人作了醒目的标题："中共北京市委宣布 1976 年天安门事件完全是革命行动"。同年 11 月 16 日，全国各大报纸都在头版头条位置刊登了这条消息。这条短消息从几千字的会议消息中被发现出来并能及时播发，说明了新华社领导和编辑人员具有高度的政治胆识和新闻敏感。

1995 年，笔者担任《安徽日报·生活特刊》责任编辑期间，采写编辑的《烈士后代的车子与房子》，写的是李大钊烈士长孙李宏塔担任厅级领导 15 年来一直坚持骑自行车上下班等为官清廉的感人事迹，荣获第六届中国新闻奖三等奖。这篇获奖作品是笔者在一次上街时听见路人的几句闲谈偶然发现的新闻线索。

《烈士后代的车子与房子》发表后,在社会上引起较大反响,被上海《报刊文摘》、广州《羊城晚报》等多家报刊转载,许多读者来信赞扬这篇文章。从这篇通讯的采编过程,笔者的体会是:新闻敏感是新闻从业人员的基本功之一,它不是天生的,也不是一朝一夕就轻而易举得到的。它是新闻从业人员在长期的新闻实践中不断学习、摸索、锻炼而获得的。培养新闻敏感的主要途径:一是及时学习,掌握党的新政策、新精神,懂得宣传政策和新闻价值。当时,中央和国务院办公厅专门下文,对领导干部坐车标准作了新规定,将干部坐车作为党风廉政建设的大事来抓,这篇通讯符合党中央最新文件精神。二是要熟悉实际情况,了解民情,关注民生,掌握宣传动态。三是要坚持"五多"、"五要"。"五多"即多学、多问、多听、多看、多想。"五要"就是脑要动、心要明、眼要亮、耳要灵、腿要勤。四是要重视实践经验积累,扩大自己的知识面,只有平时勤奋学习,处处留心,刻苦磨炼,才能增强新闻敏感,提高新闻发现力。

三、新闻策划和组织报道的能力

新闻策划,又称报道策划。新闻策划是新闻工作者根据新闻规律,对报道运作诸环节预先谋虑,即报道什么和怎样报道的思考和设想,是新闻工作者高级的智能活动。《人民日报》原总编辑范敬宜说过:总编辑的主要任务:一是把关,二是策划。

随着报刊的产生与发展,新闻策划现象早已客观存在。20世纪初,世界上一些有影响的报纸就已注重对重要事件的报道进行谋划。美国《纽约时报》编辑部主任范安达对豪华游船"泰坦尼克"号沉没事件的成功报道,是报刊新闻策划经典范例。1912年4月15日,范安达收到了美联社发出的第一份关于"泰坦尼克"号客轮从英国到美国的首次航行中撞上冰山的新闻简报。这艘巨轮曾被誉为"一艘不会沉没的轮船"。当时"泰坦尼克"号客轮是否会沉没,意见不一,情况也不明。范安达没有坐等消息,而是马上与"泰坦尼克"号的船主白星航运公司的办事处取得联系,获悉自收到第一个求救信号起半小时后,就没再收到"泰坦尼克"号的无线电报。范安达估计,这艘客轮可能已经沉没。

收到美联社的新闻简报是在凌晨1时20分,到凌晨3时30分之前,范安达已经组织好这次报道,为《纽约时报》头版准备了"泰坦尼克"号的照片,根据乘客名单准备了一篇背景介绍。这天上午,其他报纸对这一事件的报道还是不确切的说法,而《纽约时报》却以通栏标题报道了"泰坦尼克"号已经沉没的信息,在报道的完整性和结论性方面都胜过竞争对手,引起了世界的关注。

事实证明,一组好的策划报道,其题材、内容和所针对的问题应具备"五性"原则,即全局性、系列性、紧迫性、前瞻性和可行性。

所谓全局性,是指新闻策划要站在全局高度想问题,围绕事关大局做文章。所组织的报道、所抓住的问题,正是党和政府需要引起重视、需要着手解决的问题,这样的策划报道,才能赢得上上下下的关注。

新闻策划的系列性,不单指报道形式上的连续性,更强调题材立意的深度与广度。2003 年 6 月 8 日《慈溪日报》用整整 38 个版的篇幅,系统报道了"杭州湾跨海大桥奠基"消息;2009 年 8 月 8 日《今日早报》的"北京奥运周年"(图 1-6)、《新安晚报》的"重走英雄路"(图 1-7)和《宁波日报》连续报道了"纪念建国 60 周年系列报道"(图 1-8),都是比较成功的系列性新闻策划。

图 1-6   图 1-7   图 1-8

所谓紧迫性,主要指在新闻策划时,要紧紧抓住广大群众最关心、最感兴趣的热点问题。新闻策划的问题紧迫性越强,读者的关注度就越高。1998 年 11 月 2 日《安徽日报》经济周刊组织的"不堪重负'小化肥'"一组报道:读者来信、调查报告、编后,报道了电力部门乱涨价,造成部分化肥生产企业负担过重,影响农业生产的重要情况,引起中央有关部门和安徽省省政府的高度重视。国家六部委联合下文取消电力部门 560 项收费,仅安徽省涡阳化肥厂一次减轻负担 2400 多万元。这组策划促进了化肥企业和农业生产用肥问题的解决。

新闻策划所确定的选题、报道的内容要有前瞻性,事前要有较完整的计划安排,计划要切实、周到,只有这样,才能收到策划效果。新闻策划要注重可行性和可操作性,要遵守新闻纪律,做到令行禁止。

四、社交活动与友好交往的能力

市场经济,既是法制经济,也是朋友经济,对于新闻从业人员来说,交友是做好新闻工作的重要条件之一。众多朋友能提供很多新闻线索,给编采工作带来方便。编辑工作能力的大小在一定程度上取决于社交能力的大小。当然,报刊编辑交友,既要广交,也要善交,更要慎交。

1.5.4　良好的职业道德

报刊编辑的职业道德是公民道德与职业特征的结合，主要体现在政治素质、敬业爱岗、品德修养、法制观念等方面。客观、公正、真实、全面、进取、严谨、奉献，是报刊编辑职业精神和职业道德中应该着力抓好的基本内核。1991 年 1 月，中华全国新闻工作者协会（简称"中国记协"）第四届理事会第一次全体会议通过了《中国新闻工作者职业道德准则》，并在 1997 年 1 月进行了第二次修订，它是我国新闻工作者必须遵守的行为准则。报刊编辑的职业道德体现在以下几方面：

一、明德求真，坚持"两为"

全心全意为人民服务，是我国新闻工作者的根本宗旨。为人民服务，为社会主义服务，也是中国特色社会主义新闻事业的根本方针。我国报刊等新闻媒介是党和人民的耳目喉舌，在构建社会主义和谐社会中，起着团结、鼓劲的作用。因此，报刊编辑要坚持正确的舆论导向，自觉遵守法律和纪律，维护新闻的真实性。报刊不得宣传色情、凶杀、暴力、愚昧、迷信、有害人们身心健康的内容。这是报刊编辑职业道德的核心问题，集中体现了新闻工作者必须坚持的职业方向、必须遵守的职业纪律、必须承担的职业责任。

二、公正严明，精益求精

保持清正廉洁的作风，自觉抵制拜金主义、享乐主义、个人主义的侵蚀，坚决拒绝"有偿新闻"，这是报刊编辑职业道德最基本的要求。

编辑对作者的稿件有处理的权力，但这并不意味着编辑可以随心所欲，应以公正、公平的态度对待每一位作者的来稿，始终将社会效果、新闻价值和稿件质量作为选用稿件的唯一尺度。在编辑过程中，要一丝不苟，精益求精，追求"吟安一个字，捻断数茎须"、"未得两三句，两行泪先流"、"语不惊人死不休"的境界。

三、甘为人梯，为人作嫁

编辑是无名英雄，要长期树立"为他人作嫁衣裳"、乐于奉献、热情服务的精神。编辑常年累月、日复一日、默默无闻地编发图文稿件，花费了大量心血，把名誉让给别人，把辛劳留给自己。"衣带渐宽终不悔，为伊消得人憔悴"。编辑是尽职尽责的门卫，编辑是辛勤耕耘的园丁。

2002 年 11 月 26 日《中华新闻报》报道了《经济日报》编辑沈春波的感人事迹。沈春波从事报刊编辑校对工作 50 多年，为作者润色、修改、订正了许许多多的稿件，为党的新闻事业做出了巨大的贡献，却从来没想到自己应该得到一些什么，直到退休，他仍然是一位普通编辑。从沈春波编辑身上，人们懂得什么叫真正的奉献敬业，什么叫真正的吃苦耐劳，什么叫真正的无私忘我。

四、百花齐放，和谐互助

报刊编辑选择稿件、修改稿件，要尊重客观真实和作者风格，不要主观臆断，胡编乱改;对作者要谦虚热情,以礼待人,不要趾高气扬,目中无人。

社会主义市场经济是一种高伦理的经济,报刊编辑在激烈的媒介竞争中,要发扬团结协作的精神,媒介之间,同事之间,要平等团结、友爱互助,不要相互拆台,相互攻击,做到融合互动,创新共赢。

【本章小结】

版面语言作为一种传情符号和表意体系,由此而产生的就是编辑权力。进入21世纪,我国传媒市场格局发生了重大变化,传统报刊业正面临着新兴媒体的严峻挑战。报刊编辑肩负着"总设计师"、"总把关人"和"再创造者"的重要职责。报刊编辑要始终把党和人民的利益放在最高位置,做到守土有责、守土负责、守土尽责。

【思考训练】

1. 怎样解释《辞海》关于"编辑"的概念?

2. 请结合案例,谈谈版面语言与编辑权力的关系?

3. 调研我国第一家报业集团目前运营模式。

4. 报刊电子编排与手工铅排有哪些异同点?

5. 报刊编辑应具备哪些基本素养?

6. 试图参加报社的"编前会",了解新闻策划在报刊编辑中的作用。

【课堂讨论】

1. 报刊编辑如何应对新兴媒体的严峻挑战?

2. 如何理解范敬宜"当代媒体靠炒、造、搞来制作新闻"与蔡元培"新闻之内容,无异于史也"的讲话?

【参考文献】

[1] 李启瑞编. 我们错了[M]. 北京:商务印书馆,2011.

[2] 范敬宜著. 怎样当好总编辑[M]. 北京:人民日报出版社,1997.

[3] 郑兴东,陈仁风,蔡雯著. 报纸编辑学教程[M]. 北京:中国人民大学出版社,2001.

[4] 韩松,黄燕著. 当代报刊编辑艺术[M]. 上海:复旦大学出版社,2006.

[5] 赵鼎生著. 西方报纸编辑学[M]. 北京:中国人民大学出版社,2002.

第二章　报刊产品设计

【学习目标】

- 定义报刊产品设计
- 解释报刊产品设计的意义
- 描述报刊产品的生态环境
- 掌握报刊产品设计的过程
- 撰写报刊产品设计的方案

【引例】

《文传之友》报创刊方案策划书

大学生报刊日益成为高校莘莘学子发挥思想、指点江山、激扬文字的活动园地之一。为了更好地提高文化与传播学院师生的文化素养,构建健康向上的校园文化,文化与传播学院办公室、学生会准备创办一份面向本院师生的报纸。这份报纸将担负"传播资讯,繁荣文化"的重任,是文化与传播学院"内聚人心,外塑形象"的阵地。

一、报纸名称:《文传之友》报

二、出版周期:半月报

三、办报宗旨:励志、博雅、仁爱

四、主办单位:文化与传播学院办公室、学生会

五、承办单位:《文传之友》报编辑部

六、版面安排:《文传之友》报为4开4版,每版设置3~4个栏目。

第1版为"综合版"。主要报道文化与传播学院发生的重要教科、学务信息。拟设置"院系要闻"、"师生对话"、"博雅论坛"等栏目。

第2版为"教学园地"版。主要刊登文化与传播学院师生教学、科研和服务社会的新闻。设置"教苑动态"、"学科之窗"、"育才经纬"、"他山之石"等栏目。

第3版为"学子风采"版。主要宣传文化与传播学院学生学习、生活、就业等新闻。设置"学海书山"、"青春之歌"、"就业之路"等栏目。

第 4 版为"和谐人文"版。主要发表文化与传播学院师生的文艺作品。设置"心灵茶坊"、"专题访谈"、"习作赏析"等栏目。

七、版式风格:模块版式、图文并茂。

八、排版印发:版面由院报编辑部设计,由新华印务公司印刷。

九、办报经费:

(一)文化与传播学院拨付一定办报专项经费。

(二)利用文传之友协会联系商家自愿赞助。

十、征稿事宜:

(一)稿件来源:院报编辑、记者采写稿、师生来稿、征文比赛优秀稿件等。

(二)投稿方式:作者向院报编辑部发送电子邮件稿或纸质稿。

(三)稿件编发:由版面责任编辑、指导教师编审,由院长审查签发。

(四)稿酬发放:所有来稿见报后,按一定标准付稿酬。

文化与传播学院办公室、学生会

2013 年 5 月 4 日

2.1 报刊产品设计意义

2.1.1 报刊产品经营"四要素"

一、报刊产品经营"四要素"

报刊经营"四要素",是指资本、体制、人才和设计。资本是创办报刊的经济保障;体制是报刊社的制度支撑;人才是媒体发展的组织保证;设计就是特色鲜明的、创新的报刊产品设计及其实施方案规划。

武汉知音集团 2004 年投资 5000 万元,创办《新周报》,这份新生报纸从创刊到休刊不过 45 天,如此短暂的命运对于一家致力于"中国第一新闻周报"的报社来说实在是有些残酷。重庆某企业近 10 年先后投资了 5 张报纸,最后基本上都以亏损而告终。

以上这几家报纸,从投资经营报纸的"要素"来看,资本、体制、人才,都具备了非常优厚的条件:资本雄厚,市场化运作,人才队伍也是比较优秀的。为什么有的会失败,有的办得不成功。最主要的问题,就是"报纸产品设计"有问题。

报刊产品设计是报刊编辑一项特别重要的工作任务。因为,不管体制怎样先进,资本多么雄厚,人才队伍如何优秀,最后都是以报刊产品到市场上去打天下。20 多年来,我国都市类报纸之所以不断赢得读者欢迎,多数都市报的社会影响力和经济效益不断提高,就是因为"都市报"的产品设计是成功的,办报过程中的编辑策划经营也是成功的。

二、报刊产品设计的含义

所谓报刊产品设计,是指报刊编辑根据创刊意图、条件和市场,对报刊的方针、规模、结构和形象进行整体设计,形成一份办好报刊完整的系统的计划和具体实施方案。这种办报刊方案多数都用文字和图表表示。任何报刊都要进行产品设计。

三、报刊产品设计的范畴

报刊产品设计,包括新办报刊设计、报刊增刊、扩版设计等。

报刊产品设计通常从宏观、中观、微观三个层面深入展开,即宏观思路、中观构架和微观措施的设计。宏观设计是报刊的总体战略设计,包括报刊创办的方针、宗旨、编辑和经营思路等。它决定报刊发展的方向和成败,是报刊产品设计的基础和根本。因此,宏观设计具有决定性、全局性和长期性三大特征。中观设计和微观设计都在宏观设计的指导下进行,是体现宏观设计的具体措施和手段。

报刊产品的中观构架,就是支撑宏观设计的基本框架。它包括版面格局的设计,传播类型和风格的设计。报刊产品的微观设计,是将中观设计进一步细化和落实,要做出各个版面的实施方案,包括各个组成部分的特点、栏目的设置,具体的要求和操作办法,也包括版式风格等。

报刊产品设计不论宏观、中观,还是微观,都要做到定位准确、思路创新、内容具体、方案细致、市场检验、实施完善。

2.1.2 报刊产品设计的现状

报刊产品设计的现状,可以概括为"三多三少",即在报刊人才团队中,按照报刊产品设计方案执行的编采人员多,能设计报刊产品特别是新产品的设计人才少;在报刊产品设计中,改进成功报纸产品零部件的多,创造新的报刊品种的少;在新办报刊中,主办单位先决定创办报刊,后找人设计报刊产品的多,主办单位先有一个成熟的产品设计,后决定开办报刊(也就是说先拥有技术,后决定生产)的少。"三多三少"是报刊产品设计状况落后的典型表现。

一、理论研究和设计人才比较缺乏

改革开放以来,虽然我国报业加快了市场化进程,但是报业市场化主要表现为都市报化,全国各个城市都办了一张甚至几张都市报。晚报、商报、都市报,大多数都是相互简单地"模仿"。新闻业界没有从产品理论和创新角度,深入探索报刊产品设计问题;新闻理论界也没有全面地、系统地研究报刊产品设计理论问题。

报纸产品设计理论研究的空缺,也带来了报纸产品设计人才和机构的空缺。现在我国的报业集团,每家都设置了很多机构,专门设置报刊产品研发机构的却寥寥无几。

二、机关报的产品设计模式

（一）传统机关报模式。以《人民日报》,各省、市、自治区的党报为代表。

（二）市场化机关报模式。以《广州日报》为代表。

（三）与晚报嫁接的机关报。省会城市中有一部分市委机关报,报名就是晚报,办报风格也和晚报一样。以《合肥晚报》、《郑州晚报》、《西安晚报》等为代表。这类机关报比较成功地走向了市场。

（四）与都市报嫁接的机关报。以《南京日报》、《巴音郭楞日报》、《阿克苏报》为代表。新疆的《巴音郭楞日报》、《阿克苏报》与《都市消费晨报》联办后,将都市报的部分内容嫁接进去,全部进入零售市场,扩大了党报的发行和社会影响。

（五）与房地产市场报嫁接的机关报。以《深圳特区报》为代表。《深圳特区报》每天用几个版甚至几十个版专门做房地产报道,左右了深圳的房地产市场,垄断了深圳的房地产广告。《深圳特区报》将机关报和房地产市场报有机地融为一体,使机关报有了一个强大的生存基础和支柱。

2.1.3 报刊产品设计的基本要求

任何行业市场,产品设计的运作规范过程是:调查研究——产品设计——市场论证——生产决策——小批量试生产——规模生产——研究改进创新。报刊产品设计也不例外。

一、报刊产品设计的三大原则

（一）创造设计新品种抢占市场空白。

所谓市场空白,就是市场上还没有这个产品。报刊产品和其他产品的市场竞争,本质上都表现为两种形式:一是不同品种之间的竞争,创造一个新品种战胜旧品种;二是同一品种之间的竞争,对原来的产品进行零部件的改进和完善,用新的零部件代替旧的零部件。

虽然,目前我国报刊新品种开发难度比较大,但创造性始终是人类的本性,任何事物都不可能穷尽到底,总还会有更新的创造。报刊产品更新换代的创造也会与时俱进,没有止境,比如,数字报业、报网融合、财经报刊、县市报纸、企业报刊、社区报刊等,都是新时期报刊产品设计开发大有作为的市场发展空间。

（二）根据读者需要设计报刊产品。

无论宏观设计、中观设计,还是微观设计,都要从读者的需要出发,在遵守新闻宣传纪律的前提下,读者需要什么内容,就生产什么内容。读者是报刊的上帝,报刊是读者的公仆。根据读者的需要设计报刊产品,就得认真研究读者的需要、读者的口味、读者的心理。

（三）市场是检验报刊产品设计成功与否的裁判。

设计报刊产品,一定要有市场意识和市场观念,以市场为导向,要下工夫研究市场,研究市场的空白,研究读者的需要和口味,研究市场供需的变化,研究竞争对手的长处和弱点等,在透彻研究市场的基础上,设计出与众不同但又需要的适销对路的报刊产品。报刊产品设计出来后,要认真听取市场反应和读者意见。市场是最高裁判官。产品必须放到市场中去检验,根据市场的反馈不断改进零部件,使其不断完善而趋于成熟。

二、报刊产品设计市场化道路的探索

(一)报刊产品设计的分工明确化。现代企业的规范操作,产品设计是工艺流程中一个最重要的流程,由专门的设计部门来完成,和施工部门是完全分开的。产品设计出来后先论证,再试生产,最后才是批量生产,进入市场。这是科学的规范的生产流程。现在一些报刊的设计与生产混合进行,统统交给编采队伍,淡化、简化、甚至省略设计过程。单个报刊生产可以不单独设立设计部门和设计队伍,但一定要在流程中把产品设计明确独立出来,有专门人员负责产品设计。

(二)主办单位对新办报刊的产品设计方案可实行公开招投标。现在许多行业、企业的产品设计都公开招投标,这个办法可以引进到报业领域。通过招投标获取更多的方案来进行比较,集思广益,优中选优,选取更好的报刊产品设计方案,公开招投标,必然要组成一个专家组评审论证,等于又进行了一次把关。

(三)进行报刊产品设计方案的买卖交易。发展市场经济,最重要的是走市场化道路,通过市场手段寻找选择最好的产品项目。在知识产权等法律允许下,报业市场可以发展报刊产品设计交易市场,进行报刊产品设计方案的买卖交易,既节约成本,少走弯路,也可以避免或减少投资风险。

三、报刊产品设计者的基本素养

现在我国报业人才队伍,能从事报刊产品创新设计的人才较少,大多数是采编、经营和行政管理人才。报刊产品设计人才与采编、经营、管理人才不同,一个是产品的设计者,一个是产品设计的执行者。许多优秀的记者、编辑,是采编稿件的高手,对报刊的版面、栏目等零部件的设计和改进可以提出很好的意见,但比较缺乏报刊产品整体设计的能力。所以要培养、选用一批既懂编采业务,又会经营管理,更能创新的高水平的复合型的报刊产品设计人才。报刊产品设计人才应具备以下基本素养:

(一)深入研究市场。优秀的报刊产品设计者,既能从宏观视野观察分析问题,发现可以开拓的新领域,又能从微观深处发现现有产品的问题,拿出切实可行的改进办法,或者研究设计出"新部件"以代替"旧部件"。不论是开发创新,还是发现问题,都需要对报刊市场现有产品进行深入研究,在习以为常中用独到的眼光去观察问题、发现问题,用创新的方法去解决问题。

(二)增强创新能力。思路决定出路。思维方法对创新具有重要的作用。1995年1月1日创刊的《华西都市报》在产品设计时,使用了平移、优选、杂交、组合、分析、归纳、裂变、聚合、多维等多种思维方法，以"导向正确让党和政府满意，贴近生活令市民百姓喜欢"为办报宗旨，努力做到"用市民的语言来反映市民的生活，用市民的话语来叙说市民的故事"，充分凸现"市民生活报"的独特魅力。

（三）理论功底深厚。理论源于实践，又指导实践。报刊设计人员要善于从理论上归纳、梳理、总结报刊市场中存在的各种各样问题，发现其中带规律性的东西，按照事物规律去洞察市场的发展变化，发现现有报刊产品的优劣，以理论指导报刊产品设计。

（四）实践经验丰富。丰富的报刊实践经验是创造设计报刊新产品的重要保证，实践经验的积累依靠长期的磨炼和独到的观察和研究。

2.2　报刊设计思想

报刊设计，包括新报刊创刊，已有报刊改版、扩版、增刊的设计。报刊设计工作的成败，首先取决于报刊设计人员有没有良好的报刊设计思想，即明确报刊产品的生态环境、编辑方针、目标效果，以及实现方式等。

2.2.1　报刊产品的生态环境

报刊作为传统的平面的大众传播媒体，是一定社会环境与历史条件下的精神文化产品。报刊的社会环境决定了报刊生存状态。构成报刊生态环境的因素很多，有政治、经济、人口、法律、文化、技术等。社会环境的各项因素对报刊发展的影响主要表现在以下几方面：

一、目标读者

读者是报刊的服务对象，是新闻传播的接受者，是报刊文化产品的消费者。每一种报刊都拥有相对固定的目标读者。读者群体的变化直接制约和影响报刊市场的变化。读者是一个复杂、多变的因素，读者的数量、年龄结构、职业结构、文化程度、收入水平，以及读者对报刊的消费心理和行为等，都影响着报刊业发展。随着现代科技的发展和数字报业的出现，报刊传播手段与模式在不断改变，越来越多的读者参与传播活动，从过去单纯的"受传者"向"受传者＋传播者"转变；读者对于信息的需求也在不断变化，这些都是报刊设计策划必须考虑的因素。

二、报刊控制者

报刊控制者是指对报刊有领导权、管理权的组织者或投资者。我国报刊特别是主流报纸大多接受各级行政机构的领导，如各级机关报必须接受各级党委或政府的领导；行业报刊要接受主管部门的领导；晚报、都市报要接受所在报业集团的领导；企业报刊要接受所在企业集团的领导；各类报刊都要在上级党委宣传部门的统一领导下工作,政府新闻出版部门对各类报刊进行行政业务管理等。

因此,报刊的控制者对于报刊的定位和发展具有重要影响。报刊控制者的意见、新闻管理法规和政策,是报刊产品设计、编辑、经营等活动必须考虑的要素之一。

三、广告客户

广告是现代报业的经济支撑。报刊的生产和报刊社的生存发展,都要依靠广告提供资金保障,因此,读者市场、广告市场的变化、广告客户的需求、广告经营的规模越来越成为制约报刊定位和设计的重要因素,报刊广告经营的好坏与报刊的质量优劣,已经成为现代报业发展的"孪生姐妹",两者将一荣俱荣、一损俱损。所以,报刊设计、编辑、经营策划要始终将广告客户作为重要参照因素。《三联生活周刊》主编朱伟曾经这样说过:"刊物的衣食父母一个是广告商,没有广告商,刊物就没法办;另外一个就是读者,都非常重要。"

四、营销中介

任何产品都包含生产、流通、消费诸环节。报刊产品从编辑、印刷、发行到读者手中,需要依靠各种营销中介,包括信息中介、广告中介、产业中介、发行中介等。信息中介是指通过电脑网络、电话传真、邮政信件等收集报刊生产需要的大量信息;报刊的广告经营需要通过报刊社内外广告公司来完成,广告中介是报刊生存发展的重要依托。报刊的生产还需要产业中介,如纸张、油墨、PS 版、印刷机、计算机、通讯技术等;发行中介包括报刊社发行部门、邮政、社会发行公司、零售摊点等整个报刊发行网络。支撑报刊营销中介的元素非常复杂,既有主要靠人力构成的中介,如报刊发行网络,又有主要靠科技设备构成的中介,如国际互联网络。报刊营销中介因素牵涉到诸多与报业相关的多种产业,所有这些中介因素都影响与制约报刊产品的形态和规模,成为报刊设计策划的重要依据。

五、竞争对手

改革开放以来,我国各类传媒在数量和类型上发展迅速,媒介市场竞争日益激烈。报刊不仅要面对传统媒介如广播、电视等,新兴媒介如网络、手机等不同类型媒介之间的竞争,还要面对同类型媒介即报刊之间的竞争,如报与刊(报纸与新闻期刊)、报与报(党报与晚报、都市报)、刊与刊(同类期刊)之间的竞争。媒介受众市场不断"分众化"已成为大势所趋。能否找准合适的市场定位并生产出高质量的媒介产品,决定着媒介的兴衰成败。报刊产品定位设计必须知己知彼,充分研究竞争对手,寻找竞争对手的薄弱环节,发现市场空白点,从而选择正确的发展战略,做到"人无我有、人有我优、人优我特、人特我精"。

2.2.2 报刊产品的内部条件

报刊社自身的内部条件也是影响报刊发展的重要因素。报刊产品发展的内部条件主要有以下几方面：

一、报刊社的资金、设备和技术条件

这是报刊生产进入良性发展的"硬件"。无论是报刊新创办还是报刊改版、扩版、增刊都需要"硬件"保障，包括启动资金、办公场所、编采网络、通讯技术、摄影器材、印刷设备、交通车辆等。

二、报刊社的人力资源、体制与管理水平

这是报刊生产顺利运行的"软件"。人力资源就是人才队伍，是指报刊社拥有各类专业人员的数量、人员素质及其水平，包括年龄、性别、资历、学历、学缘、职称、品德、特长等方面的合理构成。人力资源是制约报刊设计的重要因素，因为报刊产品策划实施效果首先取决于人的努力。

体制指报刊社的组织制度，包括用人制度、分配制度、机构设置等。目前我国报刊社的体制是有差异的，有的已经实行全员聘任制，真正实现了社会招聘、择优录用和人才流动，有的还维持着计划经济时期形成的旧体制，人员难以流动，人浮于事的状态难以改变。体制的差异会直接影响从业者的工作态度和业务水平的发挥，形成对报刊设计策划的制约力。

报刊社的管理水平也是影响报刊设计和传播的一项重要因素。管理水平高的报刊社能以高效的流程、完善的制度和严格的纪律保障报刊策划方案的实施，而管理水平低下的报刊社则有可能使产品策划变成纸上谈兵，人浮于事，人才流失，报刊业发展举步维艰。

媒介内部的各项因素是互相关联且能够彼此转化的。比如报社拥有雄厚的资金实力，可以吸引优秀人才，可以添置现代化的技术设备；报社拥有体制方面的优势，也能够吸引人才和资金投入。

2.2.3 报刊编辑方针的制定

一、报刊方针、编辑方针、报刊宗旨

报刊方针是规定报刊性质、立场、宗旨的指导思想，是指导报刊社所有工作的基本纲领。报刊方针有广义和狭义之分，广义的报刊方针包括编辑方针和经营方针；狭义的报刊方针指的是编辑方针。

编辑方针是报刊编辑出版工作总的指南，它明确了报刊的读者对象、传播内容、报刊水准和风格特色等，是报刊编辑必须遵循的准则。编辑方针一旦确定，整个编辑工作都应按照编辑方针行事，同时，随着形势、环境、读者的变化，必要时应对编辑方针作出适当调整。

编辑方针常常可以用最精练的语言进行高度概括，提纲挈领地反映报刊的宗旨，成为办报办刊的"口号"，同时也是报刊进入市场的推介词。不同的报刊都在编

辑方针中阐明了自己的性质、定位及宗旨,比如,近代著名报纸《大公报》的"不党、不卖、不私、不盲";上海《新民晚报》的"飞入寻常百姓家";北京《新京报》的"负责报道一切";广东《南方周末》的"深入成就深度";浙江《现代金报》的"讲真话、办实事、树正气";安徽《新安晚报》的"为老百姓办,办给老百姓看";香港《商报》的"立足香港、在商言商";北京《财经》杂志的"独立、独家、独到"等等。

报刊方针由报刊控制者、主办单位或发行人制定;编辑方针和宗旨由报刊编辑部根据报刊方针制定。在实际运作中,报刊方针、编辑方针和宗旨并不一定截然分开。

报刊在创办之初或者改版之时,通常在报刊上以"发刊词"、"致读者"等形式公开宣告报刊方针、宗旨和编辑方针。

二、编辑方针的主要内容

(一)目标读者。在编辑方针中,目标读者的界定与分解一定要非常明晰。报刊要研究自己的受众,他们的年龄、性别、教育程度与文化水平、经济状况、籍贯、职业等,都要认真了解分析。任何报刊不了解自己服务的读者对象,不去分析它们的兴趣、爱好和需要,是肯定办不好的。

(二)传播内容。报刊的传播内容是指报刊信息传播的总的报道面,包括报道对象的分布、报道的领域、报道的区域等。报刊的传播内容是由报刊的性质、类型、宗旨和读者对象的需要等因素决定的。传播内容中要考虑涉及报道的范围和主要面对的行业。编辑方针对报刊传播内容的规定,将直接指导报刊总体规模和内部结构的设计。报刊版面的分工、栏目的设置、报道的重点等都要在编辑方针中加以考虑,同时,编辑方针还要重视视觉内容,包括以什么方式展现图片,封面设计包括哪些元素,版面形式如何与新闻主体配合等。

(三)报道质量。报道质量是指报刊传播信息所具有的深度与广度,以及表达方式的魅力与感染力。要保证报刊报道质量,就需要在编辑方针中,对报道的总体思路、策划构架和稿件审定等关键环节做出具体规定,对采编业务中的报道质量和数量应提出具体要求。不少报刊都在编辑方针中提出,新闻必须真实、全面、客观、准确、鲜明、生动,新闻要素必须齐备,文章要注重社会效果,要为读者喜闻乐见,文风上要大气、清新等。对于正面宣传、舆论监督、热点引导、突发事件报道也需在编辑方针中加以明确。对成品稿要有明确规定,包括格式、长短、署名等问题。有时还需要提出特别注意事项,比如,针对采编工作中的"事故多发区",可以作出重点规定,包括奖惩措施。

(四)风格特色。报刊的风格特色,是指报刊的整体结构、传播内容、传播方式和版面形象等综合表现出的格调和特点,它是由报刊的性质、宗旨、编辑方针和读者对象决定的。比如,党报的风格比较严肃,而晚报的风格则比较活泼。报刊不同的宗旨,不同的受众,其风格也不同。

报刊的风格，一方面从所刊载的稿件内容中反映，另一方面从报刊的版面设计中求得。比如，《三联生活周刊》是一家很有独特风格的周刊，这本由三联书店主办的新闻综合类杂志带有浓厚的中国知识分子的阅读色彩。相对于《三联生活周刊》的"高姿态"，上海《新民周刊》则带有一种温和海派气息，更加"市民化"。

2.3　报刊设计程序

2.3.1　报刊设计的内容

一、报纸的设计

报纸设计是将报纸的编辑方针具体落实为操作方案的一种创造性的工作，它包括整体规模设计、内部结构设计和外部形象设计等。

报纸的整体规模，是指报纸的版面总量构成，包括日均出版多少版、每周版面总量有多少等；报纸的内部结构是指报纸全部版面的分工与组合形态，包括新闻版、专版、专刊、副刊、广告版面等，以及各个版面在空间上的排列顺序、出版时间的安排等；报纸外部形象主要由报纸的报头、版式、色彩等视觉性元素组合而成。

无论是报纸的整体规模、内部结构，还是外部形象，都是根据报纸的编辑方针确定的。

报纸整体规模与内部结构的设计不仅是一种定性的考虑，而且要进行精确的定量安排。许多报社都是以"每周版面运行表"的方式来表现这种设计并具体付诸实施的。

在设计好报纸整体规模与内部结构之后，还要对报纸的每一个组成部分进行局部设计，也就是设计报纸的每个版组、专刊、专版、每个版面，以及版面中的各个专栏，对每个版组、专刊、专版、版面的名称、定位，以及版面中每个专栏的内容、篇幅、体裁、作者、版面位置、风格等都要有明确的规定。具体地说，报纸的局部设计包括：确定各个单元及其中各版的读者定位和编辑思想；确定各版名称、报道范围和重点；确定具体版面的主要专栏名称、内容、篇幅、体裁、风格等；确定广告在各个版面所占的篇幅和位置，以及广告的类型；确定具体版面的版式特点和风格特色。

报纸设计的成果由书面文字表现出来，是报纸设计方案。这一方案往往作为报社内部文件发至有关采编人员。方案内容包括阐述报纸编辑方针、报纸的整体规模和内部结构、报纸各个版组、版与专栏的设计等。比如，《京华时报》2001年5月28日创刊，至2012年初，其发行量占据了北京早报市场73%以上份额，广告额持续保持北京报业第一、全国报业第二。《京华时报》取得的辉煌业绩，源于创刊时在"传播信息、提供资讯、引导消费、服务生活"编辑方针的指导下，定位为"北京人的都市报",对每个版做了精心设计(见表2-1)。

表 2-1 《京华时报》创刊时的报纸设计

版次	版面名称	主要栏目及内容
01	头版封面	当日重要新闻,导读
02	要闻/综合	刊载要闻。设有"要闻快报"栏目,对于国内国际重大事件的简要报道
03	北京/热点	北京市的热点、焦点新闻
04	北京/时政	全部为北京市的新闻。设有栏目"昨日发布",发生在前一天的新闻,多关系北京市民的日常生活
05	北京/时事	京城的一些动态新闻。设有"时事特快"栏目,报道京城新举措、新气象的简讯
06	北京/社会	栏目有"市井新闻",多为京城街头巷尾的趣事,与生活息息相关,引人深思
07	各地/时事	国内其他城市的新闻,栏目"现场目击"、"地方新闻"等
08	各地/社会(或广告)	国内各地的社会新闻,有时会出整版广告。栏目有"奇闻放送"、"惊险一幕"
09	各地/热点	多为大篇幅报道,或组合报道
10	各地/声音	两个栏目:"声音"全部为摘编自其他报纸的评论;"只言片语"刊登一些名人、权威人士及热点人物的话语
11	财经/焦点	设有"市场"、"关注"、"业界"等小栏目
12	财经/动态	国内国际的财经的动态变化,有栏目"财经短波"
13	财经/财富	报道篇幅较大,并常配有"财富时评"或"财经时评"
14	财经/彩票	彩票专版。刊登每期的开奖号码。并设有许多栏目:"彩民须知"、"彩民论剑"、"彩市支招"等
15	娱乐/电视	电视节目及演娱界新闻。栏目有"套餐计划",为观众制订收视计划,包括大众套餐、老年套餐和青少年套餐。"每日荧屏"为每日节目预告
16	娱乐/电影	"星闻":明星报道;"碟报":影碟的介绍和推荐
17	娱乐/动态	娱乐新闻,栏目有"娱乐先锋",多为新节目、新专辑、新电影电视摄制的消息,有时会出整版广告
18	娱乐/胡同	文字专栏"脑轻松"和漫画专栏"城市物语"。"脑轻松"中还有小栏目"笑话"、"脑筋不转弯"及"推理"
19	娱乐/坐家	邀请许多当代知名作家写作专栏文章,内容多为当下生活感悟,并配有编辑的"雪儿小语"

版次	版面名称	主要栏目及内容
20	证券/时讯	设有多个栏目:"证券新闻快递"、"上市公司最新动态"、"今日提示"、"参考消息"和"沪深公告信息早餐"
21	证券/股评	栏目有"大势日评"、"热股热评"、"潜力出名门"、"热点聚焦"、"公告精解"、"国内外市场"、"B市论坛"、"新股跟踪"、"释疑解惑"、"资金动向"等
22、23	证券/行情	股市行情专版,栏目有"昨日上证A股"、"昨日深证A股"、"昨日上证B股"、"昨日上证基金"、"昨日深证B股"、"昨日深证基金"
24、25	体育/足球	主要为足球方面的报道
26	体育/综合	有关其他体育运动的新闻
27	国际/时事	国际时事消息,栏目有"国际快讯"
28	国际/视点	多为有关国际事件的深度报道
29	国际/人物	国际上的热门、焦点人物报道
30	国际/社会	国际事件报道,栏目有"环球视窗"
31	北京/民生	多为生活服务类信息,栏目有"公交动态"、"打折信息"、"京华提示"等。内容有生活气象指数、天安门广场升降旗时间以及水电、燃气停供预告等
32	北京/热线	读者提供线索的新闻,关注京城百姓日常生活中的事件

二、期刊的产品设计

(一)期刊的定位。期刊的定位,就是确定本刊在社会上和同类期刊的位置。只有明确了定位,才能在这个位置上更好地发挥作用。

期刊的定位包括三个方面:一是确定主要读者对象。如果读者对象不明确,读者需要什么就不清楚,要办好杂志也就无从谈起。主要读者对象在期刊创刊前就应调查清楚确定下来,期刊创办后还要经常了解,心里要始终有数。

二是确定期刊的属性。就是期刊的立场、属性的问题。在我国,期刊的立场是共同的,要站在党和人民的立场上来创办期刊。但是,期刊的属性和类型是有差别的。期刊在组织、部门领导上,有党刊、团刊、群众团体刊物等;在类型上,是新闻性还是文学性,是通俗性还是学术性,是综合性还是专业性,是全国性还是地方性。期刊的属性不同,宣传的角度、说话的语气等也就不同。类型不同,所需要的稿件也就不同。因此,期刊的隶属关系、类型,同样是期刊设计时不可忽视的问题。

三是确定期刊的宗旨。期刊的宗旨,指的就是办刊的目的、意图,也就是创办杂志的用意是什么,要起什么作用,达到什么要求等。两家主要读者对象相同、性质相同的期刊,由于宗旨不同,内容也就不同,所起的作用也不同。比如《瞭望》和《环球》,这两家期刊都是新华社创办的,主要读者对象和期刊的性质基本相同,但前者是传递国内重要信息,评述国内重大事件,展望国内形势和发展趋势的周刊,后者是介绍国外新情况、新动向和历史性材料的月刊。各自有明确的办刊宗旨,也就各自找到了自己的位置。

(二)期刊的个性、特色。鲜明的个性和特色是期刊的生命,它包括内容和形式两个方面。在内容安排上:首先要明确内容范围,确定主要内容。期刊要有自己的个性和特色,就要根据主要读者对象的需要和各种主客观条件,如编辑部所处的环境特点、编辑部的能力、作者队伍情况等,来确定主要内容。比如,同是社会科学的学术性杂志,《江汉学报》历来侧重于经济研究,而《内蒙古社会科学》在蒙古史和蒙古语文的研究方面具有权威性。其次要根据期刊的方针、宗旨、特点、读者需要和形势变化等,来设置主要栏目,以精品栏目招揽优秀文章,用多样文章吸引众多读者阅读。

2.3.2　报刊设计的操作过程

报刊设计是一种集体性的创造活动,从事这种创造活动的是由"核心力量"与"外围力量"组成的集体。所谓"核心力量",是指具体参与设计操作的领导、设计人员和编采人员,通常是报刊社总编辑、编委会成员、专业部门负责人等,有的还聘请业内专家和社会上视觉艺术人员参与设计。他们组成专门的设计策划小组,领导与实施设计策划活动。他们是策划过程的组织者、策划方案的制作者、方案试行的指挥和监督者。

所谓"外围力量",指所有为报刊设计出谋划策、不固定地参加策划活动的人员,包括报刊社采编人员和管理人员,从社会各界邀请来献计献策的政府官员、专家学者、热心读者等。报刊设计是在这样一种复杂而庞大的创作集体中,依靠不断的信息交流和思想碰撞,经过不断的比较、论证和修正才最终完成的。

报刊设计是一项难度极大的系统工程,设计过程大致可分三个阶段。

一、设计预备阶段

指从产生策划意图、着手准备,到方案设计之前的一段时间。这一阶段的主要任务是调查传媒市场与报社内部情况,细分读者与广告市场,寻找报纸发展的空间。

信息是决策的依据。在报刊设计策划中,需要收集两方面的信息:

(一)外部信息。即构成报纸生存环境的、与报纸发展直接有关的信息。具体包括:读者信息、控制者的信息、竞争者的信息、相关产业信息。

(二)内部信息。即构成报纸内部环境的、与报纸发展直接有关的信息。具体包括:资产信息、技术信息、人才信息、管理信息等。

收集信息的方法有：一是外出走访调查，即走访其他新闻媒介、有关部门的领导、专家学者、受众等获取各类外部信息；二是抽样调查，即通过抽取读者样本、发放问卷、统计数据的方法获取读者信息；三是召开座谈会，即邀请有关领导、专家或受众进行座谈，或组织报社内部工作人员进行座谈，获取有关的外部信息和内部信息；四是公开征集意见与建议，即通过报纸发起征集意见与建议的活动，吸引社会各界为报社献计献策；五是内部个别交谈，即与有关采编人员、管理人员个别交流，获取内部信息；六是文献研究，即通过对有关报纸的资料文献的研究，获取对报纸设计有价值的信息。

获得信息之后，还要对各类信息加以归类、处理，以分析媒介市场，发现报纸发展的空间。20世纪中期，美国市场营销专家温德尔·斯密提出"市场细分化"概念，即根据消费者的不同特征，把市场分割为若干个消费者群，其中每个消费者群是一个子市场，各子市场都是由需求相近的消费者组成的，这些子市场间的差异比较明显。市场细分理论对于企业寻找目标市场很有意义。报刊作为一种文化产品，在确定自己的市场定位时，同样可以借鉴这一理论。比如，报刊的读者市场可以按地理、收入、人口、心理等多重标准进行细分，再进一步分析每个子市场中已有媒介的情况，即市场占有情况，从而找到市场的空白点或薄弱地带，发现报刊发展的机会，确定目标读者。

比如，1995年《华西都市报》在创办之初，总编辑等人对报业市场进行了细致的考察，认为随着市场经济的进一步发展，我国将出现一批区域组合城市，四川的"经济一条线"：成都、德阳、绵阳、乐山，已经在向这个方向发展，实际上形成了成都经济带。成渝高速公路的贯通，使成都和重庆两城市靠近了，加上聚集在周围的一批中小城市，最后必然成为区域组合城市。区域组合城市的读者群体人口众多，并且具有相近的生活方式和读报需求，而已有的省市机关报、城市晚报和其他专业性报纸都不能满足区域组合城市市民的这种需求，于是，决定将《华西都市报》定位于"区域组合城市报"。根据这种市场定位，确定了办"市民生活报"的编辑方针，并对报纸的内容、形式和风格特色作了精心设计。报纸在重庆开设了记者站，新闻报道面覆盖所有区域组合城市。这一市场定位后来被证明是正确的，报纸创办第一年就打开了局面，社会效益与经济效益都很好。由此可见，报刊设计策划之前，对信息的获取和分析，对市场的细分，对报刊发展空间的把握，是报纸设计策划取得成功的前提。

二、方案设计阶段

指确定报刊的编辑方针，以此为基础拟订报刊设计方案并优选方案的这一过程。方案设计阶段是报纸设计的核心阶段。

（一）确定目标读者，制定编辑方针。在充分占有和处理了有关信息的基础上，设计者要根据对市场机会的分析，确定目标读者，即确定报刊信息传播的主要对象,这也是报刊编辑方针中最重要的一项内容。读者是个集合概念,"市场细分理论"告诉我们,根据读者的年龄、性别、职业、居住地区、文化水平、兴趣爱好、消费水平和消费习惯因素,可以用不同的标准将其划分为不同的群体,形成不同的读报需求组合。因此,报刊设计首先要确定自己的受众群体是哪一类人,然后才能针对这一人群的特殊需求,结合报刊的性质、宗旨等确定报刊的传播内容、报刊水准和风格特色,然后再设计报刊方案。

(二)拟订与优选报刊设计方案。设计方案一般由策划小组责成专人起草,形成初稿后,经过多次讨论,优化选择,不断修改完善,直至定稿。方案拟订与优选过程中,要注意做好以下几方面工作:

一是鉴别、筛选。经过前一阶段广泛收集信息,设计者获得了大量的意见、建议可供参考,在设计方案时,需要对这些庞杂的信息加以鉴别和筛选,去伪存真、去粗取精。鉴别与筛选一般要经过多次讨论、磋商来实现,有时,出现意见分歧,还需要进行补充调查和反复论证,要对每一条意见和建议可行与否,以及施行中可能出现的问题做出预测,通过权衡比较,做出最佳选择。

二是创意、设计。报刊设计方案不是由零碎的点子和建议拼凑成的,方案的产生首先需要策划者的创意。也就是设计者要充分运用创造性思维,进行大胆的设想、构思,形成报刊的总体构架。而经过鉴别与筛选出来的好点子、好主意,可以用来填补、完善这一初具雏形的总体设计,使其每一局部、细部更加精彩。方案设计既要以系统观点把握报刊的整体结构与整体形象,又要以层次化手段处理每一个局部的设计,做到以科学的组合将优秀的局部集纳为优秀的整体,实现整体效果优于部分之和的目标。

三是协调、完善。在制订与修正报刊设计方案的过程中,设计者还要反复征求报刊社内部采编人员的意见,并将方案初稿在一定范围内加以讨论磋商,以及时发现问题和漏洞,修改完善,形成能为大家普遍接受和认同的设计方案。

四是比较、优选。报刊设计策划是一项影响重大的工程,因此,往往会同时设计若干种方案供比较选择,选择最佳方案。方案优选应以整体效果为评判标准,而不能只看某一局部的效果;应以充分发挥报刊社内部潜力、扬长避短为评判标准,而不能以己之短攻人所长;应以低投入、高产出的效益原则为评判标准,而不能不考虑投入水平和风险因素。报刊设计方案经过广泛征求各方意见,反复修改和论证,最终定稿试刊。

三、方案试行阶段

指将报刊设计方案投入试行,以验证其可行性,最终修正确认的阶段。报刊试刊有时是公开进行的,面向所有读者发行试刊的报纸;有时是在报社内部秘密进行的,试刊的报刊只在小范围内传阅。在试行方案这一阶段,设计者担负着指挥操作、监督运行、修正方案等职能。方案试行需要注意下列问题:

（一）慎重选择试刊的内容。要根据报刊试行方案的时间、人力、财力、物力等条件，对试行内容有所选择。原则上应选择方案中最主要、最重要的内容，以及改版时新增设的内容进行试刊，因为这些内容可行与否、效果如何，是检验策划成败的关键。

（二）慎重选择试刊的时间。试行方案的时间不宜选在特殊的日子，如节日期间，或有重要活动、重要会议的时候，因为这些时候正常的采编任务较重，有许多重要稿件必须刊登，会影响试行方案的人员和设备安排，难以保证试行效果。而且在特殊时期公开试刊，还会因为要发表一些重要稿件而影响试刊的版面，使一些应该试刊的内容不能按计划试行。

（三）适当把握试行方案的次数。试刊多少次，要根据报刊社的具体条件和目标而定，一般不应少于 3 次，否则一旦在试刊中发现了严重问题，无法在修正以后再次接受检查。对于新办的报纸，试行方案的次数应该更多一些，以全面检验报纸的定位是否合适、各部分设计是否可行。如 1997 年，《解放日报》创办《申江服务导报》，在筹备过程中，正式试刊前有两个多月的"试制样报"和内部练兵。编辑们试编了几次版面，负责电脑设计和拼版的美编们更有几十个版面的经验积累。他们说，"做样报，把脑子里朦胧的想法清楚明白地落到纸上，看得真切也就想得更真切，有助于修正思路和做法。同时，在这一过程中，我们也在摸索工作流程安排和工作规范，这是为正式出报后的正常运转'预设保险'。"

（四）广泛征集各方面意见，修正和确定设计方案。试行方案的目的是为了及时发现方案中的问题与漏洞，尽可能将问题解决在正式出报之前，因此，要注意接受方案试行后的意见反馈。报刊如果公开试刊，应有意识地增加发行，对某些部门和个人免费赠送，并主动上门征集意见，还可采用召开座谈会等方式广泛收集社会各方面的反应。对各方面反馈回来的信息要认真整理、分析，采纳其中的合理部分，对试行效果不好的内容找出原因，做出调整，对整个设计方案做最后的修正和确认。

报刊设计方案通过试行和修正，正式运用于开办之后，有时还会根据客观需要不时作局部的调整。因此，报刊设计是随着报刊编辑出版不断接受反馈、不断运行的过程。

【本章小结】

报刊产品设计是指报刊编辑根据创刊意图、条件和市场，对报刊的方针、规模、结构和形象进行整体设计。任何报刊都要进行产品设计。报刊产品设计包括宏观思路、中观构架和微观措施的设计。编辑方针是报刊编辑出版工作总的指南，它明确了报刊的读者对象、传播内容、报刊水准和风格特色等，是报刊编辑必须遵循的准则。

【思考训练】

  1.什么是报刊方针和经营方针?

  2.报刊设计主要包含哪些内容?

  3.简述报刊设计的程序。

  4.请为一家企业或者某高校院(系)设计一份企业报或校报,写出创刊设计方案。

【课堂讨论】

  1.影响报刊生存发展的因素主要有哪些?

  2.结合《北京青年报》2006年改版设计实践,谈谈设计的作用。

【参考文献】

[1] 韩松,黄燕著.当代报刊编辑艺术[M].上海:复旦大学出版社,2006.

[2] 黄奇杰编著.报刊编辑案例评析[M].杭州:浙江大学出版社,2008.

[3] 顾耀铭主编.我看美国媒体[M].北京:新华出版社,2000.

第三章 报刊编辑策划

【学习目标】

- 定义编辑策划
- 描述编辑策划的类型与基本流程
- 掌握深度报道策划的技巧

【引例】

媒体不下功夫策划,就势必在新闻竞争中失败
——2012 年 4 月 10 日《现代金报·五城问策》专刊策划

1987 年 2 月 24 日,经国务院正式批准,浙江省宁波市成为继大连、厦门、青岛、深圳之后第五个沿海副省级计划单列市。在宁波市"计划单列"25 年之际,《现代金报》精心策划了"五城问策"活动,该报派出五路记者历时一个多月,深入沿海港口城市中宁波、大连、青岛、厦门、深圳一线采访与探寻,于 2012 年 4 月 10 日推出 24 个版的《现代金报·五城问策》专刊,通过探寻五个城市的发展轨迹和城市生活状态,在"问策"之中,寻找并提供有效信息为宁波城市发展以参考与借鉴,让生活在这座东方名城的人民更富足、更幸福、更有尊严。

图 3-1

图 3-2

图 3-3

金报记者深度寻访　期待宁波科学发展
五城问策

《现代金报》编辑部

从地图上看，宁波、深圳、厦门、大连、青岛好似五颗明珠，镶嵌在中国沿海，在30多年改革开放金蛇狂舞般的热烈旋律里，五颗明珠熠熠生辉。五座城市连成一线，又宛如一张弓，左翼是深圳、厦门，右翼是大连、青岛，而宁波在中间，是张弓搭箭的位置，向着浩瀚的太平洋，蓄势而发。

五座城市有着相似的基因，都是中国改革开放的先遣军，都是临港而兴，都是副省级计划单列市。如今，五棵大树已参天。这个春天，我们去感受她们风雨兼程的壮美。

深圳人说，从这里开始，不一样的精彩。深圳的快，深圳的年轻，深圳的敢为天下先，崛起的传奇让整个世界惊叹。你或许会说，我没去过深圳，但相信你总有QQ吧，为什么唯有深圳会培育出腾讯呢？

厦门人说，来这里吧，一起感受"慢生活"的意蕴。想了好久，只有一句话最适合厦门：诗意地栖居。没错，宜居是一个城市的高贵品质，发展的目的不就是让人们更幸福地生活吗？

大连人说，想邂逅浪漫吗？来这里！声音响亮而豪迈。自豪的大连人介绍自己都不说是东北人，也不说是辽宁人，而是自信地说：咱是大连人！你也许想不到，大连早早就注册了"浪漫之都"品牌，并延伸到几十个系列相关产品，这笔无形资产超千亿。别的城市现在就是想"浪漫"也只能望"连"兴叹了。

青岛人说，来这里体验老舍笔下的"春深似海"吧！一位游人这样描述青岛，走在街巷里，或登上公园里的山头，那错落有致的一幢幢老建筑，像一曲曲深沉凝重的歌。那些打着发展旗号实则明火执仗搞破坏的所谓保护性、维修性拆除，青岛人坚决说不，"我们青岛，是要留住城市的魂地！"

宁波人说，想体验上述四座城市的优秀气质吗，未来看宁波的。虽然宁波有不足，但我们会奋起直追。当然，我们也有我们独特的气质和别人没有的美。我们更追求发展的质地。不仅如此，宁波还欢迎你一起来缔造传奇。

走出去，看变化。这个春天，金报记者走访五城话发展。不是浮光掠影式地简单描述，而是一路发现，一路思索。汲取兄弟城市宝贵的发展经验，找出自身差距，为宁波今后的发展提供借鉴。更不是简单地比较那些枯燥的数字，而是用心梳理体味每座城市创业创新的脉动和人们的幸福感。

过去只是弹指一挥间，从这个意义上说，曾经拥有的成绩都只是"风动"，未来宁波发展的真正确定性在于我们是否持续"心动"，并落实在行动中。

其实，我们的"心"一直在动，澎湃而又热烈。

宁波这些年取得的成绩靠什么，靠认真贯彻省委"八八战略"和"创业富民、创新强省"总战略，靠积极实施"六大联动、六大提升"和"六个加快"战略部署，靠全体新老宁波人的共同努力，靠数不清的中小企业奋力打拼开疆拓土。

宁波未来取得突破最需要做什么，说一千道一万归结到一个字，就是"干"。浙江省委常委、宁波市委书记王辉忠说："宁波是一条船，我们是船上的桨，这条船已航行了 7000 年。未来'宁波号'巨轮如何前行？"答案是：以"三思三创"为精神动力，众人划桨，破浪前行。

宁波发展的落脚点是什么？当然是发展成果普惠于全体人民。因为没有一种根基，比扎根于人民更坚实；没有一种力量，比从群众中汲取更强大；没有一种事业，比让群众幸福更高尚；没有一种青春，比我们一起创业更永恒。

（原载 2012 年 04 月 10 日《现代金报》T1 版）

3.1　编辑策划

报纸的编辑策划，又称新闻策划、报道策划，是报纸编辑根据新闻规律，对新闻报道运转的各个环节、报道什么和怎样报道所作的具体的、细致的设计和组织，它追求良谋和创意，旨在优化报道效果。

期刊的编辑策划，又称选题策划、组稿策划，是期刊编辑将一个个选题按照期刊的宗旨、定位等制订的组稿计划。期刊的选题策划要有创意，符合客观实际，弘扬时代主旋律，以读者需要为重要依据。

3.1.1　编辑策划的意义

对报道进行组织策划，是近年来我国新闻业务研究的热点。有人反对提"策划"概念，认为这等于"制造新闻"。事实上，编辑策划早在 19 世纪末 20 世纪初就盛行于西方新闻界，当时的西方报刊强调编辑策划的作用，核心是突出编辑的指挥权。1912 年 4 月 15 日美国《纽约时报》对"泰坦尼克"号巨轮沉没的报道，就是中外新闻史上一次成功的编辑策划。

在我国新闻实践中，编辑策划的应用也十分常见。我国媒体在 20 世纪 50 年代就有了"报道设计"或"报道计划"。改革开放以后，受众需求越来越高，媒体竞争越来越激烈，新闻媒体要巩固和扩大自己的受众群体，必须提供更多更好的新闻，这就迫切需要报刊编采人员发挥主动性和创造性，加强报道选题的研究和设计，改进报道的内容和方法。上海《解放日报》原总编辑秦绍德说过："在新闻竞争日益激烈的今天，哪个媒介要不在策划上下工夫，没有自己的一手，就势必在竞争中失败。"

编辑策划是"厚报时代"适应新闻竞争的需要,几乎成为所有报刊社的日常工作。编辑策划实际上是编辑对可预知或突发的新闻事件或者选题计划,提前并及时进行报道的统筹安排。编辑是选题策划的牵头人,而本报本刊的记者则通常是计划方案的执行者。报刊如果缺乏编辑策划,往往会导致这样的后果:记者采访回来,手忙脚乱地整理一堆文字材料却不得要领,不知从何入手成稿,拼凑成稿,缺乏主线,耽误了出报出刊。若遇到大型报道,则更是杂乱无章、纰漏百出。

3.1.2　编辑策划的类型

编辑策划因主体、对象和功能等因素的不同,可以分为多种类型。类型不同,要求也有区别。编辑策划一般分为长期策划、中期策划、短期策划等。

一、长期策划

通常是提前半年、一年、两年甚至更长时间的策划,主要涉及可以预见的重大趋势性或战役性报道,往往需要投入重兵,进行长期深入采访。比如,2013 年是毛泽东诞辰 120 周年、习仲勋诞辰 100 周年、央视春晚直播 30 周年等,报刊可以根据各自特点提前着手筹备,策划相关系列报道。

二、中期策划

通常是重大战役或热点问题报道,比如,党代会、人大政协"两会"和年终报道等,可以在几个月或一个月的时间内准备策划。比如,2012 年召开党的"十八大"、2013 年"两会"换届等。

长期和中期策划,对于期刊编辑来讲,就是年度计划和每期的编辑计划。年度计划主要考虑一年当中每期之间的安排、连续与变化;每期的编辑计划主要考虑本期共发多少文稿,各是什么内容等。由于期刊印刷周期较长,通常期刊都要提前三四个月定好计划,组织实施。

三、短期策划

短期策划,也叫突发事件报道、即时性策划报道。通常是针对突然发生的新闻事件或时局需要立即关注的问题进行策划,突发性事件或信息往往具有很高的新闻价值,是新闻媒体竞相报道的对象。要求报刊编辑在一天甚至几小时、几分钟内临场加以策划,拿出报道方案或选题计划。编辑在突发事件报道策划中要关注详情和时效,始终把握事态的发展,首发新闻和后续报道要一气呵成。这类策划既需要报刊编辑的功力,更需要积极进取的敬业精神,是对报刊编辑人员综合素质的一种考验。比如,报刊编辑部应建立新闻预报制度,这是编辑策划工作的一个基本形式,即对中长期和近期(未来几年、一年、几个月、几周以及几天、一天)将要发生的重要新闻事件提前做出预报,列出报道日历,做到心中有数,早做准备。新闻预报制度,既包括国内外重大会议、展览和赛事、将出台的法规、重要的天象、夏种秋收等预定事件，也包括一定时期内的社会热点问题如上学难、看病难、住房难等的发展变化趋势，还包括对突发事件的预测。

3.1.3 编辑策划的内容与方法

一、编辑策划工作的主要内容

（一）确定选题，创新实施

1.抓准选题，确定报道主旨。编辑策划工作的关键是抓好选题。抓选题要"吃透三头"，即"上头"、"下头"和"对头"。"上头"就是党和政府的方针政策、中心任务等；"下头"就是读者的愿望和需求；"对头"就是了解同类报刊的选题行情。

2.找准切入点，选择报道形式。这是编辑策划的一个核心问题，也就是如何抓住事件和问题的焦点，考虑应用多种手段，做出特色、做出精彩，达到理想效果。

3.安排报道力量，选定采访对象。要根据报道的规模和时间，妥善安排和分配人力。对策划实施中可能发生的意外情况要有充分的估计和预案。

4.从新闻事件、社会问题和读者需求三个方面考虑报道的时间和时机。报刊编辑部对策划工作要有绝对的主导权，发挥中枢效应。要形成上下畅通的高效率信息渠道；要理顺编采、技术、行政后勤等部门的关系；要关注报道的组合，把整个版面纳入策划视野；要发挥好联动机制的作用，包括文字报道与图片报道的联动、传统报道业务与网络等新兴业务的联动等。

（二）撰写报道计划

编辑策划结果应形成报道计划或方案，供报刊编辑部内部讨论及领导审批，并作为执行中遵循的文本，印发到每位参与报道的编辑记者手中。写报道计划的关键是要做到主旨突出、框架完备、要点细化，并具有可操作性。

（三）形成策划机制

很多报刊社都建立了比较规范的组织策划机制，比如，以编委会为中心的报道策划机构、日常报道的首席策划制度、突发事件的应急指挥机制等。组织策划通常以采编业务会议的形式来完成，包括年会、月会和周会，以及一天三会制（采前会、编前会、定稿会）。如遇重大突发事件，通常由编委会负责人临时召集采编人员，进行应急策划。策划会是编辑部的一项基本制度，也是完成报道组织策划的基本手段。出彩的策划往往是业务民主、协商讨论的结果。

二、编辑策划的方法

（一）参照方法

编辑策划是媒介竞争的产物。竞争必须知己知彼，而参照正是达到知己知彼的途径。作为创造性模仿，最好的方法是以别人成功的经验或失败的教训为基础，通过对比、评论获得最有价值的信息或观念，并将其运用于自己的实践，因此而大大降低创新的风险。美国学者库普斯和莱布兰得在调查美国和加拿大 1600 家公司后得出结论：一个企业要想在市场竞争中取胜，最好的方法是创造性地模仿行业内的领先者。当今社会，参照已成为西方一种新的管理方法和管理理论，为越来越多的企业所采用。

实践表明，编辑策划时运用参照方法同样可以获得成功。《华西都市报》1996年7月1日扩版时推出每日一版的"特别报道"专版，受到读者欢迎。这个版每天用一个整版四五千字或者介绍一个新闻事件，比如《惨无人道的兽行》，或者报道一个新的人物，比如《别忘了，你是怎样跨进大学门》等。《华西都市报》的"特别报道"专版成功经验之一是，明显嫁接了其他报刊的优势，为我所用，加以改造，形成自己的特色。它参照了《文汇报》的"独家报道"、《新民晚报》的"五色长廊"、《南方周末》的"人与法"、《故事会》的传奇故事等，显示出杂交优势，创新出"天天都有"的特色，成为该报的名牌专版。

当然，参照不是为了照搬，而是为了了解，为了拓展视野，获得启发，为了推陈出新。参照如果是跟在人家后面爬行，亦步亦趋，那就陷入误区，失去了意义。

（二）逆向方法

逆向思维是报道策划中常用的方法。在编辑策划中运用逆向方法，既可以给人新感觉，也有利于全面地反映客观事物。20世纪80年代中期，各新闻媒体竞相报道社会热点，以"热点"、"焦点"命名的栏目如雨后春笋不断涌现。但是，《中国青年报》却反其道而行之，开设了名为《冰点》的专栏，着重报道容易为媒体所忽视的普通人的生存状态。这个栏目被评为中央主要新闻单位名专栏。

（三）系统方法

所谓系统方法，就是对报道所涉及的各种关系和各个环节，进行纵横交错的全方位思考。报道对象的形成都有一个发生、发展的过程，并且都与周围其他事物存在着互动关系。运用系统方法策划，可以促使报道更加充分，从而全面、深刻地提高吸引力和影响力。

3.2　深度报道策划

3.2.1　深度报道的含义与特征

一、深度报道的含义

深度报道是一种系统反映重大新闻事件和社会问题，深入挖掘和阐明事件的因果关系以揭示其实质和意义，追踪和探索其发展趋向的报道方式。

深度报道的概念诞生于20世纪40年代，是报纸为应对电子传媒竞争发展而来的。西方的解释性、调查性报道体裁基本属于深度报道范畴，如焦点新闻、新闻透视。所谓深度报道是运用解释、分析预测等方法,从历史渊源、因果关系、矛盾演变、影响作用和发展趋势等方面报道新闻的形式。它突破了一人一地一事的报道模式,一面剖析事实内部,一面展示事实宏观背景,把握真实性。要着重揭示原因(Why)和怎么样(How)两个新闻要素。

《新闻学大词典》:"运用解释、分析预测的方法,从历史渊源、因果关系、矛盾演变、影响作用、发展趋势等方面报道新闻的形式。"

《宣传舆论学大词典》:"通过系统的科学材料和客观的解释、分析,全面深入地展开新闻内涵的报道形式。"

二、深度报道的基本特征

(一)内容的深刻性

充分延伸和拓展 6W 的要素,注重 6W 中 Why、How 的要素。When:立足此时,追溯既往,推测未来。Where:立足现场,左右延伸,纵横兼顾。Who:立足事实,追踪采访,涉及相关。What:立足此事,搜集情况,报道细节。Why:立足直接,分析横向,追究纵深。How:分析意义,注重结果,预测未来。

(二)思考的科学性

多维思考,不孤立报道单个事件,围绕一个中心(事件或观点)立体地组织新闻要素。

(三)目标的主流化

选择显著的新闻事件。其标准是:准备报道的事实多数读者较为关注。新闻性强,事实包含多项新闻价值。新闻性较弱的一般不宜做深度报道。事实内部是否包含复杂的关系。内容比较单一的事实也不适合做深度报道。

三、深度报道的类型与功能

深度报道的形式包括独立文体、解释性报道、调查性报道、预测性报道、精确报道、典型报道、系列报道和连续报道等。深度报道方式的类型:深入型:解释,调查,精确。快速型:连续式,追踪式,现场式。客观型:报道事实式,人物自述,对话式。

深度报道具有全方位的认识功能、社会干预功能和媒体提升功能。

3.2.2　深度报道的写作方法

一、导语要引人入胜

现在有的深度报道往往把注意力集中在新闻事件本身,忽略了对文章导语的提炼。导语,是文章之眼,一段精彩的导语,能迅速抓住读者的注意力。导语做到引人入胜也不难,可以采用白描手法,提供一段感人的情节或一个生动的故事、冲突,从具体引导出抽象,再从抽象转变为新的具体。也可以从令人想象不到的数字、对比入手,随后讲述故事,再转入深层的道理。写作方式可以多种多样,导语必须认真提炼。

二、中心思想要聚焦

不聚焦是现在的深度报道存在的一种较为普遍的现象。深度报道需要宏观的视角，但这并不意味着文章要有多个"中心"。选材必须要为文章所要表达的中心思想服务，每篇文章最好聚焦在一个观点上，不要分散为多个观点，尽量从一个视角阐发问题，把问题谈透。如果感到意犹未尽，可以组织连续报道、系列报道。

三、形式要为主体服务

深度报道篇幅较长，利于作者发挥自己的写作才华。但是有的作者钟情于自我欣赏的文学化描写，忘记了讲故事不是深度报道的目的，要表达的主题思想往往被曲折离奇的故事本身所淹没，这也是现在深度报道的一个通病。因此，要强化形式为主体服务的意识，围绕主题组织素材，不要喧宾夺主，弱化文章阐述的主题思想。

四、深化主题

许多被称为深度报道的文章不深的主要表现，在于主题的阐发过于肤浅。罗列许多价值同等的素材，结果只能说明第一步的浅层次的道理，再想讲深一些，素材没有了，话也似乎说尽了。因此，写作前要尽可能多地寻找不同价值的素材，然后精选素材，将材料排队，按递进的逻辑结构，在不同的深度采用不同的素材。这是设计文章的写作框架时必须要考虑的事项。

五、首尾要呼应

深度报道不是单纯提供信息的消息，而是要通过报道，提供一种对事实的认识，认识是需要适当强化才可能留下印象的。因而，完整的深度报道，除了起始部分点明主题外，为了强化主题，通常以某种适当的结尾呼应前面的立论。

3.2.3　《南方周末》深度报道策划实践

2010 年 12 月 17 日，《南方周末》编委会委员兼新闻部总监、评论部总监郭光东和《南方周末》时政编辑李梁，就深度报道和评论的相关问题，与大众报业集团的编辑记者们进行了讨论。讨论内容整理如下：

一、头脑风暴：选题使人很兴奋，并有可操作性

问：《南方周末》每期都有影响力的深度报道，策划水平比较高。现在很多报纸都意识到深度报道对报纸影响力的提升作用，但是在操作中缺乏连续性，没有形成持续策划、持续关注的机制，往往是碰到什么做什么，形成不了大的阵势。《南方周末》是怎样进行新闻策划和组织协调的？

答：对新闻部而言，周一下午我们有一个编前会，大约两个小时，周四有周会，还有新闻部的一个评报会。周二还有一个会，相对比较重要，所有新闻部的记者、编辑，在家的全部参加，主要是报选题。因为我们实行的是编辑中心制，策划基本

上都是靠编辑这个层面来发动。编辑要把各个版面的想法，以及下期的题目和最近几期的想法提出来。记者报选题并不是必需的任务，为了鼓励他们的积极性，我们实行了报题奖励制度，记者报的选题被采纳，上了版面，奖励500元，如果上了头版，奖励800～1000元，如果是好的策划，那可能会有2000元的奖励。

在这个会上，常规的选题可以出来，不过，由于这个会是很多人一起参加的，就会产生一种互相激励的作用，就像是一场头脑风暴。比如很多时候只是提了一个很常规的想法，但其他人补充，各种想法产生碰撞，就会形成一个很好的策划案。我们做过的很多好的选题，都是这么碰撞出来的。

问：一个选题提出来之后，怎么认定是不是一个好的选题？

答：基本有两个标准，一个是这个选题出来后，在座所有人听起来都很兴奋：哗！这个好！要是你说出来大家没任何反应，在睡觉的还在睡觉，那说明你的选题就是个垃圾题目，我们不会从这个选题中做什么策划。另外一个，要看这个选题能不能做得出来，有没有可操作性。

2008年国庆的时候，我们做了一个策划，是评论策划，被评为当年《南方周末》年度最佳策划，叫《我和我的国家》。国庆的策划很难出新，一般提到国庆节就被理解为"黄金周"，每次国庆一结束，媒体就统计今年国庆消费了多少，拉动了多少内需，哪里人头攒动，景点火爆。我们当时也是一筹莫展，后来想，还是要把国庆回归到它本来的意义，决定把焦点集中在国家和公民之间的关系上。当时这个想法一提出来大家都很兴奋，后来我们就决定，围绕四个问题，让读者来参与：一是我为国家做了什么？二是国家为我做了什么？三是我还能为国家做什么？四是国家还能为我做什么？

这四个非常简短的问题抛出去，很多读者就说，这一生中，还是第一次有人问他这四个问题，很受触动。我觉得这就是最好的公民教育。《我和我的国家》这个策划用了评论部的全部四个版面，报纸于10月2日出版后，好多人转了这四个问题，然后按照自己的想法在自己的博客里回答。紧接着《羊城晚报》的记者也上街做了一个调查，随机访问街上的市民，"国庆是什么意思？中国哪一天成立的？"又过了一天，《人民日报》也发了一篇社论，好像叫"国庆不能只是黄金周"，估计也是受到我们这个策划的启发。

二、报料与猛料：要做就跟别人不一样

问：现在很多人希望通过媒体来解决自己的问题，媒体经常可以收到很多的报料，不免鱼龙混杂，你们是怎么来甄选这些报料的？

答：每天通过信件、电子邮件给《南方周末》报料的也很多。从报料人的角度来讲，很多人都很苦，遭遇都非常值得关注，但是从媒体角度讲，我们必须考虑到我们是干什么的，我们是卖新闻的、卖新信息的，假如我们报了一个刑讯逼供案件，无数的人把刑讯逼供的事情再投给你，你再报这个肯定没多少人愿意看了，对国家的法治建设、媒体的责任,也起不到更好的作用了。所以,遇到这样一种情况时,我们只能残忍地甩掉了。媒体的责任是要"瞭望",但不能老"瞭望"一个点。

问:《南方周末》的稿件中经常能爆出一些猛料,你们是采用什么方法得到的?尤其是一些官员、商务人士,他们比较善于打太极或者说制造迷雾,怎么才能得到自己想要的答案或者内幕?

答:我们也面临同样的问题。跟官员打交道的确是非常困难的。在 2006 年的时候,我们做过一系列高端访谈,大概做了有十多个人吧,就是省部级干部,突破也是非常困难的。像海南省的省长卫留成,通过一些渠道找到他的秘书,跟他联系上之后,写个采访申请过去,然后他回过来讲一下他的意见,他可能愿意接受采访但是没有时间。我们就再去一次信,让他知道我们的意图,说明这次采访对《南方周末》是一个扩大影响力的机会,但对于海南省政府表达一些想法可能也是一个很好的机会,再不断地协调、沟通,他慢慢地就答应了。这可能需要半年的时间。这种官员访问类型的报道,在报纸上,一篇文章可能一二十分钟就看完了,但是背后的工作是大量的,可能要做一两个月,或者可能更长的时间。

我们现在有这样一个机制,鼓励记者去做他自己感兴趣的报道,比如说某一个记者对人事变动感兴趣,我们就鼓励他在日常的报道中长期保持关注。这样,一方面他对这种信息很敏感、很了解,另一方面,他在这个过程中会接触到很多人,能像滚雪球一样不断积累起很多资源。像 2010 年张春贤调任新疆去做党委书记,我们做了一篇《张春贤突然入疆》,报道里面应该说是有很多的料。比如,在张春贤去新疆之前,他专门去了湘潭,在毛泽东铜像前三鞠躬。他当天上午去韶山冲,下午就飞到新疆了,这是他在湖南做的最后一件事情。实际上,他调任湖南之后,做的第一件事情也是这个。我们还了解到,他在跟部下话别的时候,嘱咐了部下一些很私人的话。这些情况是怎么了解到的呢?是通过张春贤的秘书。我们有一个长期关注湖南的记者,她本来就是湖南人,比较了解湖南的情况,在做报道过程中和湖南各级官员打过交道,有一些比较好的朋友。关于张春贤的这个报道,她就把这种关系用上了。我们联系到的那个秘书之前是湖南省委办公厅的,那时他们就认识,做张春贤的秘书之后,他们还经常保持接触。后来张春贤去新疆之后,在那边怎么开会的,经常还发发短信,沟通一下情况。

这可能需要记者对人脉的敏感和积累吧。有些政府官员可能现在不重要,过几年之后这个官员可能就很重要了。

问:现在网上经常爆出一些猛料,我们纸媒就要跟进,往往是先做一个策划案,记者根据这个去采访。但是,现实中经常发现,预想的情况和实际的情况并不完全相同,如果记者缺乏判断力或者只图省事,按照原有的策划案的思路采访,往往会导致失实,至少是不客观。

答:做策划,免不了主题先行。如果发现了事实与你的策划意图是完全相反的,那你就可以按照这个相反的事实,再重新做一个相反的策划,如果也能引起轰动的话,那就很好。如果这个相反的事实跟我们原来的意图有很大的冲突,而且按照新的事实来做读者也不感兴趣了,那就舍弃掉。

好的报道是什么呢?就是你在做第二落点的时候,要么不做,要做就跟别人不一样。或者说,最好的报道是颠覆性的报道。举个例子,前几年,江苏南通发生了一起恶性事件,福利院把智障女孩的子宫给切掉,全国媒体群起而攻之,海外媒体也有很多报道。这个恶性事件我们肯定也应该去做。去了以后我们推出了一个报道,跟其他媒体的都不一样,主题就是南通福利院切智障女孩的子宫切得有道理。因为我们经过调查发现,把智障女童的子宫切掉竟然是一个国际惯例。很多国家,包括加拿大、澳大利亚等,通过立法,允许通过一定严密的程序切除这些智障女孩子的子宫。这样做一是因为在生理周期她自己不会护理,二是因为她容易受到性侵犯导致怀孕。我们这个报道推出来以后,凤凰卫视的窦文涛在《锵锵三人行》中说:我看到南通福利院残忍地做这样的坏事情,拍案而起,但是刚拍案而起,我看到了《南方周末》的报道,然后我就慢慢地坐了下来,觉得这个事要冷静一下,从另外一个角度去看这个问题。所以,我们这个报道实际上就是提醒大家,一方面这种做法可能是有道理的,国际上就有这么一个做法;再一个,我们最缺的可能是一个立法,是把这个东西怎么规范化的问题。这样的报道,你越具有颠覆性,越跟大家一窝蜂的选择不一样,你的新闻反响就越好。关键是要自信。

问:采访一些人,尤其是一些官员的时候,采访是有记录也有录音的,都是他说的。一般按照约定,成稿后要发给他看一看,但是经常是发回去之后,他就不同意发了。怎么应对这种问题?

答:在我们的报道中,包括做一些采访官员的报道,完全不让发的还是比较少的。如果真的碰到这样的事情,首先把这个录音保存好,这是一个非常清晰的证据。然后对后果进行一下评估,如果说这个官员位高权重,报道发出来之后,他的反应可能会对报纸有一定影响,就要慎重。

我们碰到的情况,更多的不是说完全不让发,而是他会把一些最有意思的东西,最能让读者眼前一亮的话给删掉。我们曾采访过湖南一个叫王明高的反腐学者,就国内反腐的一些情况,聊得挺好,聊得很深。他坚持要我们把写成的稿件给他看,看过之后,就要求把最有意思的一些话都删掉。我们就反复跟他打电话沟通,跟他说,这样的话在某些地方很多人都已经说过,你这样说也不算出格,做他的工作。就是反复跟他磨,一次次地跟他磨,一段话一段话地争取过来,这是一个很笨的办法了,但最后他还是同意了我们的意见。

三、人脉资源:顺藤摸瓜,慢慢接近核心信息源

问:在重大突发性事件报道中,如何能够接触到一些核心信息源?

答:《南方周末》靠的可能更多的是20多年攒下来的资本,可能这个人他不想跟其他媒体讲，但愿意跟《南方周末》的记者讲，这就是我们的运气或者说人家看得起了。另外，《南方周末》有一些忠实的读者，他们可能分布在很多机关里面，分布在一些要害部门，平常没什么联系，关键时候就可以通过读者库或者其他记者掌握的人脉资源，顺藤摸瓜，找到当地的忠实读者，他可能又再介绍其他人，慢慢地就接近核心信息源。

问：如何让策划案不会成为对记者采访的一种约束？

答：比如，我们做"湖南郴州窝案"时，当时很多人去了都是在外围打转转。《南方周末》的一个读者，他比我们还积极，到处给我们联系人、找人，找郴州市政协的领导、郴州市人大的领导、郴州市委个别的领导跟我们谈。虽然这些人有的不能在报纸上露面，但是给我们提供了很多线索。其中一个重要线索就是，郴州纪委书记马上要被"搞"掉。当时郴州市委书记被抓，其他媒体都知道，我们再报道只是细节更丰富一点，资料更多一点而已，他给我们提供这样一个消息之后，我们的记者就在那儿等着，等的同时也在搜集纪委书记曾锦春的信息。正好就在我们出报前一天，中纪委就把他双规了，我们把准备好的稿子拿出来，第二天轻松见报，报道时效赶上了日报的时效！

这个报道最好的地方在预见性，在其他媒体都报道其他事情的时候，我们打了提前量，抓了这样一个报道，也是《南方周末》的一个独家报道了。报道反响也很大，当时几家门户网站都挂了头条。这样一个猛料出来就是靠一个看似不太核心的信息源，在他的帮助下，我们一步一步地顺藤摸瓜，摸到核心信息源。我们基本上好多报道都是这样，去之前可能也是两眼一抹黑，不知道该找谁，记者就会发动自己的关系和报社的资源，报社帮他一起找人，慢慢地就会找到。（参见 2011-12-07 华媒网）

3.3　编辑组稿

3.3.1　组织"外稿"

要保证报纸正常出版，除本报记者、编辑根据编辑部的策划意图和实际情况，组织采写稿件外，大量稿件来自"外稿"。"外稿"是指本报新闻信息采集系统之外的其他渠道稿源，包括业余作者自发来稿、通讯社电讯稿和编辑组织通讯员、专家撰写的稿件。在个人通讯、传播技术迅速发展的今天，"公民新闻"日益兴盛，来自业余作者在特殊时空中得到或掌握的新近发生的重要的第一手信息，已成为当今报纸尤其是晚报、都市报的重要稿源。

进入 21 世纪，一些报纸为了共享稿件，建立了"报联网"。2008 年，《北京青年报》每月平均采用报联网稿件 100 条,图片 80 张左右。2008 年冰雪灾害期间,因无法派记者采访,该报的外埠新闻大都来自广东、湖南报联网。

一、"外稿"中的约稿

(一)本报记者不能胜任的重大报道和核心报道。有时,事发紧急,本报记者不能赶到现场,比如 2008 年初我国南方部分省区遭遇 50 年未遇的特大冰雪灾害袭击,导致京珠高速大量车辆和旅客滞留。中央和其他地方报纸记者无法赶到现场,便约请湖南当地记者采写报道。还有一些只有业内人士才能了解到的重大信息,比如涉及纪检案件的稿件,有的报纸也会约请纪检部门有关人士撰写。当然,许多重头稿件离不开通讯社的电讯稿。

(二)为重要新闻配发的支撑性文章。往往是本报记者写的主体新闻之外,需要外稿来配合,构成组合报道。比如,发生了突发事件,需要请相关的权威人士分析事件原因。

(三)社论、时评和专栏文章。不少报纸的社论和时评,不是本报编辑、记者所写,而是约请社会上的权威人士、知名专家来写。约请知名人士写作各种专栏文章,也是报纸的常见现象。

(四)副刊作品。包括随笔、小品、杂文、诗歌、小说等文学类体裁和评论、理论文章、知识性文章等非文学类体裁,多数报刊发表的这类稿件绝大部分都是约稿。

(五)专家、学者的专稿。当今报刊操作中,遇有政治、经济、社会和国际风云变化热点或突发事件,编辑常常邀请专家、学者对新闻进行解读,发表看法或主张,有的还直接约请专家、学者撰写文章和评论。《新京报》建立了专家库,与全国上千名专家、学者保持联系,新闻发生时,随时能找到合适的人发表意见或写评论文章。

报刊编辑请专家、学者发表意见或写评论文章,需要注意的问题:一是不要轻信或"迷信"专家,轻易地对一些不全面、不成熟、不宜公开甚至不正确的"专家观点"作报道,形成误导。比如,某财经期刊发表《专家建言适当减税》,是根据某大学财政金融学院教授在一次座谈会上的发言稿改编的,对国家现行税收政策这样重大而敏感的问题发表异论,被认为易引起纳税者的思想混乱。二是不要把专家的个人观点当做政府部门的"新政策"、"新精神"。比如某报在 2004 年初连续发表多篇评论,突出宣传《强国、富国得靠重化工业》,使人容易把专家的个人观点当做政府的"新政策"、"新精神"。

二、通讯社稿件的使用

我国的两大通讯社是新华通讯社和中国新闻社。新华社是国家通讯社,担负着向海内外媒体供稿的业务;中新社是一家向海外媒体供稿的外宣机构。

1982 年,五届全国人大常委会第 24 次会议进一步明确了新华社作为"国家集中统一的新闻发布机关"的职能。党和国家的重要通知、公告和重要法律、法令、法规、条例、规定,党和国家重大庆典、纪念活动的新闻,党和国家的重要会议和其他重要活动的新闻,党和国家领导人的重要活动、重要讲话、重要文章的报道,重要外交、外事新闻,港澳台重要事务的新闻,重大军事行动的新闻,重大灾情、震情、疫情的新闻,重要人事任免等,一般都授权新华社发布。因此,报刊编辑要注意不得漏掉新华社播发的重大新闻,同时还要留心新华社播发的预报、改稿、撤稿通知,以免造成失误。按规定,国内报刊不可直接采用外国通讯社的稿件,此类稿件的转发权也属于新华社。

报刊编辑处理通讯社稿件,一般采取以下几种方式:一是原文照用。特别是一些授权发布的党和国家领导人重要活动的新闻,采用时要严格使用新华社电头的全文,即"新华社×地×月×日电",并要有记者署名。二是删节采用。删节后的通讯社稿件,前面要加"据"字,即"据新华社×月×日电",有时可省略日期和记者署名。三是综合采用通讯社稿件。即把几篇通讯社稿件合为一篇,或是与其他来源的稿件综合成篇,直接用"本报综合报道"。

三、报联网稿件的使用

20世纪末21世纪初,我国兴起了"报联网",所谓报联网,就是各地方报纸为及时报道新闻、共享资源而建立的联谊会形式的跨地域稿件交换组织。报联网于1998年由《成都商报》发起建立的。异地新闻同步发稿是报联网的一大特点,外埠新闻当日发稿使报联网的加盟者越来越多。报联网的稿件以国内社会新闻为主,所提供的稿件大多是各成员报纸当天准备上版面的稿件,这使入网报纸能够与新闻事件发生地的报纸实现同步发稿,使都市报在本地报业的时效竞争中抢占了先机。2001年,由《北京青年报》牵头在北京制订并签署了使用报联网稿件协议,规定实现地域性新闻资源共享,采用稿件要给合作伙伴署名,由入网报社统一向作者支付稿费,稿费由各报根据自己的标准支付。

报联网实行"一个地方只能有一家报纸"参加的组织规则,主要也是从机制上保证本报能够得到独家的外埠新闻。到2004年,报联网已覆盖了几乎所有省会城市。报联网的最大的问题就是新闻失实现象比较严重,一些都市报的记者新闻从业素质较差,报道片面性较大,编辑需要反复核实。

3.3.2　报刊组稿的基本策略

一、组稿的方法

(一)制订具体组稿计划。报刊编辑策划、选题最后都落实在具体稿件上,每一种策划都要有具体的组稿计划,包括每一期、每一版、每一篇稿件(文字、图片、表格等)。组稿计划既要符合编辑方针,也要符合客观实际。

(二)选好合适的组稿对象。合格的报刊编辑要有众多的作者、通讯员,形成"召之能来,来之能用"的作者队伍。作者队伍要多元化。编辑要有作者"联络图",包括作者姓名、单位、联系电话、邮箱、家庭住址、特长,根据组稿计划,有目的选择作者,指导他们完成组稿任务。

二、组稿的注意事项

(一)要了解作者背景。多和作者交朋友、善于听取记者和通讯员的意见,注意发现和培养有写作潜力的作者。作者队伍要有梯队,有骨干队伍,有一般队伍。对于一些背景不明的作者的情况,最好询问当地有关主管部门。

(二)组稿时,向作者讲清稿件的具体要求,包括内容、形式、字数、交稿时间等。报刊编辑不能强作者所难,让作者写不熟悉的东西。作者应约写的稿件,编辑收到后,要及时阅看,并及时向作者反馈意见。如果需要修改,要提出修改或补充材料的意见;如果不能采用,一定要讲明原因。组织来的稿件应尽可能地刊发,以保护作者的积极性。

(三)组稿要注意权威性。相关话题,最好选择最有发言权的人物来提供。对一些在思想学术界有影响的人物,不能随随便便"招之即来,挥之即去",要保持联系。在专家学者圈里,报刊编辑要有"人脉"。

(四)积极依靠自由撰稿人,但要认真核实,排除"地雷"。社会上活跃的自由撰稿人很多,他们写稿积极性强,出手很快,有的人水平较高,有的建立了自己的工作室,成为专业供稿户。但要看到,他们中有一些人是为利而写,编辑对其稿件的内容需鉴别斟酌,以防失实。要防备一稿多投,编辑事先要与作者有所约定。

(五)尊重每一位作者。不论作者是什么身份,每一篇稿件的处理情况,都要对其有所交代。要修改稿件中的差错,但一般不要改变作者的风格。要及时支付稿酬。约来的稿件若不能采用,要向对方说明原因,并表示歉意。

(六)要组建稿源库,有备用稿,约来的稿件如果不行,可以替换。

【本章小结】

编辑策划是"厚报时代"适应新闻竞争的需要,几乎成为所有报刊社的日常工作。编辑策划的方法有参照法、逆向法、系统法。策划的选题要使人很兴奋,并有可操作性。"外稿"是指本报刊信息采集系统之外的其他渠道稿源,包括业余作者自发来稿、通讯社电讯稿和编辑组织通讯员、专家撰写的稿件。

【思考训练】

1.什么是编辑策划?

2.编辑策划的类型有哪些?

3.编辑策划的内容与方法包括哪些?

4.什么是深度报道?

5.如何理解"选题要使人很兴奋,并具有可操作性"?

6.简要分析"外稿"的类型与作用。

报刊编辑实务教程

【课堂讨论】

1.请分析"新闻策划"与"策划新闻"的根本区别。

2.《南方周末》做好深度报道策划实践的启示是什么？

【参考文献】

［1］张厚东著.新闻实战录——赢在策划［M］.北京:中国国际广播音像出版社,2006.

［2］欧阳明著.深度报道写作原理［M］.武汉:武汉大学出版社,2004.

［3］马晓雪著.浅议新闻报道策划创新［J］.新闻传播,2010年.

［4］何维华著.试论国内品牌报纸的深度报道策划［D］.广西大学,2004年.

第四章 报刊编辑加工

【学习目标】

- 定义社会评价与新闻评价
- 描述报刊编辑的社会责任
- 掌握稿件修改方法与技巧
- 了解期刊稿件内审与外审

【引例】

人民日报："军车进京"谣言极易影响稳定

2012-04-16 04:07:00　来源:《人民日报》(北京)

网络的迅猛发展在给信息交流带来快捷方便的同时,也使谣言"插上了翅膀"。特别是近几年来,随着手机短信、即时通讯工具和微博等新兴媒体的崛起,网络谣言也呈激增之势。借助现代信息技术,网络谣言不仅限于特定人群、特定时空、特定范围传播,其传播速度与影响范围呈几何级数增长,危害巨大,后果十分严重,不能不引起全社会的高度警惕。

威胁社会稳定,损害国家形象

网络谣言既有针对公民个人的诽谤,也有针对公共事件的捏造。小而言之,网络谣言败坏个人名誉,给受害人造成极大的精神困扰;大而言之,网络谣言影响社会稳定,给正常的社会秩序带来现实或潜在的威胁,甚至损害国家形象。

2011 年 3 月,在日本发生特大地震后仅一周,中国多地发生群众抢购食盐的事件,而这一切都源于一则"食盐能抵御核辐射"的网络谣言。"抢盐"闹剧不但破坏了正常的市场秩序,影响了群众的日常生活,甚至闹成了国际笑话,被外国媒体广泛报道,给国家形象造成了损害。

2009 年 10 月,在某网站上出现一篇所谓的"自述"文章,以当事人的口吻讲述自己在北京卖淫的经历。其中最骇人听闻的"猛料"是她已感染艾滋病。随后,此人继续发文整理出了一份 279 人的"性接触者通讯录"。该文引起了网民的极大兴趣,纷纷在各论坛上转载、评论。一时间,"艾滋女"三个字成为最热门的网络搜索词。

但经警方调查,这是一起典型的网络谣言,是杨某针对受害人的恶意诽谤,整个事件中,那些看似可信的所谓"自述"、"通讯录"和"照片"全是伪造的。

虽然事件最终真相大白,但包括受害人在内的整个社会都为之蒙羞。在传播过程中,似乎大多数网友都沉浸在道德优越感里,人人都可以口诛笔伐,却极少有人反思事件本身是否真实,也极少有人想到在一次次的转发和评论中,当事人将受到怎样的伤害。

在诸多网络谣言中,针对社会公众人物、社会伦理道德和社会基本制度的谣言,危害是最为广泛的。这类谣言从根本上破坏公众对政府、社会和政治制度的信任,造成严重的思想混乱,影响群众对改革开放和稳定发展的信心。

比如,有人曾在网络上造谣,说北京市公交系统的一位全国劳动模范因贪污腐败被抓。虽然相关部门及时澄清,消除了谣言,但这则谣言把"全国劳模"和"腐败分子"相联系,客观上影响了公众对劳动模范这一崇高荣誉的信任。

比如,有人曾在网络上造谣,说"军车进京"、"北京夜里响起了枪声"。但实际上这是子虚乌有的凭空捏造,相关责任人已被处罚。这类谣言极易造成群众的恐慌心理,影响社会稳定。

短短的一篇网络帖子、一条手机短信、一则网络笑话,看似无足轻重,最终却会玷污公民名誉,威胁社会稳定,影响群众生活,破坏国家形象,后果不可谓不严重。

消除网络谣言产生的土壤

网络谣言之所以能够产生如此巨大的负面影响,既有技术因素,也有社会因素。

就技术因素而言,以互联网为代表的信息技术极大地促进了信息的流动,其传播速度和范围都是传统信息传播渠道难以比拟的。一则小小的谣言通过网络等途径可以瞬间送至数百万甚至上千万用户,在转发和评论中,其影响力被成倍放大。看似荒诞的"蝴蝶扇动翅膀引发海啸"的说法,在网络上变成了现实。

就社会因素而言,当前我国正处于全面建设小康社会的关键时期,社会深刻转型,利益格局深刻调整,思想观念深刻变化,社会问题和社会矛盾多发。群众对于贪污腐败、分配不公、公权滥用等现象深恶痛绝。网络谣言正是利用这种社会心理,捏造、夸大、扭曲相关事件,误导公众。比如哈尔滨"宝马撞人案"、杭州"富家子飙车"等事件中在网上盛传的"领导亲属"、"权钱交易"等谣言,在一定程度上体现了社会中的"仇富"、"仇贪"心态。部分网民通过对这些网络谣言的参与、传播,宣泄着自身的负面情绪。

因此,治理网络谣言,要着力消除谣言产生的土壤。

做有责任感的守法公民

谣言捕风捉影、似是而非,带有很强的迷惑性。但谣言之所以成为谣言,就是因为它缺乏事实根据。因此,事实与真相是谣言的天敌,只有用事实才能打败谣言。而这需要包括政府、社会组织和公民个人的共同努力。

对政府以及其他权威机构而言,在发生谣言时,需要在第一时间对外发布信息,用尽可能详实、清晰的事实证据阐释事件的来龙去脉,澄清迷惑,取信于民。信息的公开、透明、及时,是应对包括网络谣言在内的一切公共事件的基本原则。因此,政府及其他权威机构应尽快熟悉和掌握网络工具,熟悉其运作规律。

对公民个人而言,则需要增强社会责任感,在发言之前,应首先考虑自己的发言是否有确凿根据,是否会给他人和社会造成不良影响。不捏造事实,不传播缺乏事实根据的流言蜚语,是每一个有责任感的守法公民的应尽义务。

沈阳军区否认副司令之子在英犯罪

2013 年 7 月 8 日 星期一《新京报》

据新华网报道 经沈阳军区有关部门核实,近日互联网上流传的关于"在英国犯罪中国留学生钟轩宇的父亲为沈阳军区副司令员钟志明"的信息,纯属谣传。沈阳军区副司令员钟志明的独生子名叫钟波,从未出过国,更与钟轩宇没有任何关系。望广大网友明辨真伪,避免对他人造成伤害。

■ **新闻背景**

中国留学生在英下药迷奸女性

据英国媒体 7 月 1 日报道,因 2011 年下药迷奸女性,在英国东北部城市纽卡斯尔市诺森比亚大学就读的 25 岁中国留学生钟轩宇(音译),被纽卡斯尔皇家法庭判处 6 年监禁。

报道称,警方认定,这名留学生沉迷于观看网络上的色情迷奸视频,并最终将犯罪幻想付诸行动,在网上购买了若干种类迷奸药,在酒吧里对一名女性下药并实施了性侵犯。受害女性在事发一段时间后,回忆起被下药并实施性侵犯的部分经历,立刻报警。英媒称,报警后,这名女性受到了来自钟轩宇亲友的骚扰、跟踪和威胁。

随后,中国网友发起了对钟轩宇父亲的人肉搜索。近日网上有传言称,钟轩宇的父亲为沈阳军区副司令员钟志明。(据新华社)

4.1 报纸编辑加工基础

4.1.1 报纸选稿的作用

选择稿件,是把握报纸方向,彰显报纸特色,保证报纸质量的基础环节,是编辑加工处理稿件的基础工作。只有稿件选择得好,才可能借此通过其他编辑手段,编排出好的版面,编辑出好的报纸来。

一、稿件的基本条件

一条适用的稿件,应该既有好的内容,又有好的表现形式,要基本符合以下条件:真实、正确、价值、适时、简练、生动。前四个条件主要就内容而言,后两个条件主要就表现形式而言。具体地说,就是事实真实、导向正确、传播适时、新闻价值、语言简练、形式生动等。

二、选择稿件的作用

社会生活每时每刻都在发生着各种变化,反映这种变化的信息难以胜数,受报纸容量的限制,编辑不得不对来稿进行强迫性选择,以保证报纸质量。

(一)守门把关。美国著名的社会心理学家、传播学家卢因曾提出过"守门人"("把关人")理论,他提出:信息的传播渠道流通总是有"门区"的,即把关人所处的位置。在那里,把关人将对信息可否进入传播渠道,或可否继续在传播渠道中流通而作出决断。报纸选择稿件总是以报纸所代表的一定阶级、集团的利益和需要为重要尺度的,这是报纸编辑"守门"的重要职责之一。

(二)创造特色。特色是报纸生存、发展的基石。每个报纸由于具体任务、发行地区、读者对象、出版时间等条件的不同,对新闻的取舍也有不同的侧重。随着改革开放和社会主义市场经济的推进,我国新闻媒体发展迅速,传媒市场竞争日益激烈,读者选择媒体的空间越来越大。在这种情况下,稿件的选用强调具有报纸特色显得尤为重要。

(三)保证质量。质量是报纸的生命。选择好稿件是确保编辑工作其他环节的质量和报纸出"精品"的重要条件。从编辑的工序来看,稿件修改、制题、配置、组版等都是以已经选定的稿件为对象的。这些环节的质量是受选稿这个环节的质量制约的。所以,对稿件进行选择是保证报纸质量的一个重要环节。

(四)阅读需要。读者阅读报纸有一个选择过程,读者根据个人兴趣喜好、环境条件和报纸质量特色等来选择报纸、阅读新闻。报纸编辑选择稿件归根结底是为读者服务的,编辑选择稿件并不能代替读者的选择,但可以为读者的选择创造良好的条件,提供一个坚实的平台。从这一角度来说,编辑对稿件进行需要性选择的意义,就在于确保读者最终能在报纸上选择到最满意的新闻信息。

三、选择稿件的程序

报纸每天都要刊登一定数量的稿件,这些稿件的选出并非是一次完成的,而是一个不断筛选过程,既包括编辑个人不断筛选,从海选(从所有来稿中选取备用稿),到优选(从备用稿中选取可适用稿),再到精选(从适用稿中选取急用稿);也包括一篇稿件从编辑部编辑的初选,到部主任、版面主编的复选,再到值班总编辑的选定等层层筛选环节。

报纸编辑每天随时阅读来稿,建立备用稿库和急用稿库。对时效性强、新闻价值高的稿件及时编发,对时效性不太强、需要核实的稿件作为备用。

4.1.2 报纸选稿的标准

报纸编辑判断、选择稿件是否适用,既要从稿件本身所具备的基本条件来检测,同时,更要从社会环境、政策法规等外部因素来检验。报纸选择新闻稿件通常有四个标准:一是根本标准,就是社会评价,检验稿件利不利于和谐;二是义务标准,就是新闻价值,检验稿件值不值得报道;三是政治标准,就是新闻政策,检验稿件可不可以传播;四是法律标准,就是新闻法规,检验稿件允不允许发表。这四条标准是衡量稿件是否适用的综合尺度。本节重点讲述社会评价和新闻价值。

一、社会评价标准

社会评价是指报纸稿件特别是新闻稿件发表后所产生的社会效果的评价。对稿件的社会评价,包括对可能产生的政治、经济、法律、文化、道德等各方面的社会效果的评价。社会评价在阶级社会里总是以一定阶级的利益、需要为标准。许多国家为此制定了新闻法,把这种标准用法律形式固定下来。有的国家的报纸和报业集团,还制定了自律道德规范,使这种标准能自觉地为编辑所接受。

我国评价新闻的社会效果首先要考虑"舆论导向是否正确"。新闻的主要特点和功能在于向人民群众如实报告和分析客观存在的事实,帮助读者正确认识这种事实。

新闻所报道的事实与所产生的社会效果,两者之间既有区别,又有联系。新闻所报道的正面事实,可以产生正面的社会效果,也可能产生负面的社会效果。比如,有的新闻报道表扬先进,却有意无意地贬低群众;突出报道英雄人物带病忘我工作,却忽视了友情、亲情、人文关怀等。新闻所报道的负面事实,可能产生负面的社会效果,也可以产生正面的社会效果。比如,天灾、车祸、工作中的错误、实际生活中的困难,这些事情本身对社会是不利的,是坏事,但是,只要报道这些事情的态度是正确的、积极的,就可能激励人民起来改变这些不利因素。因而,这样的新闻就可能有利于人民,而不是不利于人民。它的社会效果就是正面的,而不是负面的。那种认为有关这类不利因素的报道必然会产生负面效果,不利于稳定,从而予以压制,这是不正确的做法。

二、新闻评价标准

报纸编辑对新闻稿进行选择,不仅要对新闻可能产生的社会效果的利弊、好坏进行社会评价,而且要对新闻稿本身的好坏、得失进行评价,这种评价就是新闻评价。新闻评价,包括新闻价值评价、新闻适用性评价等。

（一）新闻价值的提出

"新闻价值"这一概念以及新闻价值理论，是中外报刊在长期新闻实践中形成并提出的。19世纪30年代以后，随着美国经济的发展和报纸商品化、大众化格局的形成，美国报业迅速扩张，新闻竞争日益激烈，许多报人为了生存和发展，千方百计地采编读者感兴趣的新闻，以迎合读者的需要。

1903年出版的美国新闻学著作《实用新闻学》，首次提出"新闻价值"概念："新闻是以动全体之兴趣者，当注意新闻价值"。在我国，"新闻价值"这一概念最早是由徐宝璜提出的。他在《新闻学大意》一书中指出："同一新闻，其价值不同，以发生及登载之时间为反比例"、"同一新闻之价值，以发生及登载之距离为反比例"。其意思是，新闻事实发生与报纸刊载，时效越快，价值越大；距离越近，价值越大。

那么，什么是新闻价值呢？我国《辞海》对"新闻价值"的定义是，新闻价值就是事实具有报道和传播的意义。新闻价值的大小决定新闻意义的大小。对新闻稿进行新闻价值评价，就是要选择出具有新闻价值的新闻。

（二）新闻价值的构成要素

新闻价值包括获知价值、获益价值、激励价值、借鉴价值、指导价值和娱乐价值。构成新闻价值的要素包括真实性、时新性、重要性、接近性、显著性和趣味性。事实越真实、越新颖、越重要、越显著、与受众生活越接近、越有趣味，其新闻价值就越大。

1.真实性。真实是新闻的生命，是新闻价值中最根本的因素。新闻的真实性具体表现在以下几个方面：一是构成新闻的基本要素要完全真实；二是新闻中引用的各种材料要真实可靠；三是能表现整体上本质上的真实；四是对人、单位、事件的评价要客观；五是不能脱离新闻来源随意发挥；六是新闻报道的语言必须准确。

2.时新性。新闻，顾名思义要新。新闻的时新性包含"及时"、"时宜"和"新意"。"及时"是就新闻和时间的关系来说的。新闻的"及时"是指在新闻事实发生以后，要迅速予以报道，要抓"活鱼"、"抢新闻"。

"时宜"是指新闻报道不仅要讲究时间，也要讲究时机。报纸编辑对那些及时报道可能影响社会和谐的新闻，该压的要"压"，要遵守新闻政策和宣传纪律。

"新意"是就新闻和读者的关系来说的，它包括新闻的内容和新闻根据。新闻不仅要求所报道的事实是新近发生的，而且要求新闻的内容具有新意，即能告诉读者原先不知晓的事实。新闻的新意是相对于事件的常态而言的，新意来源于对常态的改变，具有首创性、新异性的新闻事件更引人关注。

3.重要性。新闻的重要性是由新闻所报道的事件、现象对社会所产生的影响所决定的。新闻事件、现象影响所涉及的社会领域、社会成员越广泛，影响的程度越深刻，其重要性越显著。像政局变动、战争、就业、治安、自然灾害、流行疾病、与生活直接相关的政策颁布等，都会对人们的生活产生直接影响。影响的人越多，影响越直接、越迅速、越持久的事件，也就越能够激起受众普遍关心，因而越有新闻价值。

4. 显著性。名人胜地和著名团体、单位的动态往往为世人所瞩目，比如，生老病死，是现实生活中天天发生的事情，对一般人来说，当然不会登在报上当新闻，但著名人物的生老病死却成为新闻。美国 CBS 访谈节目《60 分钟》著名主持人迈克·华莱士有着美国电视界的"教父"之称，2012 年 4 月 7 日去世。国内外许多媒体都及时报道了华莱士去世的消息，表示对华莱士的怀念。哥伦比亚广播公司总裁兼首席执行官莱斯利·穆恩维斯说："我们怀着巨大的悲痛缅怀迈克·华莱士。作为一名节目主持人，他一直是电视行业的中坚力量，他的杰出贡献无法衡量。他的离世是哥伦比亚广播公司的巨大损失。"

显著性还表现在重要单位和知名胜地。在西方的新闻教科书中提出一个著名公式：名人＋普通事＝新闻；普通人＋不寻常的事＝新闻。

5. 接近性。新闻的接近性是指因新闻事实同受众在地理上和心理上的距离，而对于受众所产生吸引力的那种因素。新闻发生地与传播地的距离，与新闻价值有重要关系。一般来说，新闻事实同受众的距离越近，新闻价值就越大，反之就越小。新闻的接近性包括地理上的接近和心理上的接近。

地理上接近——读者首先要知道自己周围发生的事情，因为本地发生的事情与他们生活有更直接的关系。

心理上接近——有些事情虽然发生在远方，但由于经济上、文化上、人事上有密切联系，远方发生的事情会引起公众感情上、心理上的共鸣，"天涯若比邻"、"千山万水不隔心"就是这种心理上较近的反映。

6. 趣味性。新闻的趣味性就是新闻事实的内容使读者感兴趣的那种因素，它可以影响读者的感情，引起读者的共鸣。趣味性也就是人们常说的奇闻趣事，令人激动、兴奋、幽默搞笑。趣味有高下雅俗之分，富有人情味和高尚生活情趣的新闻，能引起人们感情上产生共鸣，而低级趣味的奇闻趣事则令人反感。

综上所述，新闻价值构成的六要素，有的是必要因素，比如真实性、时新性、重要性等，有的则不是必要因素，比如趣味性、接近性等。任何一个事件，只要具备了真实性、时新性、重要性，再加上其他任何一个因素，就有可能成为供新闻媒体选用的新闻。一个事实所具备的新闻价值因素越多，其新闻价值就越高，越能引起人们的阅读兴趣。

三、新闻适用性评价

新闻的适用性，就是新闻稿是否符合报纸的需要。这种评价要注意以下几方面：

（一）选择新闻稿必须考察新闻是否符合报纸的特点。报纸的特点是报纸根据它的特定对象、特定的发行地区、特定任务等客观条件，并经报纸工作人员的主观努力和创造性劳动,在长期实践中逐渐形成的。读者作为社会的人,对新闻内容的需求是多方面的。任何一份报纸都难以完全满足读者的多方需求,而只能有所侧重。比如,党报侧重于信息性、指导性的新闻;晚报、都市报则侧重于社会性、服务性新闻;专业性报纸则侧重于满足特定读者对某一专业的新闻需求。各个报纸的特点正是通过这种侧重表现出来,因此,选择新闻稿必须在稿件的数量和质量上有所侧重。

(二)选择新闻稿必须注意报道的平衡。一是要注意报道重点与报道面的平衡。编辑选择新闻稿在突出重点的同时,也要注意扩大报道面。因为现实生活中的主要矛盾和矛盾的主要方面并非是孤立的、一成不变的,而是与其他矛盾和矛盾的其他方面相互依存、相互转化的。因此,编辑选稿的视野既要有重点又要开阔。二是要注意各种报道内容之间的适当平衡。报纸是社会生活的反映。社会生活的内容是极其丰富的,它包括政治、军事、经济、文化、艺术、教育、卫生、体育等各个方面。社会生活的这种多样性,就规定了报纸的综合性。因此,选择新闻稿也应该适应这种综合性的要求,注意使反映社会生活的各方面的稿件能够取得适当的平衡,即合于一定的比例。三是要注意报道地区、单位的适当平衡。编辑必须具备全局观念,对发稿情况有通盘考虑,要积极主动组织稿件,有充足的稿源,以求得报道的平衡。同时,新闻报道的平衡不是要求各种新闻报道完全等量,而是根据实际情况和报道的要求,使它们符合一定的比例。

(三)选择新闻稿时要充分利用稿件。无论是"群众办报"时代,还是"公民新闻"时代,绝大部分受众给报纸写稿不是为了个人,而是为了传播信息,交流经验,反映问题,这是群众行使自己民主权利的一个重要方面。受众给报纸投稿,付出了辛勤劳动。因此,编辑应满怀热情地对待受众的每一份来稿,尽量充分利用。

要做到充分利用来稿,需要注意:一是计划内外的关系。既要选用计划内编辑主动组织的稿件,也要注意选用计划外由作者自发邮来的稿件。二是技巧与内容的关系。不要因为文字技巧上的缺陷,而忽视稿件的内容。三是全体与部分的关系。不要因为稿件一部分写得不好,而忽略了其中可以利用的部分。编辑选稿应该有沙里淘金的精神,充分利用来稿中一切可以利用的材料。

4.2　报纸编辑把关责任

编辑选定的稿件,只能说基本上适用,报纸正式刊用,还需要对它进行修改、加工。稿件修改加工,是编辑根据国家有关报刊质量管理标准和报刊方针、宗旨,对原稿内容和表现形式进行修饰、改正、加工,使稿件尽量完美、精致、符合刊载的一项工作和艺术。

4.2.1　事实把关

编辑作为报刊的"守门人",把牢事实关,是修改稿件的首要任务。稿件所报道的事实必须完全真实,不能以一当十地夸张、主观想象地添加、捕风捉影地编造等。真实是稿件的基础,更是新闻的生命。

一、准确

稿件中构成事实成分的名称、时间、地点、数字、引语等都要做到完全准确无误。

(一)注意细节。比如,国家名称:有的称国(日本),有的称人民共和国(孟加拉),有的称人民民主共和国(老挝),有的称民主人民共和国(阿尔及利亚),这些细微的差别不能有丝毫的混淆。

(二)注意"夹带"。有时,差错与正确混杂在一起,容易出错。

(三)注意混淆。比如,海宁与宁海,同属浙江,却是两个地方。"湟鱼"与"黄鱼"是两种不同的鱼类。

(四)注意变迁。随着时代的发展,有的行政区划已经变更,稿件中需要更新,比如,原四川省重庆市,改为直辖市重庆市。

二、科学

稿件中所叙述的事实涉及自然科学和社会科学,应认真核对,使之符合科学。稿件中事实的表述应该统一。译名、计量单位、数字的写法前后要一致。

三、清楚

稿件中的事实要写得清楚、明白,包括姓名、职务、职称、地名、单位、数据等要清楚、具体。稿件中第一次出现的名称,应用全称。比如,有家报纸在一篇报道中,把一位中央领导同志的职务搞错,将"政治局委员"错成"政治局常委",造成重大差错。

4.2.2　政治把关

政治把关就是把握正确的舆论导向,防止"重大差错",包括政治性差错、导向性差错、政策法规性差错、泄露国家秘密、报道失实、剽窃抄袭等。纠正稿件中政治性、导向性、政策法规性等重大差错的基本原则是:

一、掌握政策界限,用辩证的观点看问题

编辑在修改稿件时,要以全面、客观、公正的态度,正确看待人和事,坚持辩证唯物论,防止片面性。来稿中片面性的主要表现:一是强调成绩,忽视不足;二是突出先进,贬低群众;三是不讲联系,有失公正;四是不讲区别,有失偏颇。

二、追求积极的社会效果，防止客观随意地描述消极现象

一是对于社会上的"小道消息"、谣言、顺口溜，不要客观随意地加以报道；二是对于残暴、奸淫和丑恶行为，不要作过细的、不恰当的描写；三是对于未成年的犯罪嫌疑人，不能披露其姓名、住所；四是对未判决、事实又未查清的案件，报道要特别慎重，防止"新闻审判"。我国《刑事诉讼法》第 12 条规定："未经人民法院依法判决，对任何人都不得确定有罪。"

三、注意严格保守党和国家的秘密

境外的敌对势力往往通过报纸等媒介的报道来获取情报。因此，严格保守党和国家的机密，是报刊编辑的重要职责。我国 1989 年 5 月 1 日起施行的《保守国家秘密法》对新闻媒体的保密作了具体规定，保密涉及政治、经济、军事、科技等方面。难以判断的，应事先请示有关单位，不要轻率行事。

4.2.3　辞章修正

编辑修改稿件时，对稿件中词语搭配不当、语意含糊不清、句子多余成分、错别字等文理文法、逻辑修辞等方面的错误，都要改正过来，力争做到准确、鲜明、生动、简洁。

一、尽量减少文字、词语错误

（一）错别字改正。比如，2012 年 3 月 7 日《钱江晚报》C07 版《被醉驾车追尾的前车为啥要负全责》一文中"他们从近千辆的库存车辆甄别出逃逸车辆"的"甄别"用错，应该是"甄别"。"甄"是鉴别，选取。"甑"是古代炊具，相当于蒸笼。不存在"甑别"的说法。

（二）成语、典故、常识差错。2012 年 7 月 14 日《现代快报》A22 版《张学良与赵一荻的婚礼中只有一位贵宾》一文中"宋美龄在养子蒋经国去世后不久就离开台湾到了美国"，这句话中的"养子"应改为"继子"。"养子"即领养或收养的儿子。蒋经国不是宋美龄收养的，所以不能称为"养子"。

纠正上述差错，一是要转变粗枝大叶的工作作风，审读稿件不能"走马观花"，而要逐字逐词推敲。二是要善于使用各种工具书，勤于查对。三是要"不耻下问"，弄不清楚的，请教"行家里手"，直到弄清为止。

二、杜绝庸俗低级趣味语言的使用

有的报刊特别是都市类报纸以满足读者需要为借口，追求所谓的通俗化，大量使用庸俗、低级趣味语言，使报纸变得油腔滑调。比如，2003 年 4 月 15 日《都市快报》第 3 版头条标题是"我和你老公有一腿"。这种标题十分庸俗低级。这类语言的使用，不仅会对读者日常生活用语产生消极影响，同时也会影响报纸的自身形象。所以，一定要划清通俗与庸俗、幽默风趣与油腔滑调的界限，杜绝庸俗与低级

趣味语言的使用,净化媒体的语言环境。

三、对外来语要有选择地运用

在稿件中,对外来语要有选择地运用,如果盲目使用,轻则会给读者阅读增加障碍,重则会影响稿件内容的表现,甚至产生负面影响,如:曲奇、伊妹等这类词语,汉语是"饼干"、"女奴"的意思,汉语本身可以表达清楚而且浅显易懂的词语不用,却偏要用"洋"语,这实质是在制造语言垃圾,尤其是影响青少年一代。

总之,媒体上使用的语言,要经得起推敲,要准确,这是报刊语言的基本要求之一。所谓准确,包括四层意思:一是符合语法;二是符合逻辑;三是实事求是;四是不能讲外行话。要严格执行《国家通用语言文字法》等规定,使报刊成为营造规范语言文字环境的榜样。

4.3　稿件修改方法

修改稿件必须做到"有稿必检,有错必纠,有改必慎"。除了从事实、政治、辞章等方面对原稿进行推敲、修改外,还要注意防止修改过程中产生原生和后生差错。原生差错即原稿中本已存在差错,编辑修改时没有发觉。后生差错,即原稿并无错,编辑修改不当而造成差错。

4.3.1　压缩

压缩,就是删除稿件中的多余部分,使原稿重点内容突出,文章紧凑,表达简练。压缩是编辑改稿的一种最常见方法。

一、突出主题

主题是文章的中心思想,主题应该集中。许多冗长的稿件往往是主题不集中,题目太大或者主题太多。因此,压缩稿件首先要从突出主题入手,文章题目定得小一些,具体一些,一篇文章着重解决一个问题,不要面面俱到。

二、摘取精华

就是摘取稿件中的精华部分,使之成篇,而舍弃其余部分。报刊上许多好新闻都是编辑披沙拣金,从内容芜杂的长稿中挖掘出来的。

三、删节得当

有的稿件由于内容芜杂,需要进行删节;有的由于版面限制,不得不进行删节。删节可以分为删字、句、段、意。对于文字不简洁而引起的冗长稿件,一般可采取删字、删句的方法。对于那些由于内容芜杂而造成冗长的稿件,光靠删字、删句不一定能达到简洁的目的,这就必须同时删段、删意。删段就是删去整段文字,删意就是精练全篇的中心思想。

编辑删改压缩稿件要根据稿件实际情况和报纸版面容量来进行,灵活地运用各种压缩方法。使用压缩方法时要注意以下几个问题:不要将重要内容和生动有趣的精彩内容压缩掉,而只剩下干巴巴的几根骨头几条筋;不要将稿件压缩得支离破碎,上下文不连贯,前后文不对称;压缩后的稿件,一定要通读全文,做好防范补救工作。

4.3.2　增补

增补,就是增加补充原稿中所缺乏的内容。

一、补充资料

增补稿件中缺少的有关人物、事件、地点的历史、背景知识,旨在帮助读者更好地理解稿件内容。

(一)补充新闻背景。"新闻背景"就是交代新闻的历史,用历史来说明新闻,使读者了解事件的来龙去脉,更理解新闻的内涵。新闻背景有两类:一类是介绍事件本身的历史;另一类是介绍同类事件的历史。

(二)介绍新闻人物。新闻人物即对新闻中新出现的重要人物的生平作简要的介绍。

(三)介绍新闻地理。新闻地理是对与新闻有关的地方的自然地理、经济地理、政治情况所作的简要介绍。

(四)介绍科学知识。新闻往往涉及自然科学、社会科学中的某些专门知识,一般读者很难完全了解,而新闻也不可能作详细解释,因此,有时就需要配发知识性资料进行补充介绍和通俗讲解。对一些自然现象的发生,一项科学成果的创造,一个学术争论的展开,往往需要配合新闻作通俗的简介。

(五)词语解释。新闻报道中常会涉及历史典故、古典诗词以及名人语录、成语、术语等。对于其中一些不太为人所熟知或不易了解的,编辑应该加以解释和说明。比如说明它们的出处,介绍它们的全文,解释它们的含义等。

资料的写作,要注意以下两个要点:一是要与新闻密切配合,既要有所呼应,又不要很多重复;既要有所补又不要离题太远。二是重在记叙,文字要简洁朴实。

二、回叙事件

回叙事件是连续报道中对已发表的报道作简要复述。

三、补充事实

有的新闻稿中必要的新闻要素如人名、地名、时间等缺少,或者读者阅读新闻时可能提出的问题而文中未交代清楚,都应该进行增补。

编辑改稿增补内容时,可以通过查阅资料获得。对新闻事实的增补,一定要与原稿作者取得联系,由作者补充采写,编辑不能随意凭想当然增补稿件内容。

4.3.3　改写

有的来稿,材料新鲜,很有价值,但写得不好,或者不符合报道要求,这就需要对原稿进行改写。改写是以原稿为基础的重写。改写可以是局部,也可以是全篇。局部改写是在保留原稿篇章结构的情况下对某一点或某一个方面进行重写,全篇改写是以原稿材料为基础或改变主题,或改变角度,或改变结构,或改变体裁等。

一、改变主题

即改变原稿的中心思想。有的原稿主题缺乏新意或者缺乏典型意义,需要编辑从原稿提供的材料中提炼出更新颖、更有意义的主题。

二、改变角度

即改变写作的着眼点、立足点和侧重点。有的来稿材料丰富,只是写作的角度不当,影响了主题思想意义,或者不符合报刊的编辑方针和宗旨,因而需要改变角度。常见的角度改变有:从领导角度改为群众角度,从介绍经验角度改为报道成果角度,从正面报道角度改为侧面报道角度等。特别是有些批评报道,可以从被批评单位积极主动整改的角度正面报道,比直接批评报道效果更好。

三、调整结构

即调整稿件各部分之间的相互关系的一种改写方法。写文章要讲究结构,一要有条理,二要有波澜。文章结构无论是顺序、倒叙或插叙,都应有条有理、行文流畅,同时要有波澜,"文似看山不喜平"。调整结构的目的就是将一篇结构紊乱、平铺直叙的材料,重新排列组合,使材料能紧扣主题,层层相接,丝丝入扣,跌宕起伏,富于变化。

四、改变体裁

新闻报道有多种体裁,它们各有特点,各有优势,一定的体裁适应于一定的内容,并表现为一定的功能。例如,通讯往往以写人、写场景为主,如果一篇通讯此方面内容并无特色,而其中所讲的某件事情很有新闻价值,就可以将通讯改为消息。改变体裁都是由信息量较大的体裁改为信息容量较小的体裁,因为这样,改写才有可能。

五、化整为零

即把一篇篇幅较长的稿件改写分成几篇稿件发表。编辑有时收到内容重要的稿件,涉及若干方面,篇幅较长,若全文照登,大块文章,主题不突出,读者会望文生厌。因此,编辑可采用分篇的方法,化整为零,把一长篇稿件分割成几个短篇发表,一篇稿件只谈一件事,重点突出,篇幅短小,引人入胜。这一方法主要用于长篇报告和讲话等。

六、集散为整

即把几篇稿件合成一篇统一的稿件。这和分篇正好相反。编辑收到的稿件，有的往往是同一主题，只是反映的地区、单位、方面不同。比如，都是讲春耕生产，但消息来自不同的市、县或农资、农机等部门，如有必要，可以对他们进行综合。好处是报道广，有利于反映形势，突出经验，而且可以省去重复；其局限性是报道的内容浅显，不够深入。综合的方法，可以把同一主题、不同单位集中编写成一条综合消息；也可以把内容相同、主题相近、单位不同的来稿写成一组配置在一起。正反对照的稿件也可以进行综合，写成对比的综合报道，更能引起人们的注意，有利于矛盾的解决。综合最忌随意性，概念加例子就是这种随意性的突出表现。

4.4　期刊编辑加工

4.4.1　期刊的内审与外审

审稿是保证期刊质量的关键环节。期刊审稿也叫审读，是期刊选题策划、组稿集稿的继续，是期刊编辑为修改加工稿件做准备，在整个期刊编辑过程中起着承上启下作用。审稿是对准备选用的稿件进行通读审查，做出正确判断、鉴定和评价的一种思想性、学术性很强的工作。因此，审稿是保证期刊质量、导向正确的关键环节。

一、期刊稿件的内审与外审

审稿对象包括组织的稿件、自投稿件（自由来稿）、推荐稿、外转来稿。不管是什么稿件都要坚持审稿制度，坚持在质量面前一视同仁的原则，正确处理好稿件质量优劣同其他因素的关系。审稿分为内部、外部审稿两种。由期刊编辑部编辑、主编等审稿，叫内部审稿。由期刊编辑部聘请社外有关专家或相关部门领导审稿，这叫外部审稿。

外部审稿一般有两种情况：一种是专业性强的稿件，而期刊编辑部中缺乏这种人才时，就请有关专家审稿，或者稿件内容涉及敏感问题，编辑部难以完全把握，就请有关部门领导审稿；另一种是编辑力量不足，而稿件较多，一时难以处理，尚需社外专家协助润饰修改把关的。外审的稿件，送出前编辑应提出意见，说明外审的理由，提出具体的审稿人或单位，经批准后送出。应向审稿人讲清该选题的重要内容、读者对象、审稿时注意的事项、主要解决哪些问题，以及时间进度和其他具体要求，便于审稿人抓住主要问题，按时提出审稿意见。稿件送回后，责任编辑应提出自己对外审者的意见有什么看法和处理意见，上报审定。

内部审稿一般采用"三审制"，即责任编辑初审、部门负责人复审、期刊社负责人终审。这种制度有助于保证稿件质量。但时效问题值得考虑,应以稿件的不同和责任编辑的不同而采取不同的办法为宜,但总体上重要稿件,最好"三审"甚至开会讨论。有些期刊社编辑人员很少,因而采用两审制。先是由一般编辑审查后,即交主编定夺。

二、审稿的准备与内容

(一)审稿前的准备。审稿准备工作主要包括两方面:一是情况方面的准备。查阅图书、报纸、杂志、网络上的有关文章等文献资料,明确稿件中有关题材,发表过哪些文章,通过比较提高审稿的准确性。二是知识方面的准备,就是在审稿前,对稿件所讲的有关知识,如果是编辑不太清楚的,就要临时"现炒现卖",搜集有关资料,学习相关知识。

要做好这两方面的准备,必须懂得工具书使用和资料检索方法。资料检索和工具书的使用是期刊编辑的重要基本功之一。编辑善于使用工具书,进行资料检索,就能有效识别来稿中的抄袭行为,以保证期刊质量,减少因抄袭带来的法律纠纷。

(二)审稿的具体内容。审稿的目的,在于决定稿件的取舍,所以审稿时主要看它总体上的质量,不要把注意力放在一些局部性、枝节性的问题上,要注意全局性、导向性问题。一是政治思想方面,包括保密,政策、方针,法规等。二是学识方面,包括真实性,是否失实或抄袭,文学艺术作品是否符合艺术的真实;成熟性,内容是否经得起检验;准确性,提法上是否掌握好分寸。材料和引文是否准确、恰当;先进性,有没有独到的见解和新发现的材料。三是文字写作方面,针对性是否强,从内容到形式是否符合读者的需要;篇章结构是否严谨,文字表达是否简洁、顺畅。最主要的是文章内容是否值得发表,有没有新的见解、新的观点、新的材料和一定的现实针对性。

三、审稿应注意的几个问题

(一)处理好总的倾向与局部问题的关系。审稿的艺术之一,就是善于透过稿件中的缺点发现其真正有价值的内容。要努力把握稿件的总倾向或基本面貌,从大处着眼,做到恰当的处理:对局部有问题的稿件,修改局部,挽救全稿命运;有的稿件从全篇看不行,但局部很有可取之处,就可以独立成篇,修改后刊用,不要轻易否定。

(二)处理好原则性问题与枝节性问题的关系。审稿时编辑首先要抓住原则性问题。原则性问题一定要让作者明确,不至于一改再改,仍不宜发表。当然也不能忽视细节问题,尽可能实现内容与形式都比较完美。

(三)处理好文字的表达问题和作者文风的区别。语言文字表达一定要准确、通顺,符合规范,但不要把作者写作的个人风格,误为表达问题。注意容纳作者的不同写作风格。

四、审稿后的处理

审稿后,对稿件的处理有如下几种方式:

(一)采用。稿件一旦决定采用,应立即通知作者,避免作者的心理等待和一稿多投。

(二)备用。有经验的编辑,往往有备用稿。稿件决定留作备用,也应通知作者,征求作者意见。

(三)退改。对基本适用但需要修改的稿件应及时考虑退改。退改时必须向作者说明对稿件的基本评价,提出存在的主要问题和具体修改意见,以及交稿时间和方式等。如果退改后仍不刊用的,要付给作者一定报酬。

(四)退稿。稿件质量低劣或者内容不符合本刊发表的要求,就要退稿。但要做到"退稿不退人",保持编辑与作者的鱼水关系。

4.4.2　期刊编辑加工程序

刘勰在《文心雕龙》中说,"改章难于造篇"。期刊编辑加工,要能以"点睛"之笔,变芜杂为精练,甚至化腐朽为神奇,使修改后的文章生意盎然,面貌一新而又不失原意,连原作者也不能不叹服。可见期刊编辑加工是一项艰苦的创造性的工作。

一、通读全稿

对于决定采用的稿件在加工前要进行全稿通读。即使当初审稿是编辑审的,到了加工时也得通读。因为审稿的通读是宏观的、粗线条的。通读的目的在于从整体上掌握稿件的得失,以确定加工的内容和重点,对稿件有了总体的认识,加工起来才能瞻前顾后,全面考虑,进行综合处理,提高工作效率。但通读不是随便翻翻,而是详读、细读。

二、理顺关系

通读后,要设计加工方案,首先考虑清楚政治性、学术性方面的问题,慎重修改后,再改文字语言方面的问题,并考虑如何保留原稿的基本面貌。

三、修改核查

举凡小说的环境、背景、论稿的主要论据、引文出处,特别是对一些考据性、资料性的文章,要注意核查引文和出处。有一些资料性很强又很长的稿件,引文的全部出处要核查是困难的,也很不容易,一般采用抽样的办法,对有疑问的地方进行核查,核查几处后就可以对文章的忠实程度做出判断。如发现存在的问题多,可退还作者自己再认真核查一遍。

毛泽东同志在《反对党八股》一文中说:"文章是客观事物的反映,而事物是曲折复杂的,必须反复研究,才能反映恰当。"他认为重要的文章"看它十多遍,认真地加以删改,然后发表"。从这里可以体会到稿件修改的必要性。

4.4.3　期刊稿件修改的重点

一、坚决纠正政治错误

期刊稿件一般不会有大的政治问题,但有时考虑不周、疏忽,或观察问题的角度不同也会产生。个别观点、个别论点、个别提法、个别词句上可能存在带有政治性的错误。所以,修改加工时,编辑决不能忽视,而应当对每个词句、每个提法慎重斟酌。

二、认真核查体例引文

统一体例,包括名词术语、数字写法、注释、年份写法、图表及说明等要统一,在整篇文稿中要统一,在整本期刊中要统一,在各期期刊中也要统一。

理论性、学术性文稿中,往往要举事例作为论证,如果事例本身就与事实有出入,又岂能佐证论点之正确。所以,这类文稿也只有在改正其事实出入之处后,才能站得住脚。事实是否有出入的问题,还包括引用他人言论是否准确。如不符合他人原意或断章取义,就难以作为支持作者意见的武器。

三、文字语法规范

期刊的文字要求很高,编辑对文字的修整负有重任。文字修饰,除了按汉语语法和汉语规范化准则,对文稿的词句进行修饰外,主要是指在词语的选择和运用上如何做到更加准确和贴切,努力使文章中该显豁的地方显豁出来。一篇文章是否精心加以修饰,在阅读效果上,可以产生极大的悬殊。读者喜不喜欢一本杂志,这种爱恶多在极细微处产生。编辑要不断刻意求工,处处为读者着想,才能编出为读者所喜爱的杂志。

由于作者不同,文章成熟程度不同,写作情况不同,修改时侧重点也就不同。因此,修改文章要因人而异,因文而别,没有固定的公式,要强调一个创造性问题,它是一种再创作,但又要保留原作的风格。

【本章小结】

稿件的基本条件是真实、正确、价值、适时、简练、生动。报刊选择稿件有社会评价、新闻价值等。构成新闻价值的要素是真实性、时新性、重要性、接近性、显著性和趣味性。稿件修改加工,是编辑根据国家有关报刊质量管理标准和报刊方针、宗旨,对原稿内容和表现形式进行修饰、改正、加工,使稿件尽量完美、精致、符合刊载的一项工作和艺术。期刊审稿包括内审与外审。

【思考训练】

1. 选择稿件有哪些作用？

2. 报纸选择新闻稿件的标准有哪些？

3. 新闻价值的构成因素有哪些？

4. 新闻适用性评价要注意哪些问题？

5. 报刊编辑修改稿件的方法有哪些？

6. 如何认识期刊稿件的内审与外审？

【课堂讨论】

1. 请结合案例，谈谈您对卢因"守门人"理论的理解。

2. 如何理解报刊编辑要做净化语言环境的模范？

【参考文献】

［1］许清茂编著.杂志学［M］.厦门:厦门大学出版社,2002.

［2］黄奇杰编著.报刊编辑案例评析［M］.杭州:浙江大学出版社,2008.

［3］徐柏容著.期刊编辑学概论［M］.沈阳:辽海出版社,2005.

［4］［美］多萝西·A.鲍尔斯、黛安·L.博登著.现代媒体编辑技巧(中文版)［M］.李蕚等译.北京:新华出版社,1999.

第五章　报刊题图编辑

【学习目标】

- 定义标题和图像
- 描述标题和图像的重要作用
- 掌握标题制作的技巧
- 了解图像的种类

【引例】

《人民日报》标题将"温家宝"错为"温家室"

2010年12月30日,《人民日报》在第一版刊登《温家宝主持召开国务院常务会议》的消息,因篇幅所限,稿件后半部分转接到第四版。但第四版在刊登时,误将标题《温家宝主持召开国务院常务会议》中温家宝的名字印成"温家室"。

图 5-1

图 5-2

据人民日报社社长张研农介绍，温家宝总理在从外地考察回到北京后，亲自打电话给人民日报社，表示自己刚刚知道这件事，总理说，"宝"和"室"两个字非常相近，用五笔字型输入法打字很容易出现这样的问题，千万不要因为这件事处理任何人，吸取教训就行了。

温总理的电话在人民日报社传达之后，报社上上下下所有员工都被总理对新闻工作者的关爱和宽容所感动。工作出错的那几位员工表示，在今后的工作中一定认真吸取教训，把工作做好，一定不辜负总理的爱护与期望。

《南昌晚报》误配英模任长霞照片

2005 年 6 月 18 日，《南昌晚报》头版刊出《深圳市罗湖区女公安局长受贿被判 15 年》的新闻导读，而配图竟是全国公安一级英模任长霞的照片（见图 5-3），引起了广大网友和读者强烈不满。一位网友说：这既是素质问题，也是政治问题。网友红鞋跟认为：如此亵渎百姓心目中的英雄！就算他们这个晚报不认识任长霞，也不能随意把别人的照片配上。

对《南昌晚报》发生的这一重大政治性事故，江西省委、南昌市委高度重视，有关部门迅速对事故进行调查并作出严肃处理：对相关责任人分别给予解聘、撤职、行政记过等处理，同时对《南昌晚报》实行停刊整顿。

《南昌晚报》出现这一重大差错，教训是很深刻的。报刊编辑必须加强责任心，像保护"眼睛"、维护"脸面"一样，坚守报刊生存的底线。

图 5-3

图 5-4

《今日早报》配发摆拍学习十八大图片

2012年11月17日，一名浙江网友在微博上贴出了当日的《今日早报》，指出该报头版主图女兵读报学习十八大精神很假（见图5-4）。这张照片中女兵们手持3份党报大摆pose，笑容略显夸张。经查证，女兵们看的14日《人民日报》封底是第4版、15日《台州日报》封底是第12版，事实上，这两版内容与报纸宣称的"学习十八大精神"毫无关系。

回顾历史，在"大跃进"等时期，媒体的摆拍之风曾大盛。而在功利意识盛行的今天，摆拍也时时发生。但就在党的十八大刚刚闭幕、强调学习求真务实精神的背景下，此事向被浮躁、虚假习气包围的媒体同仁敲响了警钟。

笔者将求证过程制作成一张图片，通过微博"@报纸观察"独家发布出来。很快，该微博呈几何级、高倍速疯狂扩散。

《今日早报》所属的浙江日报报业集团很快有了反应，浙报集团下属图片新闻中心在官网上发布启事致歉。他们认为"摆拍"对于新闻真实性带来戕害，有非常严重的导向错误，集团决定扣发图片中心值班编辑当月奖金，对照片作者停权6个月。

"摆拍门"的搞笑之处在于，它打着学习党的十八大会议精神的口号却逆党代会的精神而行。众所周知，党的十八大精神的重要内容是求真务实，而通过摆拍、甚至造假的手段制作新闻，本来就违背了新闻真实性的原则。这正是此事引发大量网友诟病的主要原因。

对于浙报集团的积极回应，中国民主同盟盟员周蓬安在博客上为他们叫好。他认为这是新中国第一起新闻单位为"摆拍"而道歉的事例，也是新中国首例新闻从业者因"摆拍"遭到处理的案例。

《新京报》周日亦发表署名文章，希望大家都能以"摆拍"为镜鉴，多些踏踏实实，少些弄虚作假，向形式主义说"不"。《人民日报》官方微博18日晚发出"微评论"追问摆拍事件。他们认为，记者的职业操守固然有问题，但"好大喜功、歌功颂德的心态更需要反思"。

5.1 新闻标题的功能

5.1.1 新闻标题的作用

《现代汉语词典》解释"标题"的意思为"标明文章、作品等内容的简短语句"。新闻标题，是在新闻正文内容前面，对新闻内容加以概括或评价的简短文字，其字号大于正文。

新闻标题既不同于公务文书的标题(它一般由责任者、事由和文种组成),也不同于文艺作品的标题(它可以简约到一个字,例如巴金的激流三部曲《家》《春》《秋》)。新闻标题的种类较多,结构较复杂,而且还存在着内在的逻辑关系。新闻标题是报纸的眼睛,"看书先看皮,看报先看题",这不仅反映了受众的心理需求,而且道出了标题在文章中的主导地位。老报人邓拓生前曾诙谐地说过:"谁要给我想出一个好标题,我给他磕3个响头。"可见,研究和探索新闻标题的制作对于作者和编辑多么重要。精心制作标题已成为报刊编辑钻研业务的重要课题。

新闻标题来自新闻,又对新闻具有多方面的能动作用,标题做得好,犹如"画龙点睛",使新闻增色。早在1919年,徐宝璜在《新闻学》中论及新闻标题的作用时认为,其一便利阅者,其二引人注意。

一、提示新闻内容,充当阅读向导

新闻标题能用最精练的文字将新闻中最重要、最引人注目的事实报告给读者,这就是它的提示功能。读者阅读报刊首先是从看题开始的。报纸新闻标题制作得如何,决定读者是否阅读新闻。比如,2013年7月11日《齐鲁晚报》发表的《大学生作弊花样百出　女生小抄塞内衣答案写腿上》,怎么回事?读者可能要探个究竟。

二、吸引读者注意,激起阅读兴趣

一个好的标题,能以生动优美的形式去吸引读者阅读新闻。比如,2013年7月11日,国内很多报纸刊载了《汪洋:中美不能走离婚路　不学邓文迪默多克》,读者看到这个标题,阅读的兴趣就被吸引住了。这则标题报道国务院副总理汪洋在华盛顿召开的第五轮中美战略与经济对话框架下的中美经济对话上的幽默"首秀",以夫妻妙喻中美经济关系。

三、评价新闻内容,帮助读者理解

标题的评价功能,是指揭示新闻本质,指导读者了解新闻的意义,分辨新闻价值的大小,并表示编辑的态度和立场。

一是通过把新闻事实安排到标题中的不同位置进行评价。编辑制作标题时总是把最重要的事实放在主题位置。二是通过叙述事实时所使用的不同词语进行评价。三是通过对新闻事实直接发表议论进行评价。比如,2013年7月11日《大河报》发表题为"北川地震遗址连年被淹　数亿元投资打水漂"的文章称,持续大暴雨袭击四川,北川老县城地震遗址再次遭受劫难,全城被淹没,人们对遗址的保护产生担忧,有学者称,此举"劳民伤财","几亿元打了水漂"。标题评价新闻,要注意做到:旗帜鲜明,不模棱两可;客观公正,不节外生枝;用事实说话,尽量少发议论。

四、活跃美化版面,形成视觉艺术

标题能活跃和美化报刊版面,既使版面层次分明,条理清楚,又使版面有声有色,丰富多彩。标题要真正起到活跃和美化版面,需要具备以下条件:一是标题本身要美;二是标题形式多样,有单式、复式题,组织版面时灵活搭配使用,形成一种参差美;三是标题要变而有序,标题的变化有字体、字号、形状、位置的变化,做到变而有序,轻重适宜;四是标题装饰要精当,标题的装饰要与新闻内容相和谐,与整个版面相协调。

5.1.2 新闻标题的构成

一、新闻标题的结构

所谓标题的结构是指一条标题的组成部分及其相互联系的方式。标题可分为单式标题和复式标题。复式标题是由两个或者两个以上标题按照一定规律组合而成的多行题。单式标题,即只有一种主标题形式,多数是一行题。报纸上对于内容简单、不太重要的新闻,或仅由主标题就能独立承担标题任务的新闻,都适合采用单式标题。期刊无论是综合性,还是学术性、文学性等,其刊登的绝大多数文章都用单式标题。

(一)主题:复式标题中的主标题

主题是标题中最主要的部分,在标题中字号最大,地位最显著。比如,2013年7月1日《人民日报》一则报道:"(引题)中央政策落地慢,基层服务跟不上。记者跟随体验——(主题)大学生创业 审批还挺难"。在这里,最引人注目的事实是"创业审批难"。

(二)辅题:复式标题中的引题

辅题是复式标题中辅助主题完成标题任务的部分,辅题字号一般比主题字号小。辅题包括引题和副题。引题,又称肩题、眉题、上辅题。它位于主题之前,主要作用是引出主题。

引题的作用有以下几个:一是交代背景,说明原因。二是揭示新闻的意义和事实。三是烘托气氛,渲染环境。引题依附于主题而存在,表现方法、句子结构和外在形式都比较自由,可以是一个完整的句子或词组,也可以不是;引题的文字,从简洁和美观的角度考虑,字数与主题接近为宜。

消息标题要比较具体、明确地概括新闻事实,因而引题用得较多;而通讯标题可以比较抽象、含蓄地概括新闻事实,所以一般不用引题,除非存在特别需要引起受众关注的情况。

(三)辅题:复式标题中的副题

副题,又称子题、副标题,主要用来补充、解释和证明主题,通常位于主题之后。副题的作用有以下几个方面:一是如果主题只标出发生了什么事,副题则要补充说明事情的结果。二是如果主题只标出了主要事实,副题则要补充次要事实。三是如果主题中的事实高度概括,副题则要补充具体事实。四是如果主题只是一种议论,副题则揭示全部事实。五是如果主题为具体事实,副题则可以以事实为依据进行评论、分析或推测。

二、新闻标题的种类

按新闻标题在版面上的布局与位置情况划分,可分为通栏标题、栏目题、提要题、边题和尾题等。

（一）通栏题

即贯通版面的特大标题,多用于突出强调某个时期的中心工作和指导思想等。由于通栏标题指导性、鼓动性和显著性都很强,使用时要特别慎重。

（二）栏目题

也称专栏题。即把两篇以上内容相同而又各自独立的稿件(同一体裁或不同体裁均可)集纳在一起,组合成类似专栏的整体,并冠以一个总标题,就是专栏题。栏目题的作用是概括本组稿件中心思想,提示中心内容,或者用于发号召、提要求等。

（三）提要题

又称提示题、提纲题,突出放在新闻稿件正文的开头或主(副)标题的下方。主要概括新闻的主要事实,便于读者掌握新闻的主要精神。

三、复式标题制作注意事项

一是要正确体现主题与辅题之间的逻辑关系。引题、主题、副题都是标题的一部分,它们之间就应该存在着一种逻辑关系,如因果关系、目的与手段的关系、虚与实的关系等。不能把没有逻辑关系的事硬写在一条标题里,以免造成混乱。

二是主题与副题要有相对的独立性,主题应为较完整的句子或能独立表达意义的词组。

5.1.3　新闻标题存在的问题

现在,有些报刊在标题制作上不大讲究,有些标题乏味冗长,令读者望而生畏,有的甚至发生重大差错。报刊标题制作中常见的毛病,归纳起来主要表现在如下几方面:

一、位置不当

标题中的辅题与主题字体、字号和位置安排混乱。比如:2013 年 4 月 24 日《中国青年报》第 5 版头条《江苏泰州吃豪餐官员下跪事件仍有内幕　污染项目补偿纠纷浮出水面》中"江苏泰州吃豪餐官员下跪事件仍有内幕"为引题,却用了粗黑,而主题"污染项目补偿纠纷浮出水面"则用小宋,这则标题的引题与主题安排不当。

二、格调低俗

现在,一些都市类报纸从读者的猎奇心理出发,过分强调趣味性、刺激性,庸俗低下,荒唐可笑,充满色情。比如,2013 年 7 月 12 日"大公网"等多家媒体报道了《浙江永康江来"大姨妈"? 江面飘满卫生巾》,2003 年 4 月 15 日《都市快报》第 3 版头条标题《"我和你老公有一腿"》,这两则标题比较低俗。

三、冗长歧义

有的标题长达几十个字,并且标题所包含的信息与稿件中的事实存在歧义。比如,2013 年 7 月 11 日《钱江晚报》A06 版《小姐妹来杭聚会,仨女人不醉不归 半夜儿子哭闹,她一脚油门去救急 血液检测:她不但醉驾,而且有孕(主题)斯文女子因醉驾被判拘役一个月、罚金 2000 元,这案底她要背一辈子(副题)》一则标题用了 9 句话 60 多个文字、标点和数字,实在冗长。

四、模式僵化

新闻标题制作中的因循守旧,模式僵化。比如报道成就,标题常见"令人鼓舞"、"形势喜人"、"成绩斐然"等模式化套话。有的词句如《病魔无情人有情》、《于细微处见精神》、《梅花香自苦寒来》、《映日荷花别样红》等被用滥。俄国 19 世纪文学批判名家伯林斯基有句名言:"第一个用鲜花形容女人的是天才,第二个是庸才"。制作新闻标题应多点创意,别出心裁、别开生面、别具一格。

5.2　标题制作的技巧

5.2.1　标题制作基本要求

一、题文一致

新闻标题必须真实准确地表达新闻内容,做到题文一致。这种一致包括两方面含义:

(一)标题所提示的事实与内容一致

具体来说,标题所写的事实应是新闻中本来就有的,不是虚构的。标题可以从新闻中选择某一事实,但是这种选择不能以偏概全,更不能无中生有。

(二)标题的论断在新闻中要有充分依据

标题可以具体描述新闻事实,也可以对新闻中的事实进行概括,作出论断,但所作概括和论断一定要有充足的新闻事实作为根据,不能任意拔高夸大。

二、具体鲜明

新闻是新近发生的事实的报道,所以标题应该反映具体的新闻事实内容,而不应是抽象的、空洞的说教。比如,2013 年 7 月 12 日《钱江晚报》的一则标题《7 年,24 个孩子,90 封信,400 多位捐助者,这些数字,串起了一个感人故事》,用数字说话,具体感人。

新闻标题还要做到表态鲜明。即指标题报告事实有鲜明的倾向性。态度可分为肯定、否定和中立三种。实题表态主要是通过叙事中对事实和词语的选择以及表现方式的运用来表示。虚题表态则主要采用议论的方式来表现。

三、生动形象

生动形象的标题,用最精彩的语句将新闻中最具有新闻价值和社会意义的事实写入标题中,使读者阅读时,不但了解新闻事实,而且获得美的感受。比如,2013年7月13日《南方都市报》A01版《春晚不好搞,幸亏有冯导,冯导加山导,不怕搞不好》,这则标题用了顺口溜的句式,通俗具体,形象生动。

四、简练精粹

作家老舍说:"世界上最好的文字,也是最简练的文字。"标题做到简练精粹,一是要精于概括。概括,就是要以尽可能简练的一句话,概括说明这条新闻的主要内容和实质。概括时可适当采用简称,如"全国人民代表大会第十二届第一次会议"可简称为"全国人大十二届一次会议"。二是要善于省略。突出核心事实,省略其他部分;保留事情发展结果,省略那些不必要的过程、议论、职务等。

5.2.2　运用修辞方法制作标题

标题在传播新闻中最新鲜、最重要、最引人注目的事实时,除了要求准确、具体、简洁、通俗外,还要力求文字生动、优美。运用修辞方法,可以使标题生动、优美,给人以联想和美的享受。

一、巧用富有表现力的事物展示标题的内容

(一)比喻。制作标题时用现实生活中具体的、浅显的、熟知的事物去说明和描写那些抽象的、深奥的、生疏的内容,就是比喻方法。标题中常用的比喻有明喻、暗喻和借喻。

明喻,即"甲像乙",用"如"、"似"、"像"等词表示。暗喻,即"甲是乙",用"是"等词表示。借喻,即甲不出现,乙替代甲。运用好比喻,重要的是选择让读者明白的喻体,如果喻体本身难懂,会让读者不知所喻。

(二)比拟。就是通过发挥想象,将人当做物或把物当做人来描写,将人当做物是拟物格,将物当做人是拟人格。采用这种修辞手段,可以抒发强烈的感情,给人以鲜明的印象和具体感受。比拟与比喻不同,比喻要求甲、乙之间有相似点,比拟则是用甲的特征、动作来描写乙,特点在于"拟"。

(三)借代。就是不直接把人或事物的名称说出来,而是用一个与它有密切关系的名称或事物来代替,运用借代可以更好地显示事物的特征,表达特定的感情,引起读者联想,增加标题的生动性。

二、巧用诗词佳句或模仿现成句式表现标题的内容

就是把现成的诗词佳句、成语、俗语直接作题,用来叙事、抒情或议论,使标题更加简练生动,富有文采和感染力。引用诗词名、成语俗语可以直接应用(照搬),也可以间接引用(翻新)。一字不差地引用原句,就是直接引用;如果在原句或成语的基础上稍加改动,使其更贴切地表达出新闻的含义,这就是间接引用。一般间接引用比较常见。

标题还可以引用顺口溜、谚语、方言和口语等。作为民间流行的口头韵文,顺口溜为群众所喜闻乐见,纳入标题,易使受众产生亲近感。谚语用简洁通俗的语言反映出深刻的道理,又有广泛的群众基础。恰当地运用谚语,也会使标题精当有味。方言和口语生活气息浓,运用得当,会使标题缩短与受众的心理距离,激发受众阅读或视听的兴趣。

三、利用词语、语句之间的各种联系表示标题的内容

(一)对比。又称对照,即把两个相反的事物,或者同一事物的两个对立面,放在一起形成鲜明的对照,使要说明的事物或方面更加鲜明、突出。

(二)对偶。就是在标题中把字数、结构相同、意义相对或相关的两个词句对称地排在一起,这种形式整齐协调,读起来朗朗上口,比一般的陈述性语句更富表现力、感染力。

(三)排比。就是把三个或三个以上的结构相似的词句排在一起,表达同一性质、同一范围的内容,使整个标题显得铿锵有力,气势连贯。

(四)反复。就是有意地把某一字或词反复陈述,突出内容,加强语气。

(五)联珠。又称顶真。就是前一句末尾的词语作为后一句的开头。特点是首尾串联,语言贯通,有利于事物之间环环相扣的关系。

(六)回环。又称回文,就是将上句的结尾作为下句的开头,将上句的开头作为下句的结尾。通过回环往复的形式,生动地表示两个事物之间的关系。

四、巧用词语的多重含义来表现标题的内容

(一)双关。就是巧妙地让同一词语或一句话具有双重意思,一重是表面的,另一重是暗含的,暗含的意思才是真实的、主要的。双关的主要作用在于能含蓄曲折地表达思想感情,使读者感到余味无穷,使标题生动而富有幽默感。

(二)反语。就是说反话,具有强烈的讽刺、揭露作用。

五、巧用提问和呼唤的方式表现标题的内容

(一)设问。就是为了突出稿件内容的重点,或者为了强调作者对某个问题的看法,先提出问题,有的作答,有的不用作答,以引起读者注意。

(二)反问。又称反诘,就是用疑问的形式来表达已经肯定的主题思想,以加强语气。

（三）呼告。呼告是直接对新闻中人或物说话的方法，来加强词语的感染力。

（四）巧用标点符号。标点符号与语言一样，具有表情达意的作用。在制作标题时，如能根据内容的需要巧妙地使用标点符号，可以含蓄委婉地表达标题的内容，有时可以起到语言文字所难以代替的作用。

5.2.3 报刊标题发展趋势

我国现代报纸无论是党报、行业报，还是晚报、都市报，都已开始走入多版化、色彩化的时代，新闻标题无论是形式还是内容，都发生了很大的变化。

一、喜欢"浓眉大眼"

所谓"浓眉大眼"，就是大标题、粗线框，形成视觉冲击力，以求在读者心中留下深刻印象。比如，2013 年 7 月 14 日《南方都市报》《现代快报》头版头条都用了大号黑体字（见图 5-5、图 5-6）。这种标题制作与现代报纸版面革新有关，传统报纸版面多是厚文薄题，少用线条；现代报纸版面却厚题薄文，多用装饰性表现手段，追求豪放鲜明特色，造就一张"10 米外就能被看到的报纸"。

图 5-5

图 5-6

二、青睐"图文并茂"

就是常用图片压题，达到题图配置鲜明夺目的效果，形成视觉冲击力。图5-5、图 5-6 均达到图文并茂的视觉效果。

三、关注标题新闻

标题新闻有两种形式：一种是标题新闻没有正文，用简短的标题表达新闻内容，这种新闻标题可以是单条，也可以是多条集纳；另一种是标题出现在报纸的第1版或者期刊封面的"导读"，正文出现在报纸其他版或者期刊内页。标题新闻简明扼要，使人一目了然。比如，2013年7月15日《三秦都市报》《辽沈晚报》头版都用了标题新闻形式。（见图5-7、图5-8）

图 5-7

图 5-8

四、重视提要标题

提要标题一般用于重要、篇幅较长的新闻，通常放在"主题"、"副题"之后。比如，党代会、人大政协"两会"等新闻报道，除"主题"、"副题"外，还可以将会议各主要内容，用"提要标题"的形式摘录。

5.3　图像编辑

5.3.1　图像的种类

图像是指摄制、绘画或印制成的形象，也指由输入设备捕捉的实际场景画面或以数字化形式存储的任意画面,是一种传播媒介视觉艺术形式。报刊上常见的图像符号包括图片(照片)、插图、绘画、漫画、速写、图示(统计图表、示意图、新闻地图)、图饰等。读图时代,图像在报刊信息传播中发挥着越来越重要的作用。

一、新闻照片和非新闻照片

(一)新闻照片。又叫"新闻图片"、"图片新闻",是以新闻事件、新闻人物为拍摄对象,再现新闻现场情景的图像,具有较强的新闻时效性,是报纸的新闻体裁之一,与文字稿有着同等重要地位。

(二)非新闻照片。非新闻照片不具备新闻照片的时效性和新闻性,是以自然景观、明星人物为拍摄对象的风景、艺术照等。它不以报道新闻事实为己任,但可以提供历史上或现实中的其他事实,反映生活中、自然界的某一个典型场景,或以其美好的形象供人们欣赏。报纸副刊、专刊和期刊经常使用这类照片。

二、美术作品

(一)时事性美术作品。时事性美术作品的题材来自现实生活,是对社会现实的一种艺术化反映。它包括新闻速写、时事漫画、领导人题词等。

新闻速写——包括新闻场景速写、新闻人物速写等,是用绘画的手法,对新闻事实作形象化的展示。它一般用于三种场合:一是报道重大新闻事件,如重要会议、文艺演出、建设成就等,以其艺术感染力达到新闻照片无法达到的效果;二是展示新闻人物的风采,通常作通讯、特写的插图;三是在文字新闻稿没有合适照片配合的情况下,用新闻速写弥补文字稿形象性不足的缺陷。新闻速写,要求画面内容真实,有现实依据,反映所画对象的外部特征和内在本质;同时要求构图新颖、技法娴熟、形象生动。

新闻漫画——又叫时事漫画,包括新闻漫画、社会性漫画、连环漫画、幽默漫画等,是针对社会现实问题,用夸张、变形、比拟、象征等艺术手法创作的绘画作品,通常具有讽刺性或幽默性。时事漫画应紧扣现实、题材新颖、构思巧妙、观点鲜明、讽刺尖锐。

名人题词——是一种特殊的书法作品,通常是领导人或者著名人士在某个特定时刻所写的书法手迹。发表名人题词必须经过本人同意或有关部门批准。首先,要弄清题词的背景,查明是否经过审批。其次,要对题词的措词、写法包括提法是否准确、字迹是否出现笔误等进行审订。

(二)艺术类美术作品。艺术类美术作品是以艺术性见长,具有一定现实意义的美术作品。它是报刊吸引读者阅读、引导艺术创作、普及艺术知识的重要手段。艺术类美术作品的体裁十分广泛:绘画作品,包括中国画、油画、版画、素描、年画、儿童画、幽默画、连环画等;雕塑作品,包括塑像、浮雕、牙雕、根雕等;书法作品,包括真、草、隶、篆等。此外,还有邮票、剪纸、篆刻、陶器、瓷器、漆器、脸谱、风筝、火花等。它们以不同的艺术形式,反映了社会生活的各个方面,表达了作者的思想情感和艺术追求。

报刊选用艺术类美术作品,首先要从思想性上把关,多选那些内容健康、歌颂真善美、引导人们奋发向上的作品。其次要从艺术性上把关,多选那些艺术水平高的作品,淘汰那些粗制滥造、简单模仿甚至剽窃之作。再次要注意画面质量。报刊编辑部收到的大量美术作品稿件可能是原作的复制品。由于复制技术水平有高低之分,复制品质量有好坏差别,因此编辑一定要对报刊出版质量负责,宁缺勿滥。

三、新闻图示

(一)新闻统计图表。是将新闻所涉及的统计数字以表格的形式进行条理化的罗列,使读者能够方便地阅读和比较。

(二)新闻示意图。新闻示意图可以分为两种类型:一类是由新闻统计图表变形发展而来的,将统计数字集中绘制成图,形象化地展示这些数据所说明的意义,使数字的类比或对比更加鲜明生动,也使所说明的问题更易被读者理解。它主要有曲线图、柱状图、饼状图。另一类新闻示意图是对新闻中涉及的专业性较强、头绪较多、比较抽象复杂或不可重现的内容进行形象化的表现。它常对新闻五要素中的 where(哪里)、what(什么)和 how(如何)等要素进行形象化展示。

(三)新闻地图。新闻地图是根据报道的需要,对照标准地图选择其中某一局部加以放大,并以更加简单的线条和符号制作出来的,主要用来表现新闻事件发生的地理方位及区域范围等。

报刊选择新闻图示,应掌握几个要领:一是要问"值不值"。一般来讲,报刊上发表的新闻图示所涉及的都是较为重大的题材,而且是那种不用图表就不易说明白的题材。二是要问"准不准"。报刊上发表的任何稿件都应该准确,新闻图示因其具有资料性、直观性特点,更应该准确无误。采用新闻地图时,国界的走向、城市的方位、河流的流向、道路的走向等,虽不能像标准地图那么精确,但大体上应该是准确无误的,否则会给人们误导,甚至会引起纠纷。图表上的每个数字,都应有确切的出处,经得起推敲和验算。三是要问"清不清"。图表上的每一个线条、符号、文字、色块,都应该清清楚楚,合乎统一规范。

5.3.2 新闻图片的编辑

随着读图时代的到来,"图"在报刊中发挥着越来越重要的作用。有人断言:"没有好照片就没有好版面。"新闻图片以其本身所具有的直观、形象和阅读快速、轻松等特点越来越受到读者的青睐,它在报刊上的地位与作用不断提高。1990 年8 月举行的我国首届全国报纸总编辑新闻摄影研讨会提出"图文并茂,两翼齐飞"的新闻摄影方针,是新闻图片在我国报刊传播中地位提高的标志。

一、新闻图片的类别

(一)预定事件图片。即在规定的时间和空间内所拍摄的事件性的新闻照片,比如,2013 年 7 月 11 日至 12 日,习近平在河北省调研时,同县乡村干部、老党员和群众代表座谈的图片,就是新华社摄影记者在事件发生前策划设计好的抢拍镜头。

（二）随机事件图片。即在事先没法预料,而在事发情况下随机拍摄的未经拍摄对象同意的图片。比如,2013 年 7 月 15 日新华网《图片频道》发表了一组题为《年年夏天看"大海"年年都有"淡定帝"》现场随机抢拍的新闻照片,反映城乡内涝中的百姓生活,新闻性、故事性、现场感很强。（见图 5-9、图 5-10）

图 5-9

图 5-10

（三）特写图片。是指在某些重大新闻事件中,或在某种社会背景之下,对于局部事物的细致描绘,以强化事件的结果及期待给读者的深刻而强烈的印象。

2013 年 7 月 15 日新华社发表《武汉一栋 10 层楼房拆成"楼片片"》的特写图片,报道武汉和平大道路边一栋 10 多层的楼房从中间开始拆除,右边只剩下薄薄的一堵墙,让人看着很担心住户和路人的安全。当时拆房现场没有警示标志。（见图 5-11）

2010 年 11 月 18 日,多家媒体刊发了贵州省毕节市千溪乡一对夫妇长期虐待自己年仅 6 岁女儿婷婷的特写图片。他们不仅用铁丝抽打,还多次用烧红的火钳烙婷婷的屁股等,这对夫妇对年幼女孩施行的"酷刑"让人发指。（见图 5-12）

图 5-11

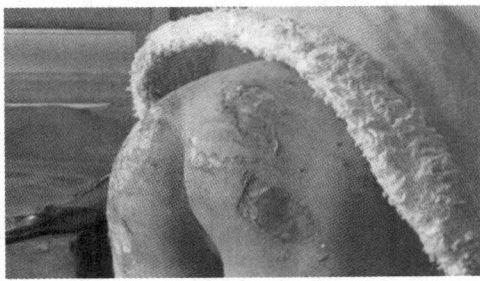

图 5-12

二、新闻图片的选择

挑选图片,"眼力"很重要。这种"眼力"包括政治敏锐性、新闻鉴别力和艺术鉴赏力，缺一不可。同文字稿一样，图片选择也要鉴别真伪、判断价值、预测效果，立足于版面需要。

（一）鉴别真伪。新闻照片造假有以下几种情况：一是"摆布"，就是摄影者按自己的主观意图，指使被拍摄者摆出某个虚假场面。比如，把别的地方的摩托车集中到一个村里，制造这个村"家家都有摩托车"的假象。二是"移花接木"，就是利用暗房技术或计算机技术，把几张照片上的景物、人物叠印到一张照片上，制造出一个根本不存在的场面。比如，把一个人物的影像叠印到某个世界名胜的风光照上，造成他"周游世界"的假象。三是"削肥补瘦"，即利用"涂抹术"，把原来照片上不符合拍摄者意愿的景物、人物涂掉，以达到"完满"的效果。四是"张冠李戴"，即利用图片说明，篡改照片所记录下来的事实。比如，把在甲地拍摄的场面，说成是乙地发生的事实等。

鉴别新闻照片的真伪，关键是要细心，要深入分析新闻照片的主题，看它是否反映了生活的本质，有没有歪曲事实、违反客观规律的嫌疑；要把新闻照片与图片说明作对比，看它们之间有无矛盾；要从各个角度审视照片，看它的光线角度是否一致、人物动作和表情是否自然、景物的各部分是否合乎透视比例、有没有作伪留下的痕迹等；请熟悉照片所涉题材的人帮助把关，鉴别真伪，或送有关部门审定。

（二）判断价值。新闻照片必须具备新闻价值，应从真实性、时新性、重要性、接近性、显著性、趣味性等方面进行分析，判断其新闻价值的质和量。同时，还应注重艺术价值，要求画面清晰、构图新颖、反差适度、色彩鲜亮，场面有典型性，人物形象和景物能够很好地揭示主题，有强烈的艺术感染力，达到新闻性与艺术性的完美统一。

（三）预测效果。预测新闻照片发表后的社会效果，既要遵循与文字新闻稿相同的标准，又要考虑新闻照片的特殊性。新闻照片是用画面"说话"的，如果画面上有问题，图片说明写得再好也于事无补。因此，对新闻照片的社会效果应该通盘考虑，既要看它的主题思想、主体形象，又要看照片细节会不会产生负作用。

（四）考虑版面需要。新闻照片在版面上的应用，一是单发，即照片（一张或一组）自成一体，独自承担某一项报道任务；二是配发，即照片（一张或一组）同有关的文字新闻稿一起刊登，起到充实、深化文字新闻报道的作用。

三、如何减少新闻图片的差错

（一）报刊新闻图片出现差错和失误的主要表现

一是有些新闻图片从画面到内容违反报刊出版管理的有关规定，造成导向错误。二是有些新闻图片的主题和文字内容虽然符合宣传要求，但图片画面却存在着一些毛病和问题。三是新闻图片的文字说明简单粗糙，推敲不够，有的甚至隐藏深层的差错。

（二）减少和避免报刊新闻图片出现差错的对策

一是要提高守纪意识,避免无意犯规。新闻图片作为我国报刊一种重要的新闻报道形式,是党的路线方针政策的宣传载体,是反映人民群众呼声的重要渠道。它受国家政策法规、社会伦理道德、人们传统习俗等客观因素制约。因此,拍摄、选用、审核每一幅新闻照片,都要从"政治家办报"的高度来进行判断。二是要增强镜头意识,避免枝节失误。新闻图片是用真人真事的真实形象来报道新闻事实的,因而读者觉得其真实可信。由于具有真实形象这一特性,新闻图片画面的主要内容必须符合党和国家的有关规定和要求,同时,画面中的一些次要内容、一些细微之处也要做到正确无误,确保新闻图片刊登后的良好的社会效果。三是要推敲文字说明,避免文图不符。新闻图片要求图片与文字做到相互补充、相互依赖、不可分割、相得益彰。确保图片说明简明扼要、准确生动、条理清楚,使文字说明成为新闻图片的有力辅助。

5.3.3　图片加工

图片加工,是一项政治性、艺术性、技巧性很强的工作。有些图片,原稿质量较高,可以不经加工就直接制版。但也有大量图片存在着一定缺陷,需要对其进行必要的加工修饰,目的是使图片的构图、色彩、清晰度得到改善,形状、规格符合报刊版面要求,文字说明更切合主题。

一、图片的加工手法

图片加工总的原则是:新闻性、记实性、有特指对象的新闻图片,可以剪裁,但不能改变画面内容,否则就是造假;非新闻性、非记实性、无特指对象的照片,根据实际适当加工,其中艺术类美术作品的加工应尊重原作的艺术风格。

（一）剪裁

剪裁是通过切掉图片的某些部分,使图片的主题更集中、画面更完美的一种加工方式。图片本身存在缺陷,比如主体形象不是位于视觉中心、背景杂乱无章、原稿边缘损坏出现缺角折痕、或者图片原稿的形状与版面要求不一致等,都有必要进行剪裁。

剪裁的方式有多种,一是直线剪裁,即对图片稿作直线分割,线内的保留,线外的剔除,图片主体更突出,构图更完美。二是曲线剪裁。既可以是弧线,也可以是不规则折线。经过曲线剪裁,图片稿变成了圆形、椭圆形、扇面形或不规则形,只要取舍得当,画面会显得新颖别致。三是虚线剪裁。经过剪裁,图片稿的边缘既不是直线,也不是弧线和折线,而是由浓变淡,越来越虚,好像消失在雾里,别有艺术情趣。

（二）整饰

整饰就是对画面进行整理、修饰,以消除缺陷,使画面变得清晰、完美。对不同性质和不同用途的图片,整饰的要求完全不同。凡新闻性、记实性、有特指对象的照片,原则上不允许整饰,但在特殊情况下可以做少许整饰。根据有关保护公民隐私权的法律规定,照片上有些人物不能露其全貌,如少年犯、戒毒者、未定罪的犯罪嫌疑人、不愿在报纸上暴露身份的人等,应该对其头部作"马赛克"处理。对新闻性、纪实性、有特指对象照片的整饰,是以不改变拍摄对象的原貌为前提的。

对非新闻性、非记实性和无特指对象的图片稿,整饰时也应该有所节制。比如,对示意图,为了保证印刷质量、使读者看得更清楚,可以把不清晰的线条描清楚,但不能改变线条的形状,不能更换图上的文字,除非原稿有错误。对美术作品,如果是古代文物,原件有残缺是很正常的,擅自整饰会弄巧成拙;如果是当代美术作品,应尊重原作的风格。

(三)变形

变形是指通过改变画面原有的形状和比例,以达到特殊的艺术效果。变形的主要手法有拉长、压扁、倾斜和弯曲。拉长是加大图片的纵向比例,使画面变得修长;压扁是通过缩小图片的纵向比例,使画面内容变宽、变矮;倾斜是改变画面上景物、线条等的原有角度,使整个画面倒向一侧;弯曲是对画面内容作弧形或波浪形处理。变形所改变的不只是图片稿的轮廓,还包括它的画面内容。变形是一种失真的、夸张的、艺术的处理方法,它的使用范围只适用于某些轻松的、不敏感的、抒情性的无特指对象的照片和美术作品。

(四)叠加

把其他影像、文字添加到一张图片上,以替代这张图片的一部分原有影像,叫做叠加。常用的叠加手法主要有:一是叠字,就是把文字叠印到图片稿上,比如压题图片、图片画面上的文字说明等。二是换头,就是把其他图片稿的人物头像"移植"到一张图片上。比如,有些以真实人物为对象绘制的漫画,人物的头部是照片,身体是漫画,别有艺术情趣。三是集纳,是把两张或更多的照片用叠加方式合成为一张照片。比如,围绕同一个影视剧目,可以在全景照片之上叠印各位主角的头像,组成一张像招贴画似的新照片。

二、图片说明的加工

图片说明是一种特殊的文字稿。它的基本作用是以文字的形式,对图片内容加以解释、补充和提炼,使读者了解画面的内容,领会画面的意义。作为一种文字稿,加工图片说明的目的与文字稿相同,是正导向、去错讹、去繁冗、添精神、增色彩。如果失实,将影响传播效果、报纸公信力,甚至可能引起法律纠纷。此外,图片说明的内容要紧扣图片,有助于揭示图片的内在意义,补充图片的不足,为图片增色,起到图文互补、相得益彰之效。图片说明的篇幅应尽可能短小,甘当图片稿的配角,不能喧宾夺主。图片说明有多种类型。不同类型的图片说明,其内容和形式均有不同的要求。

（一）标题式。标题式图片说明是指只有标题、没有正文的图片说明。最常用的模式是"标题＋作者"。一些艺术摄影作品、绘画、剪纸、雕塑和新闻图表等，常用这种图片说明。

（二）独立式。所谓独立式图片说明，是指内容完整、形式上自成一体的图片说明。多数新闻照片的图片说明属于这一类。一篇合格的独立式图片说明，相当于一篇短小精悍的纪实性文字稿，时间、地点、人物、事件、意义等新闻要素要应有尽有。在结构上，独立式图片说明主要有两种模式：一是"由大到小式"，即先介绍大背景，然后聚焦到图片所反映的这个特定场景上；二是"由小到大式"，即先交代图片上摄取的场景是什么，再介绍这个场景赖以存在的大背景。

（三）半独立式。所谓半独立式图片说明，是指在报刊同一个版（页）面上，既有图片稿，又有与之相关的文字稿，但文字稿中对图片稿的背景、意义交代得不甚清楚，有必要另作一个简短的图片说明。比如，文字新闻稿报道了冰雪中电力工人抢修线路的情况，与之配套的新闻照片记录了某倒塌铁塔施工工地的场面，图片说明无须对照片背景作重复介绍，只需用"图为某公司电力工人正在抢修线路的场面×××/摄"等简单提示即可。

【本章小结】

随着媒体竞争日益激烈，标题和图像在报刊信息传播中的作用越来越突出。精心制作标题已成为报刊编辑钻研业务的重要课题。标题可分为单式标题和复式标题。制作标题要准确真实、具体细致、生动形象、简练精粹。报刊上常见的图像符号包括图片（照片）、插图、绘画、漫画、速写、图示（统计图表、示意图、新闻地图）、图饰等。

【思考训练】

1. 复式标题中主辅题的作用分别是什么？
2. 制作标题有哪些基本要求？
3. 怎样运用修辞方法制作标题？
4. 简述现代报纸标题的发展趋势。
5. 如何减少新闻图片的差错？
6. 图片的加工手法有哪些？

【课堂讨论】

1. 请结合案例，谈谈标题的作用和功能。
2. 如何理解读图时代，图像在报刊信息传播中的重要作用？

【参考文献】

[1] 黄奇杰编著.报刊编辑案例评析[M].杭州:浙江大学出版社,2008.

[2] 曾璜,任悦编著.图片编辑手册[M].北京:中国摄影出版社,2009.

[3] 谢雨玫著.图片编辑与版面设计[M].北京:中国摄影出版社,2009.

[4] 彭朝丞,王秀芬著.标题的制作艺术[M].北京:新华出版社,2005.

[5] 彭朝丞著.新闻标题制作[M].北京:中国广播电视出版社,2007.

报刊编辑实务教程

第六章　专业新闻编辑

【学习目标】

- 明确时政、财经、社会、体育、国际新闻编辑的素质
- 了解时政、财经、社会、体育、国际新闻报道的特点
- 掌握时政、财经、社会、体育、国际新闻的编辑要领

【引例】

大公报网站就刊发习近平打车虚假消息致歉

2013-04-18　18:07:23　来源:人民网(北京)

《大公报》4月18日刊发了《北京"的哥":习近平总书记坐上了我的车》一文。经核,此为虚假消息,对此我们深感不安和万分遗憾。由于我们的工作失误,出现如此重大虚假消息是极不应该的。对此我们诚恳地向读者致歉。我们将以此为鉴,用准确严谨的新闻报道反馈公众。

就刊發《北京「的哥」：習近平總書記坐上了我的車》虚假消息向讀者致歉

2013-04-18 17:55:37　來源:大公報　　　有0人參與　　　收藏　　打印 字號:T|T

《大公報》4月18日刊發了《北京「的哥」:習近平總書記坐上了我的車》一文。經核,此為虚假消息,對此我們深感不安和萬分遺憾。由於我們的工作失誤,出現如此重大虚假消息是極不應該的。對此我們誠懇地向讀者致歉。我們將以此為鑒,用準確嚴謹的新聞報道回饋公眾。

【引例】

北京东三环80平方米两居室住25人 月租金2万(摘要)

2013年7月15日　03:05来源:北京日报 作者:闫雪静 华锴

一套80平方米的两居室里,竟然住了25个人,除了保留厨房与卫生间,两个

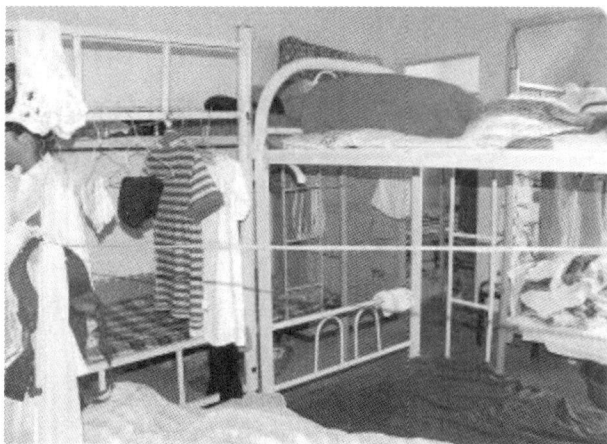

80平方米两居室住进25人（图片来源：北京日报）

房间和客厅全部摆满了上下铺床。这不是发生在城乡接合部地区，而是在每平方米售价高达6万元的东三环附近的高档公寓里。这套两居室原本每月租金约8000元，靠出租床位竟然能达到每月2万元。

今年22岁的李磊在国贸附近一家进出口贸易公司上班，租住在劲松首城国际一户80平方米的两居室里。同一屋檐下的，还有24个这样的单身小青年，他们的房间就是上下铺中的一张床位。"冬天还好，最难熬的是夏天，房间闷热潮湿不说，每天洗澡至少排队两个小时，空气中永远弥漫着一股臭味。"

即便居住环境如此恶劣，李磊每月仍然心甘情愿支付800元的房租。为啥？"离公司近，步行15分钟，再坐一站地铁就到了。"

如果不是亲眼所见，记者永远想象不出25个人如何长期租住在一套仅有80平方米的两居室里。昨天下午，记者随李磊来到这套两居室。推开房门，客厅、卧室里满满当当摆了13张上下铺床，相邻床之间相隔仅30厘米左右，除了一张床位没人住之外，剩余25张床位全都铺着被褥。床上，电脑、衣服、书包随意摆放；地上，满是废纸、瓜子壳、烟头、食品包装袋，粗细不一的电线密集地缠绕在一起。"没办法，房租太贵了，两个人合租附近一套老小区的两居室，一个人就要2000多元，我的月工资才不到3000元。"躺在床上打游戏的刘杰说，"这种情况很普遍，你下楼随便找个中介公司，他都有这种房子租给你。"

为了满足读者对新闻信息需求的多样性，报纸专业新闻版面不断增加，不同报纸专业新闻版的分类不尽相同。根据新闻报道地域，专业新闻版可以分为国际新闻版、国内新闻版、本地新闻版、社区新闻版等。根据报道题材，专业新闻版可以分为政治新闻版、财经新闻版、社会新闻版、法制新闻版、科技新闻版、体育新闻版、文化新闻版、娱乐新闻版等。有些报纸的专业新闻版则综合各种不同标准分为要闻版、热线新闻版、重点新闻版、综合新闻版、民生新闻版、专题新闻版、深度报道版等。不同的专业新闻版面由于内容的差异，对编辑的要求也有所不同。随着厚报时代的到来，报纸的新闻版面划分越来越细，比如日均 88 个版、周五 112 个版的《新京报》，就专门设置了气象新闻版。

6.1　时政新闻编辑

时政新闻报道，是对国家和政党的最新方针政策、重要外事活动、重要会议、主要领导人的政务活动以及涉及国内外政治、经济、文化发展趋势的重大事件的报道。会议和领导活动报道是时政新闻报道的主要内容。一些政治宣传性较强的"主题报道"与"典型报道"也可纳入时政新闻报道的范围。

我国权威主流报纸的要闻版，往往由时政新闻唱主角。时政新闻采写和编辑的优劣，直接决定着报纸权威度的高低和影响力的大小。近年来，都市报也在不断加大时政新闻报道的力度。因为时政新闻报道属于报纸的高端产品，我国公众有着关心时事政治的传统，而政治无论是对我国的历史发展进程，还是对普通大众的日常生活，都发挥着重要的影响力。从我国报刊发展史来看，时政新闻报道总是被置于报刊最重要的地位，对记者和编辑的要求最高，最为敏感，报道难度最大。许多报纸在时政新闻报道方面进行了改革的尝试，并且取得了一定的成效。

6.1.1　时政新闻报道的特点

一、强烈的政治性

时政新闻报道最能体现报刊的"喉舌"功能，是报刊发挥舆论引导和舆论监督功能最重要的阵地。时政新闻直接报道党的会议与决议，宣传党的方针与政策，歌颂国家各方面建设取得的巨大成就，展现国家领导人的风采，发布国家领导人的重要讲话和重要活动。

二、严格的规范性

时政新闻报道具有严格的规范性，特别是关于重大会议和决议的报道，关于国家领导人重要活动的报道，在称谓和规格上都有严格的规范，报道形式应严谨恰当，报道内容要准确、真实、全面。

三、位置的重要性

报纸的头版头条一般都是重要的时政新闻，这是由时政新闻报道本身所具有的重要性所决定的。报刊编辑在选取稿件时通常会优先考虑时政新闻。

四、报道的适宜性

时政新闻对报道时间和时机具有较高要求,时政活动往往发生在特定的时间,报道在何时发布也具有特殊意义,不允许有任何闪失。

五、策划的周密性

时政新闻无论是常规性报道还是重大事件报道,都需要在报道前后进行周密的策划,策划还应该随机应变,适应事件的变化及时改进策略进行报道。

6.1.2 时政新闻编辑应具备的素质

当前我国时政新闻报道在各类报刊上的数量很多,地位也很高,但对读者的吸引力却不够,难以满足读者的阅读需要,影响了时政新闻报道的传播效果。时政新闻报道对编辑的要求非常高,需要编辑具备丰富的阅历、经验和知识结构,同时还应该在策划理念、版面形式和内容选取上在固有模式的基础上有所创新,学会判断时政新闻报道的新闻价值和宣传价值,具备良好的政治敏感,创新报道形式,抓住报道要害。具体而言,时政新闻编辑的素质包含以下几方面:

一、强烈的政治敏感

熟悉党的大政方针政策,掌握中央精神,谙熟各种政治文件,熟悉领导人的讲话,了解当代我国的政治现实。比如,懂得人大制度,了解中共中央、国务院的特点及其运作,熟悉从省、市到乡、镇和村一级政府的运作情况,清楚当前政治上的敏感问题,知道重要人事。从总体上把握中外局势,清楚国际局势的特点和走势,以及中国改革发展的焦点问题。

二、丰富的知识和人脉资源

熟悉中共党史、中国史和世界史,了解国计民生,懂得古今中外的吏治。同时,掌握人脉资源,与当地重要政界人物和新闻宣传主管部门有关人士建立和保持良好的个人关系。

三、很强的新闻敏感

新闻价值的构成包括及时性、重要性、显著性、接近性和趣味性,对于时政新闻而言,新闻价值主要体现为"重要性"。时政新闻能够与读者的心理期待或注意力接近,就能获得读者的关注,满足读者对重大事件的信息需求。

四、严谨的工作作风

时政新闻编辑一般应有时政新闻报道的经历和经验,充分认识到时政新闻编辑需要严谨的工作作风,一字一词都不能马虎。

6.1.3 时政新闻编辑要领

一、坚持正面宣传为主的原则

时政新闻报道是读者了解国家大政方针政策的主要渠道,是报纸发挥舆论引导和舆论监督功能的重要阵地,承载着重要的宣传功能。因此,把握时政新闻的报道基调,明确舆论导向是时政新闻编辑的关键。团结、鼓劲、稳定和正面宣传为主的原则,是时政新闻报道的基本出发点。时政新闻编辑具体应该做到:报道具体腐败案件时,不能过于集中,给人以渲染的印象;对存在的问题,既要指出来,更要提出建设性的建议,促进问题的解决;不能简单化、极端化,要注意平衡;不要全盘否定或肯定,要留有余地。

二、体现时政新闻的核心价值

时政新闻报道最主要的特质就是"重要性",因为时政新闻报道能在很大程度上满足人们"大事的知情权"的心理需求。编辑时政新闻一定要能够掌握全局,体现报道的核心价值,不能片面追求可读性而忽略报道的信息功能和引导功能。

《凤凰周刊》策划抗战胜利60周年的报道时比较主流,抓住了核心问题。其封面文章是《最危险的时候——首次全面展示完整的中国抗战史实》。在这样的标题之下推出了系列报道:大历史观下的抗战史、弱国战略成功的典范、中共决胜抗日战场、敌后游击战略是中共的伟大创举、大国伤心地、中国抗战钳制日军北进南攻、60年的纪念与忘记、纠缠60年的战后遗留问题、中日历史难题追索等。该系列策划周密,报道图文并茂,采访也比较深入。

三、体现时政新闻的有用性

时政新闻在很大程度上影响和调整着人们的工作和生活决策,这也是其有用性的具体体现。获知时政新闻是人们获取其他利益的一种手段。新闻信息对读者的"有用"是一种更高层次的有用,是一种重要信息的服务。其"有用性"表现为可满足读者依赖重要时政信息调整和改变自己的功利需要。

比如,对时政新闻的报道直接影响人们对形势、政策的认识和判断,从而影响人们民主参与的热情和信心。政策法规类新闻信息直接规定和影响人们的工作和生活决策自不必说,即使是领导活动等政治信息,只要善于利用,都可能转化为财富。

四、改革报道形式和编排形式

时政新闻报道要想发挥引导和宣传功能,有赖于报道和版面对读者的吸引力。要想吸引读者,收到好的传播效果,时政新闻报道就必须尊重新闻规律,讲究报道艺术,注意版面编排。在报道方式、说话技巧等方面有所变革,突出新闻性,改变文风,注重语言和体裁的多样性、贴近性,灵活运用多种报道体裁,改变过浓的宣传腔。

时政新闻报道还应该运用多种编排手段吸引读者阅读,节约读者阅读成本。比如,《都市快报》和《钱江晚报·宁波城事》对 2010 年宁波市竞争性选拔干部的报道突破常规,在报道中都运用了统计图表,两家报纸选择"12 个市直领导干部职位报名情况"用统计图表加以表达,将数字以表格的形式进行了条理化的罗列,使读者能够方便地阅读和比较。《钱江晚报·宁波城事》还为报道配了漫画插图,将导语置入漫画插图中,与漫画插图浑然一体,既节约了版面,也激发了读者的阅读兴趣,启发了读者的想象,活跃了版面气氛。

五、补充相关背景,深化报道内涵

传播学把信息分为表层信息、中层信息、深层信息和核心信息。在信息时代,人们越来越渴望知道深层的、核心的信息。会议和领导活动报道应避免停留在对会议文件、领导讲话等表层报道上,而要努力补充相关背景,做好分析性、调查性报道,帮助读者从深度和广度上把握信息。

时政新闻由于常常涉及国计民生,内容非常重要,不仅自身即历史,更与以往的历史事件密切相关。因此要让受众加深对现时事件的了解,总免不了把这一事件在历史上的发展脉络进行交代。事物总是相互联系,而不是彼此孤立的。重要会议的召开或领导人的某次考察活动,自然有其背景,所以在报道中也不应就事论事,而应在与同类事件的比较中,体现其特殊意义。据新华社报道,2013 年 7 月 11 日下午,习近平来到革命圣地西柏坡,在同县乡村干部和群众座谈时郑重表示,"当年党中央离开西柏坡时,毛泽东同志说是'进京赶考'。60 多年过去了,我们取得了巨大进步,中国人民站起来了,富起来了,但我们面临的挑战和问题依然严峻复杂,应该说,党面临的'赶考'远未结束。"习近平讲话有着极强的针对性和现实意义。

6.2 财经新闻编辑

随着经济体制改革的深入,尤其是加入 WTO 后经济全球化的发展趋势,我国市场经济的特征日益明显,增强经济意识、提高生活水平,已经成为全社会的共识。因此,人们对财经知识、财经消息、经济政策的需求也随之高涨,而且需求也越来越多元,除了与政府相关的政策方针等宏观信息外,人们更希望获得企业咨询、市场动态等更多中观和微观的经济信息,并希望对国际经济有更多更深的了解。因此,财经报刊发展势头迅猛。既有综合性财经类报刊,又有行业性财经类报刊。既有服务性财经类报刊,又有新兴的专业财经报刊群。不过,中国还没有像美国的《华尔街日报》、英国的《金融时报》、日本的《产经新闻》那样领军的财经类报刊,中国的财经类报刊还有非常大的发展空间。

　　除了财经报刊,综合性日报也都设有财经版,且权重越来越大。每逢重大财经新闻出笼,各类报刊均不惜版面刊登,财经报道的专业程度及报道手法的创新,都可圈可点。

　　财经新闻报道,就是有关经济活动、经济现象、经济决策最新事实和情况的报道。广义的财经新闻覆盖全部社会经济生活和与经济有关的领域,包括从生产到消费以及社会生活中的各个相关领域。狭义的财经新闻,则重点关注资本市场、金融市场以及与投资相关的要素市场,并用金融资本市场的视角和投资的眼光来观察和报道经济生活。

6.2.1　财经新闻报道的特点

一、客观性

　　客观性是新闻的灵魂所在,也是财经新闻的关键。由于财经新闻的受众涵盖了包括广大投资者在内的金融市场的各个参与方,金融市场作为多个利益主体的博弈场所,存在相当密切而敏感的利益关系,因而财经新闻理应更加客观、公正、全面。全球财经报业的巨人《华尔街日报》所遵循的新闻标准就包括"事实应当准确、公正;任何编辑工作都不应有隐藏的议程;涉及新闻集团商业利益的报道也应保证准确性和公正性"等规定。

二、实用性

　　财经新闻的影响不仅在于对舆论的塑造和引导,而且还会直接影响现实中的经济过程。在现代社会,公众的经济决策和行为,一定程度上依赖于他们从媒体所获得的经济信息,以及媒体对经济形势的判断和分析。这就使财经新闻报道对于公众来说具有很强的实用性。

　　这首先体现在信息提供上,财经新闻需要及时为受众提供各种财经动态。在竞争激烈的现代社会,信息上的滞后有时候就意味着机会的丧失,会造成不可挽回的损失。由于"投资决策"主要是对金融市场而言,而国内外金融市场行情往往又处在全天候瞬息万变之中,因而财经新闻特别强调时效性,要求更及时、更快捷,才会更具竞争性。其次,财经新闻要能为公众准确地展示和剖析各种经济现象。只有对经济活动或现象产生的背景、表现出来的特点以及未来的走向有比较透彻的了解,人们才能把握规律,在经济决策中赢得主动。

三、专业性

　　由于财经新闻的受众主要是投资者,因而财经新闻中所包含的信息应该更准确、更专业、更具有针对性。财经新闻的专业性首先体现在报道对象的专业化上。经济动态往往是对生活的高度抽象,很多时候材料是由数据和专业术语构成,如果缺乏必要的财经专业知识背景,就会失去对财经新闻的敏感。其次,我国经济体制改革走向深入,新的经济现象和问题不断涌现,需要记者及时学习和研究,不断更新自己的知识结构。

四、可读性

由于财经新闻的受众知识背景和认知能力参差不齐,而财经新闻所报道的内容又具有较强的专业性,这就要求财经新闻在内容的专业性与表现形式的通俗性上相统一,使专业人士读了解渴,一般受众看了明白。《华尔街日报》就将其读者的阅读理解力定位于"八年级以上学生",就是我们初中生能看懂的水平。

五、关联性

财经新闻最突出的特点是关联性,财经信息只有被放到一个特定的经济环境中把握,与当时的社会、政治环境联系起来,才能充分展示其内涵。该重要特征主要体现在两个方面:一是各种各样的经济信息和经济动态之间往往有很深刻的依存关系,要理解某种经济现象或问题,必须要对相关的经济情况有所了解。二是一些经济动态往往会在很大范围产生影响,媒介在报道时需要从联系的角度,对其影响和意义进行充分的分析,而不是只及一点,不及其余。在全球化的背景下,财经新闻的关联性还要求报道时应具有开阔的视野,能将经济事件和现象放在全球经济环境的背景下来解读。随着国际交往和联系的日益紧密,一国的国内经济政策,尤其是发达国家的国内经济政策,会在国际范围内产生影响。

六、前瞻性

财经新闻报道所涉及的"投资决策"是付诸未来的行为,对于财经新闻,大众关心的不是已经发生的事,而是将来的演变,特别是分析、评论类财经新闻更应该着眼于未来。好的财经新闻应该给受众提供可靠的判断,为受众的决策和行为提供有益的参考。前瞻性依赖于记者和编辑对背景资料的占有,对经济知识的熟悉,更依赖于记者和编辑的独立思考。

6.2.2 财经新闻编辑的素养

编辑为主导是专业财经报刊的常见模式。财经新闻编辑分工细密,不同的财经领域有不同的专职编辑。这是由财经新闻报道专业性强的特点决定的。在财经新闻报道领域,编辑是核心,要指挥记者的报道,因此必须拥有比记者更高的职业素养。

一、财经专业知识背景

财经新闻编辑要有财经的专业知识背景,应掌握经济理论基础知识和特定行业的专业知识。要求懂管理,能够看懂公司财务报表,能分析股票走势曲线图。同时还应对各种经济现象具有高度的敏感性,及时掌握前沿的经济理论和经济现象并能形成独立见解。

二、丰富的财经新闻采写经验

财经新闻编辑应具有丰富的财经新闻采写经验,不少报刊的财经新闻编辑都是从一线的财经记者队伍中选拔出来的。作为一线成功的财经新闻记者,一方面,因为经常与财经业内人士或与财经行业核心层接近,能迅速通过各种途径获得一手的信息和观点,自身也能成为财经业内中的一员;另一方面,作为记者,与财经专业人士对财经现象观察的视角又会有所不同,久而久之,必然对财经领域能够形成自身的独特判断。

三、宏观的社会发展视野

财经新闻编辑不仅要懂得财经,还要熟悉中国政治、社会和法律的发展状况,熟悉政府的经济政策,能够对财经现象做出精辟的分析。财经新闻编辑不仅要从经济的角度去思考,更要注重对财经事件和现象多角度分析,要将其放到整个社会发展的宏观大背景下进行报道,从而为人们的决策提供指导,为上市公司行为提供参考,为国家经济的发展指明方向。

6.2.3　财经新闻编辑的操作要领

一、熟练财经语言

财经新闻报道对专业性、系统性要求非常强。财经新闻编辑必须要使财经版面具有浓烈的"财经味",无论是事件新闻、突发新闻,还是调查性报道、解释性报道、预测性报道,选择专业视角,做好报道策划都非常重要。同时在报道形式上也要力求专业,财经新闻的语言姿态应呈现"新闻语言＋财经专业语言＋数字＋图表"的整合系统,其中财经专业语言包括财经专业知识、技术术语、专用名词等,数字和图表则是财经新闻报道中不可缺少的准确、简洁、有力的辅助语言。财经新闻的语言是由这四种子语言整合、交融建构而成的特有的系统语言。财经新闻编辑要充分利用这个整合系统,吸引读者的阅读兴趣。

二、体现独特定位

财经新闻编辑要使版面符合报纸总体的宗旨、风格和定位,同时还应确立版面自身的独特风格和定位,通过编辑方针和报道手段,赋予版面个性,增强版面某一方面的独到价值,使业内外人士均有阅读期待。

以《福布斯》、《财富》和《商业周刊》为例。三者都报道财经,但是定位于不同角度,个性鲜明,因此拥有自己不同的读者群。《福布斯》推崇精英群体的影响力,介绍企业、企业家的成功之道。《福布斯》第三代领导者史蒂夫·福布斯说:"我们的文章充满了统计数字,但它们总是聚焦于人。"《财富》强调企业对社会、经济的影响力,在全球的定位是报道大新闻和大企业,世界 500 强的生死沉浮是拳头产品。《商业周刊》新闻性最强,强调事件影响,偏重对国际重大经济题材的报道,定位于

"全球资本主义时代的信息工具"。

三、进行政策把关

财经新闻编辑要时刻保持清醒的头脑,及时了解和掌握国家的财经报道规范和纪律,从政治与经济紧密关系的角度报道财经新闻。

四、增强服务意识

财经新闻报道肩负着为人们的经济决策提供参考、指导人们的经济行为和普及经济知识的重任,因此,增强财经新闻报道的服务性非常必要。财经新闻报道要为大众服务,就必须实现专业性与可读性的转化和整合。财经新闻编辑在编辑过程中必须经历一个"了解、理解、整理、转化、翻译、浅出"的整合过程,把财经事件和现象与读者的生活联系起来。这要求编辑具有很出色的"翻译能力",就是把专业的财经名词、术语或者一些比较难以理解的概念和现象,通俗化地进行解释。

6.3 社会新闻编辑

社会新闻,是以社会生活、社会现象、社会问题、社会事件为题材,与人民群众的生活、利益、兴趣密切相关的报道,是相对于政治、经济领域的"软新闻"。社会新闻是在政治、经济、科技、文教、军事之外,不受行业局限,侧重于从人际关系、群众生活和道德品质等角度来反映各个层面的新闻。近些年来,社会新闻表现出日益繁荣的景象。晚报、都市报等大众化报纸普遍重视社会新闻,报道量大、可读性强,吸引了越来越多的读者。各级党报也比以往更加重视社会新闻,把加强社会新闻作为贴近实际、贴近生活、贴近群众的有效手段。

6.3.1 社会新闻的特点

社会新闻以社会生活、伦理道德为基础,立足于反映生活、激浊扬清,陶冶情操,净化心灵,优化社会风气和增长知识。

一、广泛性

社会新闻的题材范围非常广阔,社会生活的各个领域几乎无所不包。讴歌时代精神,表扬好人好事,歌颂高尚的行为和情操,诸如助人为乐和舍己救人;奉公守法,改革创新,开拓进取等;揭露坏人坏事,鞭挞违法违纪的事,诸如以权谋私、道德败坏等都在公众谴责之列;社会新闻直接与伦理道德发生关系,必然干预人们的生活,如爱情婚姻家庭问题,牵涉面很广,为整个社会所关注;此外,人们的日常生活、法制、民俗风光等都在社会新闻的涉及之列。

二、贴近性

社会新闻具有最贴近社会生活与百姓生活的特性,就业求学,菜篮子、米袋子,粮油价格,股市风波,社会潮流与消费时尚,人们的精神世界,情感与婚姻生活都是身边发生的,又是百姓最为敏感和最为关心的事。记者作为社会生活中的一员,从社会中来,到社会中去,更容易找到贴近的感觉。社会新闻往往带有个人行为和个人境遇色彩,写起来生动活泼,具有很强的趣味性,为读者所喜闻乐见。

三、可读性

社会新闻领域宽广,无所不包,政治经济、自然社会、天文地理、善良丑恶、趣闻逸事都在选用之列,而且往往是稀奇古怪、别出心裁的事件,采写起来生动活泼,曲折离奇,具有很强的可读性。

四、灵活性

由于社会时尚的需求与社会新闻的引导功能,以及对新闻背景的挖掘,社会新闻往往跨越了很大的时间和空间距离,去追寻去钩沉新闻需要的素材。社会新闻有着机动性与灵活性,身边小事,俯拾即是,既可速写,亦可杂谈,可长可短,机动灵活,妙趣横生。由于社会新闻的涉猎面相当广泛,所以对社会生活产生的作用相当深刻。

五、地域性

地域性特征是社会新闻贴近性的进一步体现,读者身边发生的各类社会事件往往对读者来说感觉更亲近,更具有吸引力,而且社会新闻包罗万象,选题选材都可大可小,本地社会新闻的资源相当丰富,因此,地方性报纸都以本地社会新闻作为报道的重点和竞争的法宝。

6.3.2 社会新闻编辑的素养

一、有一定的专业背景知识

社会新闻涉及面广,社会新闻编辑应该具有政治、法律、民俗等方面的背景知识,甚至有可能是半个法律专家和犯罪心理学家,或者民俗学家。

二、具有敏锐的政治判断力

不少社会新闻非常复杂,具有丰富的政治内涵,关系到社会稳定。

三、要有经济头脑

商业已经深深地融入社会生活,社会新闻编辑要有"物质眼",他能懂得从物质利益角度去分析社会生活,也能够给读者提供实实在在的信息服务和消费情报。

四、要有策划意识

透过事件表象,进行理性思考与判断。当前有些报纸对社会新闻的选择过多地偏重于社会偶发事件,特别是灾祸、事故、犯罪、丑闻等负面消息,在报道中不是引导读者注意整个社会或社会的重大问题,而是以耸人听闻的手法把读者吸引到社会问题中具有低级趣味的那一面，以追求轰动效应。

6.3.3　社会新闻编辑的操作要领

一、强化服务性，增强社会影响力

加强社会新闻的服务性，可以提高社会新闻的可读性和实用性。社会新闻大量涉及的是社会道德方面的情况和问题，社会新闻只要做出品质和深度，就能够做出独家新闻，对读者和社会产生强大的影响力。

二、坚持正确的舆论导向

一些影响大的社会新闻，编辑应该进行精心策划，弘扬主旋律，坚持正确的舆论导向。

三、不可猎奇媚俗

社会新闻往往是失实新闻报道的重灾区，每年《新闻记者》评选的十大假新闻多出自社会新闻，这和社会新闻过度追求读者眼球、猎奇媚俗不无关系。

6.4　体育新闻编辑

改革开放以来，我国体育事业的蓬勃发展，带动了报纸体育新闻报道的繁盛和进步。而体育新闻的繁盛能够为体育的传播搭建起一座更高层次的平台，让体育的内涵更鲜明、更突出，让体育的影响力更广阔、更持久。现代体育运动是一个庞大而复杂的体系。它不仅包括了奥运会、世界杯足球赛一类观赏性的高水平竞技运动，而且还包括了个人参与性的体育健身运动和休闲活动，以及以青少年健康为核心的学校体育。而正是现代体育运动所表现出的与时俱进的综合性和发展性，才带动了现代报纸体育新闻的专业化、综合化与社会化。目前，体育新闻版成为各类报纸不可或缺的版面，也是报纸版面编排语言运用最丰富的版面，在报纸专业新闻版面中占据了越来越重要的地位。

6.4.1　体育新闻的特点

一、时效性要求强

竞技体育新闻是体育新闻报道的重头戏，体育比赛过程的变幻无穷、比赛结果的不可预测等都使得读者对竞技体育新闻报道充满兴趣，希望第一时间获知比赛相关信息，因此，体育新闻报道在时效性上做得好，就必然可以吸引更多的"眼球"，取得竞争的优势。为了增强时效性，许多体育报纸都开辟了评论员专栏或专版，这些评论是对刚刚发生或正在发生的体育比赛或体育事件进行探讨，言论和新闻常常是同步的，以此和电子媒体的时效性抗衡。

二、社会化程度高

同传统的体育新闻报道相比，现代体育新闻的报道出现了社会化的特征，现代体育运动已经不再是体育竞技赛事本身，而已经提升到经济、政治、文化、外交、科技等关乎国家民族整体形象树立和综合国力提高的社会活动高度。因此，体育新闻不再局限于关注体育赛事本身，而开始拓展到与体育比赛相关的各个领域，很多在报道性质上原本属于社会新闻、财经新闻、政法新闻、娱乐新闻报道内容的题材，甚至凡是大众感兴趣的，或是体育记者与编辑认为与体育运动有关的最新和最有价值的信息，都成为体育新闻的报道范围。此外，报纸体育新闻通过多样化和差异化的报道方式和信息发布策略，满足了多样化的受众需求，尤其在克服同城媒体同质化方面起到了不可替代的作用。

三、娱乐化倾向明显

娱乐化是当代社会文化大众化倾向的最集中表现形式，尤其是新闻传媒领域，这种娱乐精神更是被大肆宣扬。在当代传媒报道中占有重要地位的体育新闻更是走在了娱乐化的前端，从最初的明星传闻，到有意策划的足球宝贝；从小贝的私生活到科比的性侵犯；从国脚的夜不归宿到名记的零距离接触……体育与娱乐的联系越来越紧密。报纸体育新闻报道越来越集中关注与体育活动的当事人相关的人际关系、赛事背景、过程和细节，甚至是与赛事关系不大的生活隐私。同时，报纸体育新闻报道还结合各种手段来增加形式上的吸引力，如具有冲击力、诱惑力和争议性的新闻标题，以及赋予诗情画意、调侃诙谐的新闻语言，都成为了当代体育新闻向娱乐化纵深迈进的实现形式。

6.4.2　体育新闻编辑的素养

一、丰富的体育专业知识

体育运动与体育事业本身构成了体育新闻存在的前提，体育运动具有专业性强的特点，体育新闻编辑必须掌握专业的体育知识，熟悉体育比赛的规则，了解各类体育赛事的历史和发展现状，成为体育方面的知识专家，同时还有对体育的强烈爱好和兴趣，才能成为合格的体育新闻编辑。

二、良好的体育新闻敏感

真实性、客观性是新闻的生命，而对于体育新闻来说，关于体育赛事和相关事件真象和实情的报道是第一宗旨。然而伴随着体育事业不断社会化、综合化和复杂化，以及新闻采访理念的多元化，尤为突出的是过度追求发行量，很多体育报纸甚至开始无所顾忌地炮制假新闻，或者为了获得轰动效应，有意夸大或歪曲事实的某些细节或因素。比如 2002 年的体育假新闻"意韩赛主裁判惨死于乱枪"，这种虚假体育信息一定程度上也反映了当代体育报业的某种困境,即对真实而有价值的体育新闻识别敏感度不够。

三、正确的舆论引导意识

不同媒体对体育新闻内容、形式等的不同选择,并物化成不同类型的体育新闻文本,即形成不同报纸体育新闻报道的偏向性。而这种偏向性往往决定了新闻报道的质量,甚至决定了传播的动机、思想和效果。如果这种体育新闻报道的偏向性不能正确履行舆论引导的社会责任,而为了满足受众对体育社会生活中的"非常态偶然性"事件的情感体验进行"泛娱乐化"传播,将不仅直接影响受众对现代体育的理解,更会促使现代体育发展过程出现异化。

6.4.3 体育新闻编辑的操作要领

一、倡导人文关怀

体育新闻报道的人文关怀指的是在体育新闻报道中要充分尊重报道对象,充分关注他们作为生命本身在事件中的尊严、感受和体验,充分考虑受众的利益、需求以及承受能力,充分权衡体育事件报道后对社会的影响。具体来说,通过对体育赛事的报道,体育不仅仅成为一种锻炼身体、增强体质的手段,更是一种人文关怀的体验。这种现代文明的人文关怀氛围吸引了更多的人关注、支持、参与体育运动。

体育新闻报道要始终以"体格与人格并重"作为永恒的主题,将体育精神以人文关怀的姿态释放,丰富体育的内涵,带动人们精神生活品位的提升。2008年北京奥运会的一些报道就充分体现出了这一点。《北京日报》2008年8月18日第四版在一个大标题《哦!孩子》下刊登了4幅照片,分别是男子双人单桨决赛中,澳大利亚选手德鲁·吉恩获胜后,比赛服中露出他孩子的照片;法国选手斯蒂夫·盖诺在男子古典式摔跤66公斤级比赛中,夺冠后跑上看台与母亲拥抱庆祝;奥运会女子花剑个人赛中,意大利选手韦扎利获得冠军后亲吻她的母亲,分享胜利的喜悦;德国选手米尔科·恩利希在古典式摔跤96公斤级半决赛中获胜,他从看台上抱起女儿,女儿眼含泪水指着父亲满是汗水的额头。这4幅照片使运动员回归到了孩子、父母的角色上,浓浓的亲情从中弥漫开来,直沁读者的心脾。

二、传播积极的价值理念

体育的竞争性决定了体育竞赛具有激励作用,它激发人们的进取心,培养人们奋力拼搏、勇往直前的优秀品质。体育竞赛具有凝聚力的作用,它使人们由于共同的目标而凝聚在一起,使人们为了集体利益、荣誉,克服自身的一些缺点而紧密团结在一起,有利于人们形成团结互助、遵守纪律、热爱集体的价值观念。这些都需要体育新闻在报道中展示给别人。

　　体育新闻在报道大众喜闻乐见的竞技赛事的同时,还可以弘扬爱国主义的价值取向,给人们以民族自豪感。例如,体育新闻在第一时间报道本国运动员的精彩表现,这对振奋民族精神起到了功不可没的作用。体育新闻在向大众传递爱国热情和激发民族自豪感的过程中,还要引导他们认识到体育是整个人类精神的体现,是超越国界的。体育是促进全世界人民的精神、心智、心理、体魄更为升华和健全的载体。

三、以观点影响读者

　　报纸的影响力、引导力,实际上就是通过记者鲜明的见解和正确的观点来引导和影响读者。特别是在竞争激烈,甚至有点残酷的体育赛事报道中,如何能在"赛"字上出观点,就尤为重要。在"赛"字上出观点,就是要紧扣比赛,亮出自己的鲜明意见,帮助读者欣赏比赛和理解比赛。

　　《新民晚报》著名体育记者葛爱平之所以在球迷中赢得好评,其报道成为赛前赛后必不可少的"开胃"和"消食"大餐,就是因为他在十几年足球比赛的报道中逐渐形成了自己独到的见解和鲜明的观点。每次足球比赛之后,特别是球迷之间出现分歧之后,大家便在第二天去看一看《新民晚报》体育版,读一读体育记者葛爱平的报道。久而久之,他的报道成为球迷之间评判比赛得失的标准。当然,葛爱平也在球迷眼中成为不可替代的足球专家,而《新民晚报》的体育新闻版面也成为球迷不可或缺的一道"美餐"。

　　比如,2013 年 7 月 20 日,据中国新闻网题为《香港纪念李小龙逝世 40 周年 李小龙之女现身》报道,李小龙女儿李香凝表示,李小龙的精神,仍然在激励世界上许多人。

四、用故事吸引读者

　　体育新闻编辑要学会"找故事,讲故事",深入挖掘体育新闻事件背后有真情实感的人和事,以及一些鲜为人知的幕后故事,把有意思的故事讲得有趣,把有趣的故事讲得有意思,这样的故事不仅能吸引读者,读者也更愿意"听"。2009 年 4 月22 日《新民晚报》体育新闻版刊发的《彩票亭来了女主人》,就是一篇较为典型的"找到好故事,讲出好故事"的报道。体育记者钟喆抓住了主人公、前国足著名门将张惠康婚后的新生活,讲述了张惠康患病康复之后的新事业,他摒弃了时下的那种八卦、猎奇之类的俗套,而是展示了一代门将张惠康 20 年来对足球运动的眷恋之情,与病魔作顽强抗争,以及对美好人生的向往,是一篇讲述运动员退役后平凡而朴实的生活故事,是一篇让读者看得见、摸得着的身边故事。当然,这篇报道的精彩,除了把故事讲得有趣有意思之外,还与主人公的特殊身份和他在广大球迷中的影响力有关。在当天的报纸版面上,尽管有不少球迷十分关注中超球赛报道,然而在编辑和版面的安排上,责任编辑还是把《彩票亭来了女主人》放在了头条的醒目位置,并进行了强化处理,使读者感到喜闻乐见。

6.5 国际新闻编辑

随着我国改革开放的深化,也由于经济全球化趋势日益明显,全球各地的事件与中国人的关联度越来越大。在当今全球传播技术不断革新的条件下,人们深感发生在遥远国度的新闻就如同发生在身边,可以真切地感受事件中的人物和故事。中国越来越多地参与国际事务并逐步意识到国际话语权的重要性,同时,中国人对国际新闻的关注度有增无减。这些因素使国际新闻在中国报纸上的地位不断提升,常常出现在显要位置,成为国内报刊竞争的一个焦点。国际新闻的读者面越来越广,一些专门刊登国际新闻的报刊纷纷面市。就连国内报道也无法脱离国际新闻的支撑。即使是关于中国的新闻报道,编辑也经常需要加上国际背景的链接,否则就显得深度不够。不少编辑在组织报道时,越来越趋向于要求记者必须引用外国的事例作对比,比如,讲到国内"高房价"的问题时,就要讲讲其他国家的情况。

6.5.1 国际新闻的特点

国际新闻报道大致可以分为三种类型:一是以中央级的主流媒体和部分地方党报为典型代表,在海外部分国家设有记者站,以自采和编译的稿件为主;二是以大量的地方媒体为主,它们主要使用新华社等中央级媒体在国际报道中的自采稿件,同时也适当地根据新闻的接近性或者趣味性,派出少数记者进行特定的采访,部分网站的国际新闻报道也属于这一类型;三是专门性的国际新闻媒体的稳定运作,以《环球时报》、《国际先驱导报》、《青年参考》为代表,有巨大影响力的《参考消息》也是此类国际新闻报道的一种典型。无论哪种类型的国际新闻报道,技术、观念和资源的变化,都使得当前国际新闻报道呈现出了不同于以往的特点。

一、多元化

我国的国际新闻报道主题仍然源自西方主流媒体所关注的重大题材,包括朝鲜半岛核问题、中东态势和全球恐怖主义活动等;从 2009 年开始,在重大题材的国际报道上,涉及我国问题的报道主题开始不断增加。这往往体现为两种渠道的变化,一种是中央级主流媒体驻外记者在我国参与的国际活动中,自主报道数量不断上升,以 2010 年初的海地地震为例,我国主要媒体均派出特派记者前往海地进行报道,一手信息比例大幅度提高;对比 2005 年印度洋海啸时的报道,我国媒体大量的信息来源主要依托当地媒体和西方主流媒体,现在有了明显的变化。甚至《环球时报》的记者前往阿富汗进入美军中进行"嵌入式报道",并且为读者大量报道当地的美军与塔利班武装力量的冲突新闻,这在以往我国媒体的国际新闻中并不多见。二是在涉及我国国家利益的外交活动中,我国专门性的国际新闻媒体报道的强度和深度也在不断地增加。2009年到2013年,围绕中国海洋权益的新闻不断出现,从美军侦察船"无畏号"进入南海,到日本舰只在钓鱼岛附近与我国渔船相撞事件等。我国媒体报道的广度和深度都在不断提高。在日本舰只与我国渔船相撞,并且抓扣我国公民的新闻报道过程中,中央电视台、新华社的记者曾经多次前往关押我国船长的冲绳那霸地区,或跟随我国外交官员或独立报道,基本还原了这一新闻的事实真相。

二、碎片化

传统的国际新闻报道,比较典型的是按照新闻事件发生的时间顺序正推,但是由于新的信息常常不断从网络媒体等处突然出现,在报道国际新闻的时候媒体反而会在某一时刻中断,转而向另一个叙述逻辑转变。这就导致国际新闻报道的完整性和全局性难以通过单一的媒体进行判断。国际新闻的碎片化指的是因为网络信息发布常常抢夺传统新闻发布的关注点,有些媒体容易因为网络的热度转而关注细节,忽略国际新闻的全貌,也常常因为新媒体的曝光而重新修改报道结论,或者在短期内回溯新闻内容。这种碎片化,也使得国际新闻中更多的传播内容呈现出多路并行的叙事结构,在多个重要的时间节点展现不同的事实重点。

三、轻松化

我国各类媒体,尤其是地方媒体,对于国际新闻中涉及文化和娱乐的内容报道在不断增加,报道涉及面也在不断扩大。从21世纪初开始,我国主要地方媒体对于奥斯卡奖、艾美奖这些国际文化内容,对于诺贝尔文学奖、科技奖等国际公共热点问题的报道在不断升温,其自主编排稿件和约稿的内容也在逐渐丰富。2012年10月11日,北京时间19点,2012年诺贝尔文学奖揭晓,中国作家莫言获奖,国内各媒体从各个方面报道莫言的同时,也大量报道了诺贝尔文学奖项本身。读者在故事中轻松享受文化喜悦。

6.5.2　国际新闻编辑的素养

一、了解中国国情和中国人

国际新闻编辑应该具备"国际视野,中国经验",绝大部分报刊刊载国际新闻,还是给中国老百姓看的。因此,国际新闻编辑要非常清楚国内读者关注的热点问题,熟悉中国改革开放的基本情况。

二、熟悉政策

国际新闻编辑应十分熟悉中国政府有关国际问题的各项方针政策,如中国外交政策和外宣政策。"大国是关键、周边是首要、发展中国家是基础、多边是重要舞台",这被普遍认为是过去中国外交的总体布局。中国坚持和平发展道路,"维护国家利益,和平外交"是中国外交的重要理念。

三、精通外语，熟悉海外情况

国际新闻编辑要有语言优势，至少熟练掌握一门外语，而且听说读写译都要娴熟，最好有国外留学背景，或有在国外生活和工作的经历。他对中国之外的世界，有一个不仅仅是知识上的了解，而且有感性上的认识，包括熟悉国外的历史、地理、政治、经济、社会、人民心理、文化特征等。

四、广博的国际知识和突出的分析能力

国际新闻编辑应熟知国际问题的来龙去脉，把握并分析国际形势的基本动向，在重大国际新闻的价值判断上不应出现问题。还应有较好的国际报道人脉和资源，能够及时联络上国内和国外的作者，有充足的稿源。

五、公共外交意识

公共外交意识是指行为主体在发表语言、发出行动前要意识到可能产生的国际影响并做出必要的调整。国际新闻报道以世界各地为报道对象，一方面是向世界说明世界，另一方面是向本国说明世界。向世界说明世界体现报道者认识世界的角度，而报道者认识世界的角度毫无疑问会影响世界对报道者的认识。向本国说明世界影响本国公众对世界的认知，从而影响本国公众对世界的反应方式，而本国公众对世界的反应方式又直接影响世界对本国的看法。具体说，国际新闻报道者的公共外交意识就是，努力做出有影响力的报道去改善世界对本国的认知。

6.5.3　国际新闻编辑的操作要领

一、抢抓大事件

重大新闻事件对一张报纸来说是个契机，做得好，声名鹊起，一纸风行；做得差，声名扫地，一败涂地。可预见的大事件一般是在国际社会产生重大影响的事件，比如威廉王子的婚礼，早早就敲定4月29日举行，编辑可以提前考虑版面内容，分成婚礼现场、婚礼花絮、情路历程等板块，到当天选稿时就会胸有成竹。处理此类稿件的关键是早做准备，有所侧重，不要平均用力。不可预见的大事件一般是突发、灾难性的事件，比如日本大地震、朝韩相互炮击、波兰总统坠机，这些事件属于瞬间突发，编辑应站在客观的立场上，整合新闻稿，力求多角度反映事件，既兼顾全局，又能用"放大镜"重点关注局部。

抢抓大事件是编辑的第一着眼点，时空背景报道、事态链接、预见性深度分析等都可以糅合在版面里，丰富报道的内容。此外，重大事件往往不会成为过眼云烟，其影响不会在短时间内消失。所以，随着事态发展，如何引导读者把握事态正确走向，或如何对前一阶段事态进行总结，也是报纸经常采取的重要报道模式。

二、坚持客观性

国际新闻是经济全球化背景下媒体扩大影响力的重要新闻报道领域。在国际新闻报道中,体现报道的客观性是报道者需要遵循的最重要原则。国际新闻报道的客观性主要表现在两个方面:一是报道的内容必须同事物本身一致,反映事物的本来面貌;二是报道形式必须客观准确,要避免随意性,避免主观猜测、推断或结论。报道内容的客观是首要的,是基石;报道形式的客观是基石上的建筑物。尤其是重大国际事件,背景错综复杂,本质也存在着隐蔽性,就需要报纸编辑本着客观性的原则,报道客观事实。比如2011年3月日本大地震对日本本国、周边国家以及世界经济、世界产业、全球的发展进程会产生什么样的影响。对如何评估先进技术带来的利益与存在的风险,公众和媒体要经过一个认识过程才能得到比较明晰和比较符合实际的判断。

三、做好舆论引导

国际新闻报道中价值取向不可避免,在国际新闻国内化的趋势下,舆论引导显得尤为必要。人们迫切需要通过国际新闻了解世界,进而从中捕捉中国经济社会的发展趋势。国际新闻应该以确保国家利益为根本,以政府关注、百姓关注为视点,利用国际新闻国内化趋势中人们对与之相关国际新闻的关注度,发挥舆论引导功能,服务全党和全国的工作大局。

善于引导社会热点,形成主流舆论。深度改革、经济转型,带来经济高速发展,一些民生问题困扰人们生活,冲击着人们的思想观念。引导人们正确看待发展中的问题,树立主流价值观,靠说教效果有限。客观、全面、及时编辑相关的问题,其作用是潜移默化的。比如住房保障、医疗改革、教育不均衡等社会问题,国际新闻适时编辑新加坡廉租房建设的成功经验及当初的困境、美国医疗改革的难以推进及医改引发的社会矛盾、英国上名校中学不得不摇号的尴尬等,主动妥善引导社会热点,起到维稳、鼓劲的作用。

【本章小结】

时政新闻采写和编辑的优劣,直接决定着报纸权威度的高低和影响力的大小。时政新闻编辑应明确舆论导向,体现时政新闻的核心价值,体现时政新闻的有用性,改革报道形式和编排形式,补充相关背景,深化报道内涵。财经新闻编辑注意加强财经新闻的专业性,体现独特定位,进行政策把关,增强服务性。社会新闻编辑需强化版面的服务性,增强报道的社会影响力,坚持正确的舆论导向,不可猎奇媚俗。体育新闻编辑应该倡导人文关怀,传播积极的价值理念,以观点影响读者,用故事吸引读者。国际新闻编辑应学会抢抓大事件,坚持客观性,做好舆论引导。

【思考训练】

1. 时政新闻编辑如何体现时政新闻的有用性？

2. 财经新闻编辑如何增强财经新闻的服务性？

3. 社会新闻编辑如何增强报道的社会影响力？

4. 体育新闻编辑如何传播积极的价值理念？

5. 国际新闻编辑如何做好舆论引导？

6. 对近期某份报纸的时政新闻版和财经新闻版进行重新设计和编排。

【课堂讨论】

1. 结合近期报纸的财经新闻版面编排实例,谈谈财经新闻版面编排如何体现专业性和可读性的统一。

2. 结合近期报纸社会新闻版面编排实例,谈谈社会新闻版面负面报道的编排策略。

【参考文献】

[1] 韩松,黄燕著. 当代报刊编辑艺术[M]. 上海:复旦大学出版社,2006.

[2] 孙琳琳著. 论创新时政新闻的编辑[J]. 声屏世界,2010(8).

[3] 琚宏著.增强策划意识,提高社会新闻的品质[J]. 新闻采编,2010(2).

[4] 罗攀著.中国报纸在体育新闻传播上的发展前景研究[J]. 中国报业,2011(5).

[5] 周庆安著.中国国际新闻报道的趋势与转型[J]. 新闻与写作,2011(3).

第七章　报纸版面设计

【学习目标】

- 定义版面设计
- 描述版面安排方法
- 掌握报纸版面设计技巧
- 了解报刊版面空间知识

【引例】

2009 年 9 月 29 日《中国青年报》"幸福"版面设计简析

宁波东钱湖是浙东著名的旅游休闲风景区。面积为 20 平方公里左右,是杭州西湖的 4 倍,素有"西子风光,太湖气魄"之称。首届中国湖泊休闲节于 2009 年 10 月 30 日至 11 月 3 日在浙江宁波东钱湖旅游度假区举办。本届湖泊休闲节由宁波

图 7-1

市人民政府、浙江省旅游局和中国青年报社联合主办，宁波东钱湖旅游度假区管委会和宁波市旅游局承办。中国湖泊休闲节以"祝福人民生活美好幸福"为宗旨。2009年9月29日《中国青年报》用了2个整版的通版形式推出"幸福"专版（见图7-1）。"幸福"专版巧妙地将东钱湖十景融入"幸福"两字之中，辅之以美文说明，理性思维、版式设计、信息传达、视觉艺术有机结合，让读者在接受信息的同时，享受版面艺术美感。该版具有以下4个鲜明特征：

一是思想性与民生性统一。一个成功的排版设计，首先必须体现内容的主题思想，用以增强读者的注目力与理解力。只有做到主题鲜明突出，一目了然，才能达到版面构成的最终目标。"幸福"专版突出了"东钱湖幸福水岸"与"老百姓生活美好"的主题。

二是艺术性与装饰性结合。为了使排版设计更好地为版面内容服务，寻求合乎情理的版面视觉语言显得非常重要。主题明确后，版面构图布局和表现形式等则成为版面设计艺术的核心。怎样才能达到意新、形美、变化而又统一，并具有审美情趣，这就要取决于设计者文化的涵养。所以说，排版设计是对设计者的思想境界、艺术修养、技术知识的全面检验。

"幸福"专版版面的装饰因素由文字、图形、色彩等，通过点、线、面的组合与排列构成，并采用夸张、比喻、象征的手法来体现视觉效果，既美化了版面，又提高了传达信息的功能。装饰是运用审美特征构造出来的。不同类型的版面的信息，具有不同方式的装饰形式，它不仅起着排除其他、突出版面信息的作用，而且又能使读者从中获得美的享受。

三是趣味性与独创性关联。排版设计中的趣味性，主要是指形式的情趣。这是一种活泼性的版面视觉语言。"幸福"专版版面充满趣味性，使传媒信息如虎添翼，起到了画龙点睛的传神功力，从而更吸引人，打动人。独创性原则实质上是突出个性化特征的原则。鲜明的个性，是排版设计的创意灵魂。因此，要敢于思考，敢于别出心裁，敢于独树一帜，在排版设计中多一点个性而少一些共性，多一点独创性而少一点一般性，才能赢得消费者的青睐。

四是整体性与协调性融通。排版设计是传播信息的桥梁，所追求的完美形式必须符合主题的思想内容，这是排版设计的根基。只讲表现形式而忽略内容，或只求内容而缺乏艺术表现，版面都是不成功的。只有把形式与内容合理地统一，强化整体布局，才能取得版面构成中独特的社会和艺术价值，才能解决设计应说什么、对谁说和怎样说的问题。

强调版面的协调性原则，也就是强化版面各种编排要素在版面中的结构以及色彩上的关联性。通过版面的文图之间的整体组合与协调性的编排，使版面具有秩序美、条理美，从而获得更好的视觉效果。

7.1　版面安排

7.1.1　版面安排方法

版面安排，又称版面配置、版面设计。稿件安排，就是稿件在版面上所占地位的上下、左右、大小、多寡和互相关系的处理。稿件配置是按照一定的报道意图将稿件合理搭配、组织成有机完备的版面整体。稿件配置、版面设计具有强烈的政治倾向性和艺术技巧性，是报纸组织宣传、编辑出版工作的最后环节。

一、同题集中

同题集中就是把内容有关联的稿件放在一个标题之下集中发表。其好处是可以通过稿件的巧妙组合，以及标题的点睛，使稿件表现力得到升华，便于阅读和理解；还可以减少单独发表时标题的重复，既节约版面，又使报道显得更为精练。

同题集中是以稿件之间存在着一定相互联系为条件的。同题集中的方法：一是横向联合。就是将相同内容、相同报道对象、相同特点等稿件集中在一个标题下发表，突出其"同一"。二是纵向连续。即报道同一事件连续发展过程的若干篇稿件，集中在一个标题下发表，可以使事件的来龙去脉显得更加清楚。三是反向对比。即把内容相矛盾的稿件集中在一个标题之下，通过标题的对比，揭示事物的矛盾性质，能引发读者更多的联想和思考。四是多向参照。即将几篇新闻内容相同而消息来源不同的新闻置于一个标题之下，相互参照，有利于读者全面了解新闻内容并进行正确判断。

同题集中的稿件安排次序是：重要的在前，次要的在后；最新发生的在前，稍早发生的在后；表扬的在前，批评的在后。采取同题集中要根据稿件具体情况决定，重要稿件宜单发的，就不宜合编；同题集中还要解决好版面变化和美化问题。

二、专栏集纳

就是利用专栏形式集合组织稿件。专栏是由若干个具有共同性的稿件所组成的自成格局的局部版面。共同性，是指同一主题、同一内容、同一特征或同一体裁。自成格局，是指在整个版面中有栏目题或专栏题，四周围框或勾线、铺底纹，为单独编排的局部版面。

专栏按其构成来看，有单一性和集合性两种。单一性专栏每期只发一篇稿件，具有连续性，栏目主旨、内容、特点、名称设置相对稳定。比如，《人民日报》第 1 版的"今日谈"、《新民晚报》的"夜光杯"等。

集合性专栏是两篇以上稿件组合而成的，分为连续和非连续两种。非连续集合性专栏是一次性多篇稿件的集纳。连续集合性专栏是在一定时期内连续多次的多篇稿件集纳。集合性专栏成为日常组织稿件的一种重要的形式。

集合性专栏的特点和优势是：变分散为集中；寓多样性于统一；显独特于整体。集合性专栏的编辑要领：一是提炼主题。要善于发掘稿件间富有新意、符合读者需要的有相同因素的内容，并将其凝聚为整个专栏的统一主题。二是精编文字。集合性专栏是若干篇稿件组织在一起的，因此，各篇稿件要各有特点，标题和文字不能重复，且要注意相互呼应、配合，对文字需要精雕细刻。三是讲求整合。集合性专栏中的各篇稿件既要有同，也要有异。做到同中有异、异中有同。要注意各篇稿件间的配合，使稿件间形成相补，发挥整体优势，取得更好的传播效果。报纸需要刊登的稿件很多，而版面容量有限，为了使稿件能互补而增强传播效果，往往需要编辑的"挤功"。"挤"不仅要善于运用编辑方法，对稿件进行删节、综合、转版等，使之"挤"上版面，而且更需要编辑心中有读者，有精品意识，不满足于平庸，不甘于凑合了事。

三、专版集结

以全版或除广告之外的大部分版面篇幅刊登一组具有共同性稿件的版面，称为专版，也称专页。专版与专栏相似，都是由一组具有共同性的稿件所组成，只是所占据的篇幅不同。专版是全版，专栏只是版面中的局部。

7.1.2　版面稿件配合

稿件即作品，稿件的配合，就是根据稿件内容和实际需要，增发各种新材料，对原有稿件中的内容进行论证、补充和解释。稿件配合的目的在于增加说服力和感染力，增加易读性。稿件的配合包括配发新闻评论、链接新闻资料等方式。

一、配发新闻评论

新闻评论包括社论、评论员文章、短评、编者按等。社论主要是评论带有方向性、根本性的重大问题；评论员文章可以就重大问题发表评论，也可以就某个比较重要的具体问题发表意见；短评主要是就一些重大事件、重大典型发表评论；编者按（编后），也叫按语、编者的话等，是报纸编辑对发表的文章所作的简要批注和说明，可以表明编者的态度和意见，也可以提示新闻报道要点、交代新闻背景等。它是一种篇幅短小、言简意赅、立场鲜明、文风轻便的评论形式，有评论性、说明性、解释性三种。

配合新闻报道发表新闻评论，已成为报纸配合的一种基本形式。比如，2013年7月1日，《人民日报》发表《党员8512.7万名 基层党组织420.1万个 我们党充满生机活力》这一重大新闻报道的同时，配发了《永与人民同呼吸共命运——热烈庆祝中国共产党成立九十二周年》的社论。并不是所有新闻评论都要与新闻报道配合才能发表，有的评论也可以单发。但是，新闻评论配合新闻报道发表，既要依托新闻报道，又要深化新闻报道。

　　新闻评论与理论文章、一般论说文不完全相同,新闻评论要具有更鲜明的政治性和更强烈的时效性,它是"政论"和"时评"。新闻评论主要是针砭现实,论及当前社会最需要解决的问题,具有鲜明的针对性、政策性和指导性。

二、链接新闻资料

　　新闻资料是发展新闻的重要手段。资料对新闻的作用为"纵横发展"。"纵"即追根溯源,对新闻中的人物、事件的历史作主要介绍;"横"即对新闻中的人、地、事的概况作补充交代。资料依托新闻而存在并相得益彰。报纸常用的资料有以下几种:

　　(一)新闻背景

　　新闻背景就是交代新闻的历史,用历史来说明新闻,从而使读者了解事件的来龙去脉,更理解新闻的内涵。新闻背景有三类:一是介绍事件本身的历史。二是介绍同类事件的历史。三是大事记。它通常将涉及新闻背景的重要事件按时间顺序加以记叙,条理清晰,便于阅读。

　　(二)新闻人物

　　新闻人物即对新闻中新出现的重要人物包括新当选的国家领导人、刚涌现的先进模范、英雄人物、有杰出贡献的科技人员等生平作简要的介绍。

　　(三)新闻地理

　　新闻地理是对与新闻有关的地方的自然地理、经济地理、政治情况所作的简要介绍。配发"新闻地理",可以帮助读者了解这些地方,从而增加阅读的兴趣。

　　(四)科学知识

　　新闻往往涉及自然科学、社会科学中的某些专门知识,一般读者很难完全了解,而新闻也不可能作详细解释,因此,有时就需要配发知识性资料进行补充介绍和通俗讲解。

　　(五)词语解释

　　新闻报道中常会涉及历史典故、古典诗词以及名人语录、成语、术语等。对于其中一些不太为人所熟知或不易了解的,编辑应该加以解释和说明,既帮助读者阅读理解,又深化了新闻报道的意义。

　　资料写作要与新闻密切配合,不要过多重复;文字要简洁朴实,用事实说话,客观介绍情况,不宜有很多的议论、抒情;新闻地理资料要有别于巡礼和游记。

三、合理配置图像

　　图像具有文字稿件所不具备的长处,它所包含的信息一般要比文字稿件更丰富、更形象、更生动、更直观。配发图像的方式:一是直接配合,即图与文表现的是同一对象;二是间接配合,即图与文表现的是相似或相近的对象。

7.1.3 中国新闻奖报纸版面评选标准

中国新闻奖是中华全国新闻工作者协会主办的全国优秀新闻作品最高奖,是经中宣部批准设立的全国性常设新闻奖,每年评选一次。报纸版面奖是其中一项内容。

中国新闻奖报纸版面评选的基本标准,要求体现政治性、新闻性与艺术性的统一,标题准确生动,照片、文字与图示兼顾,编排整体协调,色彩清新明快,印刷质量好。报纸版面评选的具体标准有以下几方面:

一、版面有较强的政治性

版面好与差的一个重要的衡量标准就是版面的政治思想性、指导性在版面上有没有得到充分的体现,一个好的版面应做到:

(一)重大新闻安排得当。报纸版面经常有重大新闻,有国际的、国内的,有行业的、也有社会的,编辑安排版面时首先要考虑的是如何运用版面元素,突出重大新闻。

(二)重要稿件安排符合报纸特点。我国报纸经过长期的发展,业已形成从中央到地方的梯形分布结构,既有机关报,也有都市类、行业类、生活类、文娱类等多种类型的报纸。这些报纸的报道对象、报道重点、报道方式都各有特点,互不相同。因此,版面安排当然也各有特色,重要稿件安排是否符合报纸各自特点,是好版面的一个重要标准。

(三)政治性与艺术性完美统一。版面导向正确,编辑思想明确,版面各个稿件的安排层次分明,做到政治性与艺术性的完整统一。

二、版面有较强的新闻性

报纸不同于期刊、图书等印刷品,也不同于一般的美术作品,它是新闻纸,这就意味着报纸的版面上要以新闻报道的质与量取胜。具体表现在:

(一)时间上时效性强

版面上要有相当数量的时效性较强的新闻报道,晚报、午报的"今日新闻"、日报的"昨日新闻",在版面上要有相当高的比例;其他稿件中,至少应该有 3 日以内的新闻。

(二)空间上信息量较大

对开报纸至少要安排 15 条以上稿件;四开报纸至少要安排 10 条以上稿件。

三、标题与图文内容安排得当

题文完全相符,题文走向符合有关规范和读者的阅读习惯。位置安排得当,题文相互照应,符合题文结构,包括盖文题、文包题、串文题、旗式题、对角题、腰带题、眉心题等。

四、版面图文并茂

版面上一定要有图像,没有图像的版面,即使文字内容再好,也是"有缺陷的版面";只有图文并茂的版面,才能算是合格的版面。图片要有较高的新闻价值和艺术价值;新闻照片要有较强的视觉冲击力。图片位置安排显要、得体;图片与文字联系密切,互相补充,相得益彰。

五、版面整体安排有创新

版面能够较好地体现本报长期以来形成的风格。当天报纸版面没有明显的"雷同"现象,能根据每天稿件内容的不同,令版式得体,有所创新。版面整体安排富有美感。编排手段和版面元素运用非常有创意,整个版面看起来和谐、统一,富有吸引力和表现力。

7.2 版面功能

7.2.1 报纸版面功能

版面是报纸上各种文图信息按一定编排规则组成的平面体,是报社发布信息的载体,也是报纸编辑部的最终产品。现代报纸版面具有面积较大(对开、4 开)、排列密集(常用新 5 号或 6 号字)、各版独立、制作快速、价格低廉等特点。报纸版面的功能,可以概括为以下四个方面:

一、表明立场,引导舆论

版面是通过传递编辑部对稿件内容的评价来引导读者阅读的。编辑部在处理稿件的过程中,从取舍稿件、修改稿件到制作标题,每个环节都包含着对稿件内容的评价,版面是编辑向读者传递这种评价的继续,而且是最终评价。

二、方便阅读,帮助理解

版面编排的层次、条理,与读者能否顺利阅读内容有密切关系。报纸上稿件的内容丰富多样,体裁也多姿多彩。精心编排版面,分门别类地把有关稿件相对固定在一个版,主次恰当地把稿件安排在版面上一定的位置,使稿件的特点和联系都清晰地表现出来,做到主次分明,条理清晰,就可以帮助读者顺利地阅读内容。

三、展示风格,推销报纸

报纸的风格由内容和形式两方面的独特性构成,是一张报纸不同于其他报纸的特色的综合表现。报纸内容的独特性,是由报纸的任务分工和地区分工不同以及读者对象的不同所决定的。形式的独特性是内容独特性的表现形式。形式的独特性既形成了报纸形式的独特风格,同时也反映了内容的独特性。报纸版面是报纸形式独特风格的集中表现,是推销报纸的重要手段。

四、引导稿源,经济支撑

报纸版面用途:一是发表稿件,既为读者提供所需的各类信息,又吸引作者稿源;二是刊登广告,既为企业客户提供产品促销和品牌形象服务,又为报社发展增添经济支撑。

7.2.2 报刊版面空间

版面空间是一个版面所提供的用以表现编排思想和内容的空间,是构成版面的重要组成部分,也是版面语言的一种基本形式。版面空间包括面积、形状、区域等因素。

一、版面基础知识

(一)开本

版的大小通常用"开本"表示。开本的基础是"全张",即印刷所用的原纸尺寸。"全张"面积的 1/2 叫一个"印张"。其开本为 2 开,通常称为"对开"。对开对折为 4 开。报纸版面一般为对开或 4 开。期刊版面一般为 16 开或 32 开。

(二)版心

为了排版、印刷技术需要,一个版四周应留下适当的空白,中间用来排版、容纳文字和图片的部分叫"版心"。版心的面积小于版的面积。比如,对开报纸的版心,一般宽约 35 厘米,高约 50 厘米。16 开期刊版心一般宽约 20 厘米,高约 28 厘米。

"版心"也就是通常所说的版面。版心大小,意义特殊。首先在外观上,它使报纸与期刊、书籍彻底分开。其次,它决定了一个版的容量,版心越大,容量越大,版面布局、结构变化就越大。一个版的版心,理论上讲可以全部用来刊登稿件,但实际上很少有报纸这样做。从 19 世纪中叶现代报纸版面技术标准确立时起,版心的某些部位就被指定了特殊用途,一直延续至今。

(三)报头

报头是用来标明报纸名称、刊号、出版者、出版时间、总期号的部位。通常放在第一版的上端,但具体形状、面积、位置各报不尽相同。横排报纸的报头,有的放在第一版上方正中,扁方形,版心通栏宽度;有的放在上端偏左,其宽度为版心宽度 1/2 左右。竖排报纸的报头多放在第一版上端偏右,长条形,其高度占版心高度的 1/4 左右。也有的报纸在特殊情况下,把报头移到第一版的右下方。有的报纸把"天气预报"放到报头旁边,与报头合为一个整体。有的报纸在报头上印有报徽、报价、报社地址、互联网网址、电子信箱地址等内容。同一家报纸的报头,其内容、样式、面积、位置通常是固定的。

(四)报线

是指版心的上边线(天线)和下边线(地线)。目前多数报纸版心只有上端的边线,其宽度与版心相同,叫天线,又叫眉线;只有最后一版版心既有天线又有地线。

（五）报眉

报眉是内页版面用来标明报纸名称、出版日期、版次、版面名称的部位。不论横排报纸还是直排报纸,报眉都放在版心的上端。一般为通栏宽,高度为3行左右。有的报纸把"本版责任编辑"、"联系方式"等内容放到报眉上。也有的报纸别出心裁,把报眉设计成一栏或两栏宽的矩形,也有不规则形的,置于版心左上角或右上角。

（六）报眼

又称报耳,横排报纸报头放在第一版左上角时,右上角同样高度的报头旁边的部位被称为"报眼"。由于它与报头等高,位置显著,所以常常作特殊安排,如刊登"次重要新闻"、"今日提要"、广告等。也有的报纸打破报眼与其下方版心的界限,统一用来刊登稿件,这时的"报眼"新闻与"头条"新闻处于同样重要位置,称为"双头条"。内页各版有时也借用第一版的说法,把右上角称为"报眼",用来刊登仅次于头条的重要稿件。

（七）中缝

在报纸同一面上相邻两版中间的长方形空间,叫做"中缝"。由于版心的宽度不同,各报中缝的宽度不尽相同。多数报纸的中缝,特别是大报的中缝,保持空白状态。但也有一些报纸,特别是一些小报,把中缝充分利用起来,刊登分类广告。还有的报纸在中缝刊登一些短小的文字稿件,以增加报纸的信息量。

（八）报尾

报尾是用来标明报社地址、邮编、电话、报纸售价等内容的部位。通常放在报纸最后一版的底部,版心通栏宽,两三行高。也有的报纸把报尾放在第一版底部。

（九）通版

指把报纸同一面上两个相对的版打通而形成的版。通版的面积包括两个版和这两个版之间的中缝。通版一般用于报道重大事件,或者刊登广告,其优势在于可以将要刊登的材料放在更大的版面空间来安排,比较集中,灵活,更显气势。

（十）稿件区

版心中用来刊登稿件的区域,叫做"稿件区"。稿件区包括标题区、正文区、图片区。

一是标题区。用于刊登标题的区域。它的形状、大小千变万化,完全视标题的等级和版面编辑的意图而定。它与正文区通常是不重叠的,但有时与图片区重叠,形成"题压图"。

二是正文区。用于刊登稿件正文的区域。它的形状、大小无一定之规,既取决于稿件正文字数的多少,也取决于标题区的形状和大小。它与标题区不能重叠,但可以与图片区重叠,比如在图片上叠印图片说明。

三是图像区。用于刊登图像的区域。它的形状通常为矩形,但也有不规则形的(圆形、椭圆形、棱形等),图像区与图像区之间可以重叠,即所谓"图压图",但相叠的两张图片必有一张的部分画面被遮住。图片区与正文区、标题区可以重叠。

二、基本栏和变栏

(一)什么是"基本栏"

一个版面(版心)的宽度,用"栏"数来计算。以横排报纸为例,版面纵向几等分,就叫几栏。横向叫行。栏的最小单位叫做"基本栏"。对开大报一般分为6~8栏,用新5号字,每栏13字左右;四开小报一般分为4~6栏,用6号字,每栏16字左右。

早期的中国报纸采用书册式竖排,一般不分"栏",读者阅读比较困难。西方报纸从17世纪中叶起就把版心横向等分成二三个"栏",使版面显得疏朗。中国报纸引进"栏"的概念是在19世纪末,最初是照搬西方报纸的分栏法。1956年中国大陆报纸一律由竖排改为横排。对于如何分栏,各报根据自己的风格、爱好自行确定,并在版样纸上体现出来。这种印在版样纸上的栏是画版的基本参照物,所以叫做"基本栏"。划分基本栏的好处是方便计算稿件面积和版面设计,同时为报纸增加了一个识别标志。

(二)变栏(破栏、并栏)

所谓变栏,就是以基本栏为基础而变化出来的不同于基本栏的栏。"变栏"包括"破栏"和"并栏"两种。所谓"破栏",是指把几个基本栏打破,重新等分的"变栏"方式。比如,把4个基本栏合并后,再平分成3个新栏,叫做"四破三";破栏排文时,要注意新栏的字数较基本栏有所变化。所谓"并栏",是指把几个基本栏成倍合并成一个新栏的"变栏"形式。比如把2个基本栏合并成一个新栏,叫做"二合一";"并栏"时,要考虑读者阅读视野宽度,一般不宜超过三栏,栏过宽,既不利于阅读,也不美观。

"变栏"的作用:可以突出稿件效果,减少读者视线跳动次数,节省目力;可以"量体裁衣",比如编排诗歌时可按照诗行长短来确定栏的长短,更有效地利用版面,使版面更富于变化,增加形式美。

三、区位和区序

(一)强势

报纸版面一般都要刊登多条稿件,它们各占一块或大或小的面积。读者一打开报纸,这些稿件便同时跳入读者的视野。但阅读是一个过程,不论是浏览还是详读,都要循着一定的顺序,一条一条地看,这个先后顺序是有一定规律性的。

从心理学上讲,所谓读报,就是读者对报纸上各种信号刺激作出反应的过程。在这个过程中,有两个因素决定了阅读顺序:一是读者长期养成的阅读习惯,即读者在寻找信号刺激时的方向性和目的性;二是信号自身的强度,即信号对读者视觉的刺激力大小。在很多情况下,这两个因素是一致的。信号越强,越容易引起读者的反应,而读者也总是首先寻找较强的信号;信号越弱,越不易引起读者的反应,而读者也总是把弱信号放在后面作出反应,甚至不作出反应,即所谓的"视而不见"。

报纸编辑学称版面上各种信号的强度为"强势"。强势是指版面具有的吸引读者注意的特性。强势大,吸引读者注意的程度高;强势弱,吸引读者注意的程度低。强势的作用,在于不同的强势可以表现稿件的不同重要性。

(二)版序

版序表示各个版的强势,即吸引读者注意程度的序列叫"版序"。比如,报纸的第 1 版与其他版相比,最能吸引读者的注意,最具有强势。因此,我国的报纸一般都把第 1 版作为"要闻版",用以刊登当天最重要的新闻。

(三)区序

稿件的强势如何,既取决于稿件自身的因素,如标题是否诱人、字体、字号是否醒目,正文是否变栏,所配图片是否精彩等;同时,也与稿件在版面上所处位置有很大关系。这是因为,读者在寻找版面上的信号刺激时,有很强的方位感,对某些位置的信号反应灵敏,对另一些位置的信号则不大敏感。一篇稿件放在某个位置会增加其强势,放在另一个位置则可能减弱其强势。也就是说,版面各个部位的强势是不一样的。为探讨版面强势的分布规律,人们通常把一个版面划分为若干区域,其所在位置就叫"区位",也称"版位"。不同区位按强势大小排列的顺序,叫做"区序"。

目前有两种区序理论:一是"上下左右"理论,即"上比下强,左比右强";二是"视线环形"理论,即围棋秘诀中的"金角、银边、草肚皮"。这是因为读者在阅读横排报纸时,视线经常以版面的左上方为起点,在版面上作顺时针环形移动。在这条环形线路上,起点位置强势值最高,其后各点的强势以角为大,边次之,中腹最差。现以横排报纸为对象,结合以上两种区序理论,对一个版面进行二分、四分和九分,可以判断其不同的"区位"、"区序"。

二分法,就是将一个版面作"一"字分割,得出上、下两个区位,上面的区位更具强势,区序为"上"→"下"。(见图 7-2)

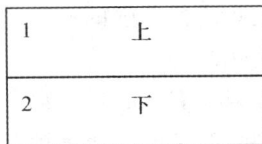

1	上
2	下

图 7-2　区位二分法

四分法,就是对一个版面作"十'字分割,产生 4 个区位,按照"上比下强、左比右强"的理论,区序为"左上"→"右上"→"左下"→"右下"。但按照"视线环形"理论,区序是"左上"→"右上"→"右下"→"左下"。(见图 7-3)

1 左上	2 右上
3 左下	4 右下

图 7-3　区位四分法

九分法,就是对一个版面作"井"字分割,得出 9 个区位(图 7-4)。九分法的情况比较复杂。区序排第一的是"左上"(俗称"头条"位置),两种理论没有差别。第 2 排哪个? 按第一种理论,应为"中上"。但按第二种理论,由于"右上"居于角的位置,其上方、右侧为版心之外的空白区,与版心形成较强反差,更容易吸引读者的注意力,所以很多报纸将"右上"定为"第 2"的位置,而把"中上"排为第 3。

左上 (头条) 1	中上 3	右上 2
左中 4	中中 6	右中 5
左下 8	中下 9	右下(倒头条) 7

图 7-4　区位九分法

中间一排的 3 个区位,综合两种理论,"左中"排"第 4","右中"在视线环形移动轨迹上的位置靠前,因而比"中中"重要,排"第 5","中中"位居"第 6"。

下面一排的 3 个区位,其区序也很微妙。与中间一排相比,它们的位置靠下,其强势显然不大,但它们中有两个区位占据了角的优势,反倒更容易吸引读者视线。按"左比右强"和"视线环形"理论,"右下"在前,排"第 7",有的报纸称此为"倒头条","左下"排"第 8","中下"排末座。所谓倒头条,在版面右下角位置,与头条斜对。倒头条一般放篇幅较长、政治性不强的文章,通过版面编排的处理起到突出的作用,有利于版面的均衡和美化。

实际上,稿件在版面往往不只 9 篇,也并不是均等分布的,根据稿件篇幅的长短、标题字号的大小、字体的不同、题文的美化装饰等,稿件在版面上区位和区序是有变化的,情况更为复杂。区序问题是一个客观存在,版面编辑应该认真研究和把握其中的规律。

7.2.3　版面元素

版面元素是指填充、美化版面空间的各种材料,包括字符、图像、线条、色彩、空白等。它们都有各自的实际功能和性格特征,比如,字符(字体、字号)用来组成正文和标题;线条用来分割空间和美化版面;图像用来表现人物和场景等。这些元素因编排手段不同,表达的态度和情感也不同。

一、字体

字符即语言文字表意符号,字符包括字体和字号,字符的模样称之为字体。字符的大小用字号来区别。字号可以显示稿件的分量,字体可以显示稿件的特性。

中文报刊上的字符,绝大多数是方块汉字,只有极少数是阿拉伯数字和外文字母。汉字从诞生到现在已有 4000 多年的历史。20 世纪中期,我国有关专家经过长期研究,终于使汉字与计算机成功结合。用计算机编排书报刊,既方便又美观。汉字经过几千年的演化,出现了几十种字体。目前常用的汉字印刷字体有宋体、仿宋体、黑体、楷体、隶书体、姚体、魏碑体、综艺体、琥珀体等。每种字体都有各自的特征,表达不同的情感。

比如,宋体,笔画特点是横细竖粗,字形方正,结构匀称,方便阅读。宋体常用于报纸消息、通讯、文章等体裁稿件的正文,有时标题也用宋体,含公正之意。

又比如,楷体,也叫真书、正体,因形体方正,可作楷模,故名楷体。楷体的笔画圆滑、清秀、灵活,常用于主观色彩较浓的新闻评论稿件的正文或者信函、诗歌等。

计算机排版系统里还有其他字体。排版软件越新,字体种类越多。这些新出现的字体,可分为两大类:一是上述 6 种字体的变化形式,比如,细宋、书宋、姚体、仿宋、舒体、细黑、细圆等。二是新创的艺术字体,如琥珀体、水柱体等。在计算机排版系统中,任何一种字体都可以有字形的变化,如长体、扁体等。

二、字号

任何字体都有字号,字号越大,视觉冲击力越强。衡量印刷字符大小,有一个专用的长度单位,音译为"磅",意译为"点"。1 磅的长度为 0.35 毫米。我国书报刊所用汉字通常用"号"来表示大小。(见表 7-1)

表 7-1　字号磅(点)数、长度一览表

字　号	磅(点)数	长度(毫米)
1	27	9.45
2	21	7.35
3	16	5.6
4	14	4.9
5	10.5	3.68
6	8	2.8
7	6	2.1

20 世纪中期以来,随着我国新闻出版业迅速发展,原有的字号不能满足书报刊的编排需要。于是,人们研制出介于两个字号之间的汉字,在字号前冠以"小"或"新"字,比如,小一号:24 磅;小二号:18 磅;小四号:12 磅;小五号(又称新 5 号):9 磅;小六号:7 磅;小七号:5 磅。后来还研制出用于标题的字号:小初:31 磅;初号:36 磅;小特:42 磅;特号:48 磅;特大:56 磅。有的直接用磅数直呼:63 磅,72 磅,84 磅,96 磅等。在方形字号之外,还出现了长体字号,比如"36×42 磅";扁体字号,比如"63×56 磅"。20 世纪 90 年代以后,北大方正等推出飞腾 4.1、维思等排版软件,实现了字号无级缩放,可以随意设定字符的高度和宽度,使字号的变化更为灵活、多样。字号作为一种版面元素,具有丰富情感,需要强调时,用大字号;需要淡化时,用小字号。大小多少,取决于所要表达的内容评价。

三、图像

图像,是指报纸上通过摄影或绘画等手段所显示的形象,包括照片、图表、绘画、刊头、题花、题饰等。图像作为一种版面元素,具有传递信息、平衡版面、表示评价和情感的作用,比如,围绕同一主题刊登多幅照片,表明报纸对此事特别重视。照片外部轮廓是采用矩形,还是虚线剪裁成光怪陆离的形状,其感情色彩也是大不相同的。现代报纸版面改革与发展的一个重要趋势,就是图像愈来愈受到重视。因为图像与字符相比,它不仅能传递一定的信息,而且在吸引受众注意、增强版面强势以及美化活泼版面方面具有更大的优势。

四、线条

线条有各式各样,多达上百种。主要有两大类:水线和花线。水线可分为正线(细线)、反线(粗线)、双正线(两行平行细线)、双反线(两行平行粗线)、正反线(也叫文武线,一粗一细两行平行线)、曲线、点线。花线就是有花纹图案的线条。不同式样的线条具有不同的符号意义,正线纤细清丽,反线沉重严肃,曲线生动活泼,点线朴素平实,刻有竹节的花线幽雅高洁,而由灯笼组成的花边则欣喜热烈。正因为不同的线条所附载的符号信息不一样,所以编辑进行版面设计时就需要根据文稿的内容特点来运用。

线条作为一种版面元素,在版面上有四个作用:一是分割空间。线条把各条稿件明显区别开来。二是强势和美化。在版面编排中,对重要的稿件和标题,常常采用加线条的办法。这样更能引起读者的注意,也就具有更大的强势。同时,线条对稿件整体和局部有美化作用。三是强调和烘托,用线条把几篇稿件围在一起,使线条包围的稿件显得紧密、突出、重要。四是表情作用。各种不同形状的花边,给读者的心理感受不同,可以利用不同的线条来表达稿件不同的感情色彩。

五、色彩

色彩可以分为彩色和非彩色。彩色包括红、黄、蓝 3 种基本色,俗称"三原色"。其他色彩都由这"三原色"调和而成。黑、白、灰色属于非彩色系列。任何一种彩色具备色相、明度和纯度这三个特征。色相,指的是色彩的名称。明度,也叫亮度,指的是色彩的明暗程度。明度越大,色彩越亮;明度越低,颜色越暗。纯度,是指色彩的鲜艳程度。纯度高的色彩鲜亮,纯度低的色彩暗淡。其中非彩色只有明度属性。

恰当地运用色彩,可以使版面丰富多彩,表达特定的感情,烘托特定的气氛,增加较大的强势。不同色彩的刺激,具有不同的视觉效果。尽管人们对色彩的感受往往带有主观随意性,但由于长期历史形成的民族心理、文化积淀和传统习惯,又使人们对色彩的感受具有某种共同性。比如,红色是一种热烈、兴奋、庄严的色彩,往往象征着喜庆、胜利,多用于节假日、重大会议等喜庆报道,可增添版面欢乐的气氛。绿色是一种安静、清新、愉快的色彩,往往象征着光明、生机、积极向上,我国每年 3 月 12 日植树节期间,很多报纸报头和稿件标题常用绿色。蓝色是一种冷静的色彩,往往象征着纯洁、高尚、和平。黑色是一种沉重的色彩,往往象征着严肃、坚毅、愤怒、悲痛,多用于严肃、沉重报道。粉红色则表示暧昧。由此可见,色彩不仅是一种美学符号,同时还是一种情感性很强的编辑符号和版面元素。编辑可以通过和利用色彩,来传递多种情感,引起受众情感的共鸣。

彩色报刊出现以前是以黑、灰、白色为主的单色报纸,后来采用套色印刷技术,多为套红印刷。20 世纪 70 年代以后,我国引进分色制版和报纸胶印技术,出现多种色彩一齐使用的彩色报纸。1979 年创刊的《市场报》是我国第一张彩色报纸。新型计算机排版系统使分色制版变得更容易,因而彩色报纸越来越多。在彩色报纸上,色彩(主要是标题的色彩)作为一种美化手段,要讲究和谐;作为一种版面元素,则要与内容相适应。

六、底纹

报纸版面用底纹来装饰标题,已有几十年历史。但是在铅字印刷时代,由于底纹制作工序复杂,底纹使用不普遍。计算机排版系统问世后,底纹的制作工序大为简化,版面上的底纹越来越多,不仅用来装饰标题,还为稿件正文铺底纹。底纹可分为两大类:黑底纹和花底纹。黑底纹上没有图案,由黑网点或黑色块组成,其上面的字符通常使用阴文,俗称"反白"。它给人的印象是凝重、冷峻,常用来表示强调和警示。花底纹由抽象的几何图案组成,在表示强调的同时往往透出轻松和欢乐。

底纹的基本功能是美化版面,使版面显得平衡、匀称,以弥补图片较少的局限。作为版面元素,底纹的作用首先是强调;其次是因图案不同、浓淡不同,可以用来抒发情感。

七、空白

报纸版面着墨的部分印有字符、图像、线条等元素,读者看报主要是阅读着墨的部分。

未着墨的部分,就是空白。空白作为一种版面元素,其作用不容忽视。一是强势作用。着墨部分周围有较多空白,黑白对比鲜明,引人注目,稿件具有较大的强势。安排版面时,可以把加大空白作为加强稿件强势的手段。一般来讲,字号大、面积大的标题,周围多留一些空白,会显得更加突出和重要。二是区分作用。稿件与稿件之间的空白,在视觉上自然就成为稿件之间的分界线。因此,空白可以帮助读者顺利阅读,与稿件之间的线条有异曲同工之效。三是美化作用。版面如果被文、图、线、底纹塞得满满的,拥挤得令人感到透不过气来,自然没有美感。黑白相间,疏密有致,则使人感到开朗、舒畅,产生一种审美的快感。因此,安排版面时,不能把留下适当的空白视为浪费,而是一种有力的编排手段。

在某些非常时期,空白的"说话"功能比其他版面语言更有力,而它的"词义"经常是不满和抗议。按常规,版面上的题、文、图等应该正好把版面填满,如果出现不应有的空白,叫做"开天窗"。"天窗"的出现,有时是技术事故,如刊头丢失了,文字出现亏空等;有时是一种被迫采用的发言手段。比如,1949 年以前,中共在重庆出版的《新华日报》,由于国民党当局经常"枪毙"稿件,"开天窗"的版面时常出现。"此处无声胜有声",这种空白所表现的意思是十分清楚的。

7.2.4 版面结构

一、版式

版式,就是报纸版面的样式。任何一家报纸,尽管报道内容有差别,版面布局有变化,但在一定时期内,其版面样式都是基本固定的。比如,基本栏的划分、稿件正文的走向、标题样式、稿件形状和花线、底纹、色彩的习惯用法等。各版编辑按照报社统一的相对固定的版式,日复一日地进行版面设计。根据版面尺寸、长宽比例、稿件外形、标题、稿件伸展方向等不同标准,可以将版式分为若干个类型。常用的报纸版式有对开式、四开式、八开式;纵向式、横向式;模块式、交错式;对称式、非对称式;集中式、综合式等。

20 世纪 50 年代至改革开放初,我国大陆横排报纸采用穿插式版式。20 世纪 90 年代以后,随着都市报和网络媒介的兴起,我国现代报纸版式大胆引进西方的版面设计艺术,围绕"受众阅读习惯"和"视觉冲击力"的理念,在版面设计中主要采用模块版式,强调时代性、时尚性,杜绝串文,重视导读,标题、照片突出处理,强调视觉冲击力,使版面"抢眼"、"抓人"。我国现代报纸,包括党报、晚报、都市报、行业报等流行的版式主要有以下几种:

（一）模块式

也叫版块式，其特征是每篇稿件的题、文、图相加之后，外部轮廓均呈四边形，整个版面由一个个四边形的模块组合而成。西方报纸多采用模块式。20 世纪 90 年代以后，国内很多报纸重视使用这种版式。模块式版式的优点是：干净规整、清楚大方，设计省力，排版简便，阅读、剪报方便；通过在各模块之间加线条的做法，强化模块的视觉冲击力。但模块式版式容易出现"断栏"、"通道"和"碰题"现象。"通道"也叫"通线"，就是版面上的栏缝从版面顶端一直通到底部，版面左右切断；"断栏"也叫"切栏"，就是版面上下割裂，版面形成分隔；"碰题"就是两条标题左右或上下相连接。"断栏"、"通道"和"碰题"容易破坏版面的整体感。版面设计是有规则的，这个规则在版面学上叫"排版禁忌"。"断栏"、"通道"和"碰题"属于"排版禁忌"之列。编辑在版面设计中要灵活运用图像、线条、横竖标题等编排手段，尽量预防"断栏"、"通道"和"碰题"现象发生。

（二）集中式

集中式版式是用整版或半版以上篇幅报道一个事件或主题，常用大字标题统领全版或大半版，有较大的强势。它适用于对国际国内重大事件、重大典型作集中、全面、详尽的报道，也可用来登载围绕同一主题展开的学术争鸣、理论研讨、社会调查结果等。集中式版式在主题相关的前提下，要重视稿件角度、体裁的多样化，既有消息、通讯、评论、资料等文字稿，也有照片、图表、绘画等图像稿，做到集中而不单调，主题单一而内容丰富、形式活泼。

（三）综合式

综合式版式是与集中式相反的版式。其特征是整个版面所包含的稿件多、内容广，重要性程度差别不大，它们之间虽然也有主次之分，但不是有意引导读者特别注意版面上某一特定的内容，而是以版面内容的丰富多彩去吸引读者，让读者根据自己的兴趣去判断、选择。综合式是适用很广的一种版式。由于稿件内容较杂，在编排综合式版面时需特别注意：一是注重稿件分类和版面的组合，尽量把内容接近的稿件编排在一起，以免给读者留下杂乱无章的感觉，做到版面虽散而不乱。二是把握版面的整体平衡。不能只重视版面的"上左"或"上右"这两个最重要的版面，对其他区位的安排也要重视。在"下右"和"下左"两个区位，可以借助比较大的标题来弥补强势的不足，以求得整个版面的匀称。

（四）对称式

以外形相同、面积相似的稿件两两相对为特征的版式。这种版式可细分为两类，一是规则对称式，二是非规则对称式。

规则对称式，通常以垂直的等分线为中轴线，左右两侧的稿件形状，包括标题大小、题文关系、正文字数、图片尺寸等都完全相同，至少十分相似。它是一种同形的、等量的对称。其优点是匀称、整齐，整体感强，适用于刊登内容有关联的稿件。

缺点是对稿件字数要求太严,极可能限制内容的表现。比如,2003 年 5 月 2 日《浙江日报》"五一特刊"就是"规则对称式"的版式。

非规则对称式突破了规则对称的刻板限制。它不讲求版面的左右对称,而侧重于对角或上下之间的对称,在大体对称的前提下允许局部变化。由于这种版式既能达到均衡、匀称、和谐的美学效果,又比较灵活,对稿件内容、字数没有严格的限制,因而适用面更广一些。

(五)穿插式

又叫交错式,是与模块式相对立的一种版式。在交错式版面上,不排除有些稿件的题、文、图组合为四边形,但总有一些稿件的外部轮廓凸一块或凹一块,这些形状规则与不规则的稿件彼此穿插、咬合,构成天衣无缝的一块版面,其优点是可根据稿件的不同性质,赋予不同的外形,从而增加版面的表现力,使读者容易分清轻重、主次;标题和正文走法很灵活,使版面富于变化,避免模块式可能带来的横向"断腰"、纵向"通道"、标题"碰撞"等缺点。这种版式历史悠久,堪称中文报纸的传统版式。它的缺点是由于稿件互相咬合,稿件外形不规则,设计非常费力,剪报、收藏也很麻烦。

二、版数

"版数"就是一期报纸的版面数量。多数报纸版数都保持一个固定常量,在总量不变的前提下,按周期(通常为一个星期)有规律地变化。版数固定的好处:一是便于读者长期订阅。二是便于保持报社内部正常的工作秩序。三是便于编辑部同印刷、发行部门长期合作。

一份报纸保持多少版数,要根据办报所需的 3 个基本条件,即读者需求、稿源供给、报社经济实力来综合考察,对版数作出科学、合理、切实可行的决策。此外,确定版数还要考虑现代印刷技术的特殊要求。自双面印刷技术问世后,报纸的版数一向是偶数,不允许出现奇数。高速轮印机问世后,又增加了一项要求:大报版数必须是 4 的倍数,小报版数必须是 8 的倍数。这是因为印报所用的新闻纸的单位是"印张",一个"印张"可印大报 4 个版、小报 8 个版。如果违反这项要求就会给印刷工作带来麻烦:降低印刷速度,增加生产成本。

三、版序

版次。任何一份报纸都是由多个版组成的,少则 4 个版,多则几十个版甚至几百个版,版面按先后顺序排列的次序叫做版序,也叫版次,比如"第一版"、"第二版"、"第三版"等。

版序的作用主要是给版面提供一个代码,表明该版在印刷、折叠时所处的位置,便于读者按序号寻找自己爱看的版面。安排版序的首要原则是方便读者阅读。为适应读者阅读横排书籍养成的习惯,横排报纸通常把第一版(相当于书刊封面)放在中缝(相当于"书脊")的右侧。横排报纸只有 4 个版时,都把第二版、第三版安排在朝里的一面(即"内页"),把第四版(相当于封底)放在朝外的一面(即"外页")。

当报纸版面增加到两大张 8 个版以上时,出现了"衔接式"和"穿插式"版序。"衔接式"就是两大张报纸相对独立,第一张为第一版至第四版,第二张为第五版至第八版,两者首尾相连,前后衔接。"穿插式"就是将两张报纸作为插在一起的一个整体,第一张外页定为第一版、第八版,内页为第二版、第七版;第二张外页定为第三版、第六版,内页为第四版、第五版。两大张以上报纸版序以此类推。

版序与版面配置息息相关,因为报纸在发行时采用折叠形式,最外面的两个版相当于"封面"和"封底",最先被读者看到,内页各版只有打开了才会被看到,所以各版的重要性不尽相同,版序重要性大小通常有两条判断原则:一是第一版(头版)要闻版最重要,最后一版次重要,多数报纸用来登广告;二是奇数版序比偶数版序重要。因为读者打开报纸内页,首先映入眼帘的是奇数版序。

版序与版面配置之间,还因印刷技术原因而产生另一种联系。现在常用的新闻纸,正反两面看似相同,其实光洁度有差异。印文字时,这种差异还不太明显;印图片时,光洁的一面效果很好,粗糙的一面质量稍差。此外,有些轮印机只能对新闻纸的正面进行套色和彩色印刷。因此,安排图片版、套红版或彩色版时,则尽量安排在新闻纸的正面上。

7.3 版面设计

7.3.1 版面设计的理念创新

版面设计,就是根据一定的指导思想,运用版面语言、版面元素和编排手段恰当地安排稿件,以组成能动地表现内容的完整统一的版面。

一、版面设计的前提

(一)要有正确的版面编排思想

编排思想是版面设计的指导思想,是编辑根据对稿件的评价并在版面上恰当安排这些稿件的整体构想。确立编排思想是版面设计的首要环节。编排思想与报道思想是一致的,是报道思想通过版面编排的具体表现。所有的报纸都要通过编排思想来体现报纸思想。编排思想决定版面的态度和倾向,对版面设计具有决定作用,是版面的灵魂。

版面设计是在既定的办报方针和编辑方针前提下的设计。编辑可以有自己的风格和追求,可以有创新之举,但不能违背版面指导方针。版面的所有权永远属于报纸编辑部,版面所表现出来的意志永远是编辑部的集体意志。对编辑部所制定的各项方针,版面编辑只有遵守的义务,没有另搞一套的权力。

（二）版面设计是在一系列布局原则和版面规范前提下的设计

布局原则为如何在版面上妥善安排稿件提供了指南。版面规范则是一家报纸为保持自身特色而制定的一系列规则，包括成文的和不成文的规范，内容方面的规范和形式方面的规范等。

二、版面设计的发展趋势

一张报纸是否吸引人，根本性因素是稿件内容的信息吸引力和版面样式的视觉感染力。伴随着媒介市场的发育成熟和媒介竞争的不断加剧，越来越多的报纸为顺应时代潮流和读者快节奏生活的需求，在版面编排设计上进行了大胆的探索，我国报纸开始走入多版化、彩色化的时代。报摊上的争奇斗艳和版面上的五彩纷呈，掩映着各类报纸营销大战的浓浓硝烟。透过这场竞争，考察我国报纸版面设计的理念变革和业务创新，思考其未来发展走势，对于报界与学界都非常必要。近些年国内报纸版面风格的发展，可以概括为以下几个趋势：

（一）醒目：浓眉大眼，粗犷豪放

改革开放以来，随着晚报、专业报、都市报的问世和复兴，我国报纸版面呈现出多样化的风格，这些报纸生动活泼的版面编排对党委机关报等日报影响很大。从20世纪80年代后期开始，我国报纸纷纷扩版，多版化对整个报纸的易读性提出了更高的要求。随着电子排版和彩色印刷的普及以及数码相机、卫星传稿等技术的运用等，为报纸版面设计和制作提供了更大的自由发挥的空间，如选择更大的字体字号、底纹线条，加上灵活便捷的电脑制图、丰富的色彩等，都使版面编辑能够更自如地表现其编排思想。各类报纸在版面编排上为了实现易读性这一目标，都非常讲究报纸版面的"醒目"。

所谓醒目，就是运用大标题、大照片、粗线条，以增强版面的视觉冲击力、影响力和易读性。版面上，标题字号普遍加大；图片地位不断提高。新闻照片数量增多、质量提高、篇幅加大；具有图解内容和活跃版面双重功能的图示（包括统计图表和各类示意图）与新闻漫画在版面上也大量出现。稿件加线围框、线条运用更加频繁。所有这些都使现代报纸版式越来越醒目。

（二）整齐：模块版式，简洁明快

20世纪90年代以前，我国报纸传统的版式是穿插式，其编排方法讲究稿件与稿件之间的紧密相连、穿插咬合、拐文、包题以及文文相套，其特点是版面浑然一体，空间充分利用，但是也给人以眼花缭乱之感。20世纪90年代以后，国内报纸版面的稿件编排普遍采用了模块式结构，其特征是每篇稿件的题、文、图组合配置之后，外部轮廓均呈四边形（长方形或正方形），整个版面由一个个四边形的模块组成。其优点是干净、规整、大方、排版简便、方便读者阅读和剪报。但也容易出现通道、断裂、碰题等现象。

（三）纯正：条理清晰，自成风格

版面语言的纯正是通过单纯的版面形式表现出丰富的内容，追求条理性的秩序美。单纯的版面形式体现在标题和线条安排上，现代报纸版式以横题为主，一块版面虽然字号不同，但字体基本一致，给人以简洁利落之感，可以很快捕捉到信息；线条虽有直线、曲线、花线之分，但直线因方向明确，简洁明快，愈来愈受到报版设计者的青睐。

（四）绚丽：鲜艳夺目，表情达意

我国报纸彩色版面出现后，使颜色成为现代报纸版面重要的构成要素和表现手段，报纸编辑对版面语言的运用，从字符选择、线条安排、网纹铺设，到题文配置、稿件构形、版面布局，都要考虑与色彩运用的规律相符合。

报纸版面色彩安排的协调性，在版面的结构关系上有明显的体现。比如，利用不同色调的对比效果，来调整版面的强势关系。在传统的非彩色版面，强势关系的协调主要靠标题的大小、标题装饰的程度、线条和底纹的设置等手段。彩色版面在这些手段的基础上，又增添了颜色效果，通过色调的烘托，可以使这些手段在表现上有更丰富的变化，使强化或弱化的控制更加灵活，伸缩空间更大。但是在色彩运用上要注意的问题：一是避免整版颜色单一，造成单调与沉闷；二是避免某一局部色彩强化，导致整版色彩失衡。

三、版面设计存在的问题

（一）编排思想的不稳定和版面形象的不确定

这主要表现在版面设计缺乏明确和稳定的风格定位，如有些机关报盲目仿效一些在市场上比较走红的都市报版面，结果有损严肃报纸的权威性和可信性。也有一些市场化程度较高的报纸近年来频繁改变自己的版式设计，版面的随意性说明报纸还处于很不成熟的阶段。

（二）报纸各部分的版面风格不协调

有些报纸近年来频频扩版，但各版组、各专刊以及各个版缺少统一的风格定位，任由各版主编自由编排，结果标题字体字号各搞一套，版头栏头缺乏统一设计包装，导致整个报纸无法确立统一的整体形象。

（三）版面设计盲目追求感观刺激，形成"泡沫版面"

"泡沫版面"的特点是版面元素的使用过度夸张，表现形式与所表达的内容的价值不相称，比如大量使用没有多少新闻价值的巨幅照片，内容并非很重要的稿件却做出了比报名字号还大的标题，这些做法实际上造成了版面资源的浪费。

（四）版面设计无章法、无秩序

人们虽然主张版面设计要敢于创新，但这不等于可以在版面设计上随心所欲，朝令夕改，让读者无所适从。版面创新成功与否，不能以编辑自己的感觉来判断，只能以读者的体验与评价为准。有些报纸标题位置、字体字号、稿件排列、照片规格、网纹、色彩、线条运用、广告编排等都无章法,实际上是对报纸形象和读者利益的损害。

四、版面设计的理念创新

社会主义市场经济的发展将报纸带入了新的营销时代。版面既是报纸产品形象的集中表现,又在很大程度上向社会公众展示着报纸的精神和品格。报纸编辑对版面的认识和理解,不仅从编排技术上,更应该从媒介产品的定位与设计、媒介精神和文化的展示这一战略高度上来认识。我国报纸版面设计,需要从以下几个方面创新理念:

(一)从读者本位出发的低成本理念

优秀的版面设计不仅能为读者减少读报时间而得到信息与精神的满足,也能为报人自己节省成本。

(二)从产业发展出发的整体形象设计理念

版面设计不仅是一种编辑学范畴的操作,也是报纸产业形象工程的有机组成部分。随着我国市场经济的发展,CIS已经成为企业竞争中一个热门话题,其本质是以塑造形象为目标的组织传播行为,它已被新闻媒介越来越广泛地运用。

(三)从提升"报格"出发的精品理念

今后,报纸竞争的焦点将不仅仅是报纸的规模大小和结构的合理性,更突出的将是报纸的"质"的较量。报纸的"质"既是对传播内容新闻性、实用性和可读性的要求,也是对传播形式的合理性、适当性、新颖性的要求。如何将报纸的大众化和高品位很好地结合在一起,提升报纸的品质和格调,对于各类报纸包括机关报和都市报来说,都已经是亟待解决的问题。

7.3.2 版面设计技巧

一、题文布局结构

题文的布局是指一篇稿件中题与文相互联系的表现形式。稿件的标题必须与文结合在一起。但这并不意味着标题只能处于文中一个固定的位置,相反,标题在文中的位置是可以灵活安排的。处理题文位置的原则是,题对文在视觉上应有统领作用,读者看了标题就能找到文的开头并顺利地阅读下去。横竖标题与文稿的关系大致有以下方面:

一是盖文题,即标题完全盖住正文。

二是眉心题,即标题不完全盖住正文,其两端各有相等宽度的整栏文字。

三是串文题,即标题两端或右端有非整栏文字。

四是上左题,即标题的右端有整栏文字。

五是旗式题,即标题只有一部分盖住正文,另一部分盖住其他稿件。

六是对角题,即一篇稿件有两行题,或一组稿件有两个标题,呈对角状。

七是文包题：即标题居于文的中心，四周被文包围。

八是腰带题：即标题居于文的中部，状似腰带，文排在标题的上方与下方。

以上是横标题与文稿的关系。采用文包题、腰带题这几种题文关系，全文要加框，或文的上端和下端加线，否则很容易被读者看做是串文题或盖文题，从文的下半部开始阅读。

九是一般竖题，即标题长度与文和行数一致。

十是串文左竖题，即标题的右方和下方排文。

十一是串文右竖题，即标题的左方和下方排文。

十二是旗式竖题，即标题长于文的行数。

十三是对角竖题，即一篇稿件有两行竖题或一组稿件有两个竖题，呈对角状。

十四是上中心竖题，即标题的左、下、右三面被文包围。

十五是文包竖题，即标题位于文的中心，四面被文包围。

十六是偏中竖题，即标题的上、下、左三方都排文。

在以上竖题横文的题文关系中，一般竖题、串文左（或右）竖题、旗式竖题的统领作用较强，对角竖题、上中心竖题、文包竖题、偏中竖题则次之。

二、排版（画版）技巧

排版（画版）是版面设计的重要工序。1986 年以后，我国报刊编排印刷告别了"铅与火"，进入"光与电"时代，以电子排版取代手工铅排。电子排版就是运用计算机排版软件技术和激光照排等现代化设备排印报刊版面。目前，我国有些报纸已直接使用计算机软件排版，但多数报纸特别是党报仍保持"铅排"时代的画版工序，先在版样纸上设计好版样，再依据版样进行电子排版。计算机排版软件中的"版心"与版样纸上的"版心"是一致的。画版能更准确、更有效、更好地进行版面设计。

版样是具体体现编辑组版意图的蓝图。画版就是绘制版样，是根据一定的版面意图，遵循版面布局原则和版面规范，在版样纸的"版心"上划定各文图稿件的空间、形状，确定标题样式、题文结合方式、正文走法的过程。版样能否画得既好又快，首先要明确理解版面意图。版面意图是一个目标，只有把目标看准了，琢磨透了，才容易找到通往目标的最佳路径。其次要熟练掌握布局原则和版面规范。不懂规则，欲速则不达。同时要灵活运用画版技巧。同其他技术性、艺术性工作一样，掌握画版技巧可以加快进度，收到事半功倍之效。具体地说，画版样或者直接电子排版前，要通读全版稿件，以便根据内容的重要程度和稿件之间的联系，对稿件的顺序进行通盘考虑。要确定标题的字号、字体和稿件的题文关系。要计算稿件的篇幅，包括标题的计算、正文的计算、题与文的混合计算和图片的缩小与放大等。

（一）排版（画版）顺序

由于每个版的稿件情况和版面意图各不相同，要想顺利地设计好版面，使各个

稿件各就各位,各得其所,必须按照一定的顺序进行画版。其顺序有"六先六后":

一是先重后轻。按稿件的重要程度,由重到轻地画。即先把稿件按重要性大小排出顺序,然后按照"上下左右、视线环形"的区序理论和稿件之间的联系,逐一做出安排。

二是先长后短。根据稿件篇幅长短,兼顾其重要程度,先安排长稿,后安排短稿。一般说来,短稿占用面积较小,容易做出安排,而长稿占据版面面积较大,体态笨重,对版面的整体平衡起着重要作用,安排时难度较大。长稿先安排得当,短稿就容易安排了。

三是先难后易。根据稿件的敏感程度,先把内容敏感、感情色彩微妙的稿件安排得当,再安排其他稿件。比如,有的稿件有特殊背景,不登不行,登得太高或太低也不行。既然如此,那就先把这样的稿件安排妥当,再处理其他可高可低的稿件。

四是先刚后柔。根据稿件的刚柔程度,先画字数不能增减(如重要文件、领导报告、政府公告等)或形状不能改变(如专栏)的刚性稿件,再安排字数可增可减、形状可以改变的柔性稿件。

五是先图后文。即先确定图像的位置,再安排文字稿。在版面上,图像给人的视觉冲击力很强。图像分布不合理,会破坏版面的整体平衡和节奏。如果图像的位置、大小都安排得当,剩余空间又大致合乎文字稿的需要,那么这个版样就基本成功。

六是先主后次,分类处理。即根据稿件之间的关联性,把稿件分成若干个类别,一类一类地加以处理。这个办法主要适用于综合式版面。比如,一块版面计划安排 10 多篇稿件,按内容可分为经济类、科技类、文化类等。在画版之前,先把各类稿件的第一条放在一起作比较,按重要性大小排序。假设经济类稿件的第一条最有分量,那么经济类其他稿件跟着"沾光",组成第一序列。其他类别的稿件则为第二序列、第三序列等。每一类稿件内部也要作比较,排出位次。画版时,先画经济类的第一条稿件,放头条位置。接下来,在相邻的地方,按重要性大小,依次安排经济类的其他稿件。这些稿件比邻而居,体现了关联性原则。然后,再安排第二序列、第三序列等的稿件。

(二)画版工具与版样示意法

版样多数画在"版样纸"上。版样纸(简称"版纸")是一种特制的设计用纸,通常与报纸版面(版心)尺寸相同,上面印着与基本字号大小相同的方块以表示字符,用空白表示基本栏的栏缝。版样纸上的字数、字距、行数、行距等,与印出来的报纸完全相等。为了给计算字数、行数和拼版提供便利,版样纸上一般印有字坐标(即横坐标)和行坐标(即纵坐标)。

与版样纸配合使用的一种特制尺子,叫做"版尺"。它一边刻有与基本字号大小、距离和基本栏划分方法完全相同的小格子,用来测量字数;另一边刻有与基本字号及其行距相同的小格子,用来测量行数。编辑可以自制版尺,准备一把适当长度的尺子,将版样纸横向、纵向各剪下一公分宽的长条,长度与尺子相同,将其分别贴在尺子同一面的两边,起点应在尺子的同一端,一边用来测量字数,一边用来测量行数。

版样是专供排版用的施工草图,有一套不同于其他图纸(如建筑施工图、机械零件设计图)的特殊符号。这些符号是版面编辑用以表达意图的工具,也是电子排版人员据以拼版的指令。多数报社所采用的版样示意法是:

正文:用"Z"型线条表示横排文,用"N"型线条表示直排文。Z 的左上角、N 的右上角为正文的开头;Z 的右下角、N 的左下角为正文的结尾。在结尾处加一个"△"(三角形)表示正文结束,用"↓"表示剩余正文需要"下转"到其他版,并用文字注明。

图片:用方框"□"内加对角线"✕"表示图片、刊头等(方框"□"内四角加对角短线也可以)。

线条:用直线或波纹线表示花线、花框。如果线条是精心挑选的,应注明线条的号码或类别,如"0 号线"、"49 号线"或"文武线"等。

标题:用空白区表示标题区,必要时可注明高度和宽度。标题的内容、字体、字号、美化手法等必须在版样纸上详细标明,以免张冠李戴。

(三)排版(画版)优劣标准

版面设计水平高不高,主要看编辑的版样画得好不好,排版质量优不优。衡量版样和排版优劣的标准:一是是否充分体现了版面策划时所确定的版面意图。好的版样层次分明、逻辑清楚,稿件位置、形状、面积都恰如其分,稿与稿之间的位置关系、分量对比适当,准确、鲜明地传达了版面意图。差的版样则层次不清,稿件之间关系混乱,严重的还会在思想倾向上出现偏差,因技术问题引起政治上的不良后果。

二是是否符合稿件的实际需要。画版和排版的任务之一是为稿件提供空间。好的版样所给出的空间,与稿件的实际面积大致相当;而差的版样所给出的空间,不是大就是小。

三是是否符合形式美法则。好的版面,既有局部变化,又实现了整体的和谐统一,给人以清爽感、匀称感、节奏感、韵律感。差的版面,不是某个局部形状古怪,违反了版面规范,就是整体不统一,给人以零乱感、断裂感、倾覆感。许多报社讲究"版面禁则"或"版面忌讳"。比如,"断腰、通道、碰题、偏重、混乱",就是横向断腰;纵向一劈到底;横题与横题、直题与直题相连;图片集中在一边;正文区形状不规范等。

四是是否在规定的时间内完成。报纸是有固定刊期的连续出版物,对出版时间有严格要求。画版和排版只有在规定的时间内又好又快地完成,才能保证报纸按时出版。

三、版面问题处置

版面设计时，每个版所要安排的稿件包括作品正文、标题和图片，与版面容量一定会出现矛盾，可以采取以下方法处置。

（一）外形整容"变形术"

所谓"变形术"，就是在不改变稿件区面积和标题等级的前提下，改变稿件区的外形，使之适合版面的需要。当大半个版面画版或排版基本完成时，经常会遇到剩余版面的形状与剩余稿件的要求不一致的情况。这时可以采用变形术，对已排的稿件形状进行改换，比如，正方形改为长方形，水平矩形改为垂直矩形，矩形改为非矩形等，以便为剩余稿件留下合适的空间。

（二）多管齐下"伸缩术"

多数情况下，同一个版面上只有少数稿件是刚性的，而大多数稿件可以根据版面需要做"伸缩手术"：

一是"下转"法。就是把长篇稿件登不完的部分转给后面版。在版面稿件"下转上接"时，要在转接的地方注明；转到另一版的文字不宜太短，太短不易读者寻找；"转"的地方最好是文章的一段落；"接"的地方要尽可能安排标题；不能逆转。

"下转"通常发生在要闻版。由于要闻版的强势优于其他版，但容量有限，常常出现重要稿件多而要闻版容纳不下的矛盾。解决的办法常用"下转"：多的文转其他版；题在要闻版，文刊其他版；全文登在其他版，"导读"登在要闻版。

二是标题伸缩法。大题改小，标题区面积就减少了，正文区相应扩大；小题放大，标题区面积扩大，正文区面积则缩小。

三是图像伸缩法。就是根据实际版面，适当放大或缩小图像面积。

四是线条、底纹填充法。有时稿件少了几行文字，可通过围框、铺底纹或加线条来解决。

五是均衡删削法。如果版面的某个局部有几条稿件已安排得当，但还有一条排不上，弃之不用实在可惜。这时最理想的办法就是让那几条稿件"发扬风格"，各自均衡地删去一点文字，为最后一条稿件腾出地方。

六是半角、全角转换法。当版面稿件文字或多或少时，可以利用标点符号的半角、全角进行稿件伸缩。

七是"接行"、"改行"法。所谓"接行"，是把两个自然段合为一个自然段。"改行"（又叫"另行"、"换行"），则是把一个自然段拆成两个或更多的自然段。通过"接行"，可使稿件所占版面缩小；通过"改行"，可使稿件所占版面明显扩大。

八是松排、密排法。电子排版，版面稿件的字距是由计算机指令控制的，可以调整字距大小来"松排"或"密排"。不过，这种做法会影响版面美观，在负字距情况下还会出现字符粘连甚至重叠现象，所以不到万不得已时，不得使用。

九是图文叠加法。就是把部分标题甚至整个标题，或者少量图片文字说明放到照片上,即题文图叠加。这样既节省了面积,又美化了版面。

四、版面的美化

（一）版面美的前提条件是构成版面的内容和材料要美

比如,字体、图片、线条、装饰等。版面美的基本要求是版面各部分的组合要符合形式美的基本规律,即多样统一规律。

（二）多样统一规律是形式美的最高法则

多样,是指构成整体的各个部分的差异性,即各个部分要有变化;统一,是指这种差异性的彼此协调,即各种变化要有一致的方面,包括各个部分之间的和谐、比例、节奏、均衡等。多样统一就是寓多于一,多统于一,一中见多,即把"多"与"一"有机地结合起来,在丰富多彩的变化中保持着一致性。

（三）版面富于变化才能显得美而生动活泼

一是稿件数量比较多,体裁多样化,要图文并茂。二是标题形式和大小要富于变化,有单行式,即一行横题;均列式,即多行题两端对称的标题;斜列式,即多行题阶梯式标题等。三是版面分栏要有变化。一个版面以基本栏为基本形式,同时有些稿件可以采取破栏、并栏的方法。四是图形的变化。新闻版的图像以矩形为主,副刊、专刊可适当采用多边形和圆形等不同的形状。此外,空间的变化,线条的变化,题花、网纹等装饰的变化,也可以起到美化版面的作用。在运用这些美化手段时,需要注意整版的协调,不宜用得过多,否则版面就会过于花哨。

（四）版面的美化原则

一是和谐。版面的各种变化必须与内容协调。版面的局部必须和整体协调。版面美是从版面整体的和谐中取得的。二是比例。比例就是反映事物相互映衬的关系。标题的主题与辅题的字号大小、标题的厚度与文的厚度、围框的长边与短边的比例等都要适当。三是节奏。所谓节奏,是指运动中强弱变化有规律的组合。版面节奏是指黑色块和灰色块有规律的组合、反复。黑色块是指标题、图像;灰色块是指正文字符。版面的节奏主要表现在必要的重复上,即同一形式的反复出现上。在标题编排方面,应以横题为主,横题的反复出现,可增强版面的条理性和节奏感。在正文编排方面,应以基本栏为主,适当变栏。要控制节奏的强度,即黑色块与灰色块的力度对比;掌握节奏的速度,即各个黑色块之间的距离;把握节奏的方向即标题和图片沿横向、纵向、斜向合理分布。四是均衡。就是整个版面的布局结构要给读者一种匀称、平衡、安定的心理感受。

五、大样审改

通过版面设计、电子排版排印出来的版面样张,叫版样,有毛样、小样、大样和清样之分。未经校正修改的版面样张叫"毛样";经过初校的版面样张叫"小样";"大样"是在"小样"基础上经过二校或三校修改后的版面样张。"大样"经过修正校对后排印出来就成为"清样"。

检查大样是报纸编辑工作的最后一个环节,也是编辑把关的一个重要环节。版面上的差错如果溜过这一关,就会与读者见面。因此,不能因稿件已修改、推敲多次,而稍有懈怠和疏忽。有些错误是设计版面、排版过程中发生的,更需要通过这一环节来加以校正。

看大样要着重从以下几个方面检查:

(一)内容审查。整个版面标题、文字在思想、事实等方面是否有不准确、不妥当地方。

(二)标题审查。标题字号大小、字体、位置等是否恰当;整个版面的标题以及与其他各版标题是否有重复现象。

(三)图片审查。图像内容与标题、文字说明是否相符,有无张冠李戴情况。图片是否有倒置情况,特别是风景照中的房屋、桥梁、港口船只水中倒影等。

(四)布局审查。整个版面的布局是否恰当,转接是否正确。

大样上的差错改正以后,印出来的版面样张就是"清样"。"清样"主要用于签发付印。"清样"经报社领导审阅后签字发排,至此,报纸编辑工作任务基本完成。接下来是印刷、出版、发行报纸。

【本章小结】

配置可以消除单篇稿件的局限,适应读者的阅读心理,提高传播效率。稿件配置的方法包括组织、配合和调剂。报纸版面的功能是表明立场,引导舆论;方便阅读,帮助理解;展示风格,推销报纸;引导稿源,经济支撑。版面设计是一项综合性创作,应体现思想性和艺术性的高度统一。

【思考训练】

1.同题集中的意义有哪些?

2.现代报纸常用新闻资料链接有哪几种?

3.简述中国新闻奖报纸版面评选标准?

4.报纸版面有哪些特点和功能?

5.题文的布局结构和关系怎样?

6.排版(画版)顺序有哪些?

【课堂讨论】

1.结合报纸版面实例,谈谈对两种区序理论的理解。

2.简述我国报纸版面设计发展趋势、存在问题及其对策。

【参考文献】

［1］韩松,黄燕著.当代报刊编辑艺术［M］.上海:复旦大学出版社,2006.

［2］王咏赋著.报纸版面学［M］.北京:人民日报出版社,2001.

［3］黄奇杰编著.报刊编辑案例评析［M］.杭州:浙江大学出版社,2008.

［4］李孟昱编.当代中国报纸版面精粹［M］.广东:南方日报出版社,2003.

第八章　报刊电子编排基础

【学习目标】

- 了解方正飞腾电子排版系统的特点
- 掌握飞腾工作环境设置、飞腾排版文件的基础操作和对象的基本操作
- 将飞腾工作环境设置、文件和对象的基础操作运用到报刊版面编排中

【引例】

铅字排版(图 8-1)与电子编排(图 8-2、图 8-3)

图 8-1　1922 年 11 月 15 日《民国日报》

图 8-2　2008 年 10 月 3 日《今日早报》　　　　图 8-3　阿拉伯报纸优美版面

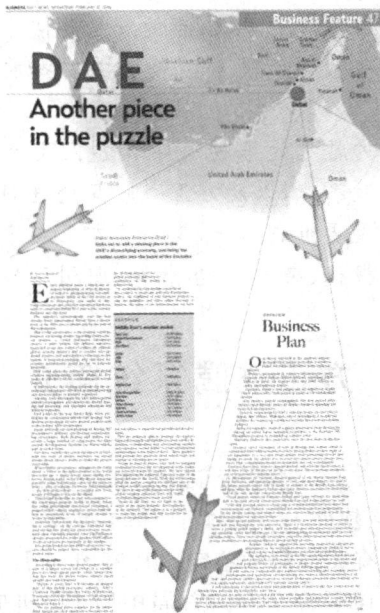

电子技术的引进，使得报刊编辑的各项工作流程得到极大的简化，报刊编辑的方式和手段有了极大的改进和丰富，揭开了人类印刷业的新时代。报刊电子编辑是指依托计算机技术及现代网络通信技术，对现有的稿件进行搜集、选择、整理和加工，使之适合报刊传播目的与复制要求的精神劳动产品。

报刊电子编辑要依靠桌面出版系统，桌面出版系统一般包括前端制作系统和后端输出系统，其中前端制作系统包括排版软件、图像处理软件和图形软件等；后端输出系统包括栅格图像处理器（RIP），以及激光照排机或激光印字机等输出设备。

在桌面出版系统中，用户首先面临的是版面的制作，不管是排报纸、杂志、书还是平面广告，都要处理文字、图形和图像等素材，并把这些素材安排在一个页面内，这个版面制作过程主要由排版软件来完成。

排版软件的处理对象主要包括三种类型。第一种是文字，一般可以在排版软件中直接输入，或者在其他小样录入软件中录入后，通过灌文排入排版软件中；第二种是以点阵描述图像，可以由扫描仪或数字照相机等输入设备生成，也可以由图像处理软件（如 Photoshop）生成；第三种对象是图形，可以直接在排版软件中生成，也可以由其他图形软件生成，通过图形功能可以画一些直线、圆、曲线等图元。

排版软件在安排文字时，必须处理文字排版的各种要求，包括字体、字号的变化,英文在换行时的拆音节处理,各种禁排的处理(如标点符号不能排在行首等),这些文字排版的要求,目的就是要使排出来的版面更漂亮,并且符合传统的阅读习惯。排版软件不仅要在版面中安排文字,还要在版面中安排图像以及画一些图形等。

国内常见的排版软件有方正飞腾、方正维思、PageMaker、QuarkXPress 等交互式排版系统,以及方正书版等处理排版系统。飞腾排版系统作为方正桌面出版系统的重要组成部分,集中了方正在排版领域的优势和领先的技术,已经在国内外的很多报社、杂志社、出版社、印刷厂和广告公司等印刷出版单位广泛使用。

8.1 方正飞腾系统简介

由方正技术研究院开发的方正飞腾排版系统,是大型的、面向对象的彩色排版软件,该软件 1.0 版本于 1994 年底发布。1995 年 4 月 12 日,飞腾 2.0 版软件通过了国家有关部门的鉴定。1995 年 6 月,由软件行业协会和英特尔技术发展(上海)有限公司联合举办的首届中国 PC 机应用软件设计大奖赛中,方正飞腾排版软件获得了大奖赛的一等奖。1998 年 10 月,飞腾的 3.0 版本再次通过了国家信息产业部主持的鉴定,鉴定委员会认为,"方正飞腾 3.0 版是一个优秀的排版软件,标志着我国电子排版领域最新的技术水平及成果诞生,在中文排版方面的技术居国际领先水平。建议进一步加强推广应用工作。"

飞腾 4.0 于 2001 年 10 月 22 日发布。飞腾作为业内权威的中文排版软件,不断朝着"更高效率、更高品质"的目标前进。飞腾排版软件不仅在国内外的中文排版领域取得领先水平,它利用排版核心采用双字节处理的优势,以及对汉字排版的经验,在 1997 年推出了日文飞腾排版系统,并逐渐进入日本市场。目前飞腾排版软件在日本主要用于排报纸、杂志以及商业广告等,排版的自动化程度非常高。

8.1.1 飞腾排版系统充分体现标准化

飞腾排版系统支持各种国内和国际标准,是开放式的中文排版软件。它的输出结果为 PostScript Level II 标准。有了 PostScript,飞腾排版的版面可以通过方正或其他厂商的 PostScript 解释器,输出到各种输出设备。

除了 PostScript 标准以外,飞腾排版系统还支持 OPI 标准。OPI(Open Prepress Interface)是开放式印前接口,已经在国外的印前领域中非常普及。OPI 对于彩色出版系统非常实用,在彩色出版物中经常会遇到很大的彩色图片,一幅高分辨率的图片可能会占几十兆甚至上百兆的空间。在排版过程中,要达到"所见即所得",必须显示彩色图片。但是几十兆的图片显示速度较慢,必然会严重影响排版的效率。OPI 正是用来解决这个矛盾，在排版时，用一个小图替换几十兆的大图，输出时，由 OPI 服务器自动把小图替换成大图。这样，既提高了排版效率，又不影响输出质量。

同时飞腾排版系统采用了开放式的字体管理技术，可以用标准的 TrueType 字作为显示字模，用户不仅可以利用方正提供的所有字体，也可以自行选择使用其他公司字体。

飞腾排版系统支持 GBK、GB2312、BIG5 和 Shift JIS 等中、日文编码标准。

8.1.2　飞腾排版系统实现全面开放

现代出版物的版面越来越复杂，特别是引入彩色桌面系统后，设计的版面更是随心所欲。但是一个复杂的彩色版面往往要同时用许多个软件的功能才能完成。因此，多种软件集成使用的方便程度就显得非常重要。

飞腾排版系统从多方位提供了开放式的排版环境，实现与其他软件的接轨，主要体现在以下几个方面。

一、飞腾排版系统设有独特的过滤器

过滤器使排版系统能接收多种排版格式文件，每一个过滤器解释一种或几种排版格式，它的数目可以由用户随意安装。常用的过滤器有 Word 的 DOC、RTF、BD 语言、WPS 文件，等等。例如，利用 DOC 过滤器，可以把 Word 文档直接排入飞腾版面，并保持文件中的文字格式。

二、飞腾排版系统实现了 OLE 2.0 功能

它可以把各种支持 OLE Server 的软件集成于飞腾排版系统中，用来实现复杂的版面设计。例如，有些报社在飞腾排版系统中，直接使用 Excel 的电子表格排股市行情表，用 CorelDraw 的绘图功能制作广告或标题。

三、排版软件的用户十分广泛

各种类型的用户对排版功能的需求也各有不同，如果把所有用户需要的功能都做到飞腾排版系统中，必然使飞腾系统的菜单项越来越多，影响了使用效率。实际上，把所有用户的需求都加入排版系统是不可能的，因为软件设计者不可能知道所有用户的特殊需求，更不可能预知未来的用户需求。所以，在飞腾系统设计中，提出了面向对象的软插件的思想，使飞腾系统的功能在其核心功能的基础上，可以由软插件随意组合，用户可以根据自己的需要，选择不同的软插件，每一种软插件对应一种特殊的功能，从而创造了很灵活的开放环境。

软插件技术的使用大大提高了软件的可靠性及可维护性，提高了软件的扩展能力和复用度，并且支持合作开发和第三方开发商的二次开发，使飞腾成为一个排版平台，应用于更广泛的领域。

对于飞腾排版系统来说,报社的用户可以安装与报纸制作有关的软插件,如:打开 PUB 文件、插入 S2 文件等;排杂志的用户可以安装素材窗口软插件,用它方便灵活地生成常用的图形;排广告的用户可以安装简易地图插件,方便地为广告客户制作示意图,说明广告客户的地理位置等。另外,飞腾排版系统通过软插件技术和报业管理中的采编、广告实现了一体化,使得系统更加开放。随着软插件的不断增加,飞腾排版系统的应用领域也会不断拓宽。

软插件技术不仅可以为飞腾软件增加丰富的功能,也可以用来为用户定制特殊功能。这些特殊的功能需求有两类。一类是用户需要保持以前的工艺,而排版软件都没有类似的功能。例如,有一家用户在分色片中所有的对准标记是特殊的箭头,而不是多数用户的常用标记,通过软插件方式,不仅解决了这家用户的特殊需求,而且不影响其他用户的正常使用。另一类需求是,有些用户希望做一些独家使用的特殊功能,使其出版物具有与众不同的特色,提高企业的形象,在日本就有用户希望自己做飞腾系统的软插件,作为自己排版的"秘密武器"。

8.1.3　飞腾排版系统运用方便快捷

飞腾排版系统采用 Windows 95 风格的界面,如菜单、工具条、工具箱、多种浮动窗口、右键功能等,使用户的操作更加得心应手,制作版面更加快捷。此外,飞腾还提供背景格、参考线、捕捉功能、库管理、块对齐、排版格式、刷新和终止刷新等各种版面设计工具。飞腾通过软插件的方式,把报业流程管理和飞腾排版系统紧密结合在一起,使报纸排版的自动化程度进一步提高,提供了更加完善的报业解决方案。

8.1.4　飞腾排版系统排版功能强大

飞腾排版系统集成了文字、图形、图像排版的功能。在文字排版方面,飞腾排版系统继承了方正排版软件二十多年的经验,满足海内外中文排版的各种要求。例如文字的横竖排、禁排处理、行距、字距、标点类型、分栏等,文字还可以在任意区域内排版。另外,它还具有强大的沿线排版功能,不仅可以让文字沿着图形的轮廓边线排,还可以设置文字颜色和字号的渐变效果,文字在线上的起点和终点也可以由用户来设定。

在图形排版方面,飞腾排版系统提供了矩形、圆角矩形、椭圆、菱形、直线、多边形和贝塞尔曲线等丰富的图元工具,图元的组合可以生成复杂的图形。飞腾还提供了单双线、文武线、点线、短划线、单双点划线、单双波线、箭头等线型,100 种花边和 273 种底纹。线的颜色可以设置渐变,有单向渐变和循环渐变两种渐变方式。底纹的颜色也可以渐变,其渐变方式多达十几种。使用图元工具,应用线型、底纹、颜色的不同组合,可以画出各式各样的图形。

在图像排版方面,飞腾排版系统能接收的图像格式有 TIF、TGA、EPS、GRH、BMP、GIF、PCX、JPG、PIC 和 PS,还能对图像进行自动勾边、旋转、倾斜和镜像等操作。除此以外,飞腾排版系统还有其他很多的功能,如数学公式、表格排版功能等。

8.1.5　飞腾排版系统对象操作功能丰富

飞腾版面上的对象可以分为文字、图形和图像三种,飞腾排版系统提供了丰富的对象操作功能,为创意设计提供了很好的手段。例如,文字块、图形、图像都可以旋转、倾斜和镜像;封闭的图形作为裁剪路径,可以裁剪任何对象,文字的轮廓也可以直接作为裁剪路径;通过图元合并可以形成复杂的裁剪路径,对版面的对象形成立体底纹等等。文字可转为图形,作为图元进行各种相关的操作。

8.2　飞腾工作环境设置

启动方正飞腾,在"开始"菜单中找到方正飞腾软件,使用鼠标双击,系统将直接进入"版面设置"窗口。在此窗口中,可以对"页面"、"页数设置"、"装订次序"等参数进行设置。设置完成后,单击"确定"按钮,出现主窗口。如图 8-4 所示。

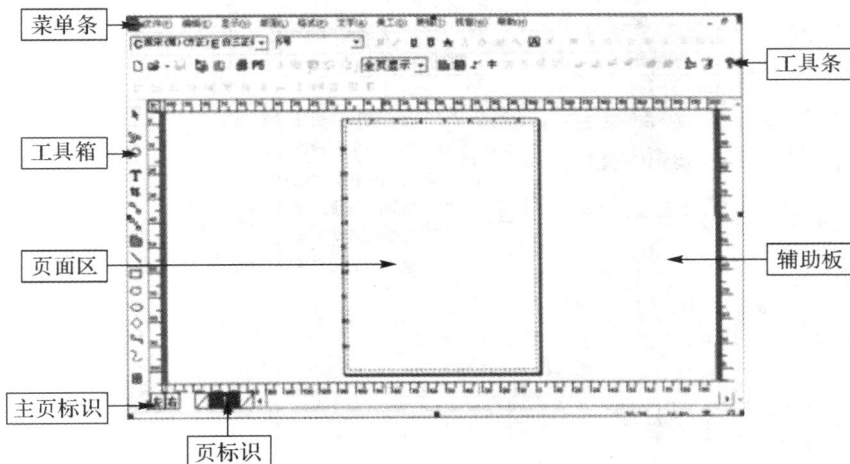

图 8-4

方正飞腾 4. X 的环境设置中,关于块、环境、版面的设置和它们作为系统全局量或文件全局量时对飞腾文件具有不同作用,不同的全局量时它们之间又具有变化关系。系统全局量是对以后所有新建文件,并对系统的整个操作过程都起作用的环境量。文件全局量是只对本文件的操作过程有影响的环境量。对象量是只对某一对象有影响的环境量。如："行距与行间"在不同环境量设置下所起作用是不一样的。

8.2.1 环境设置

"文件"下"设置选项"中的"环境设置"命令涉及的环境量主要是操作方式方面的,执行"环境设置"命令弹出的"选项"对话框。有 3 个选项:"块设置"、"环境设置"、"版面参数设置"。

一、块设置

（一）"块默认大小"

用于设置文字块、图元块的默认大小,该项无论何时设置,总是作为系统全局量。（见图 8-5）

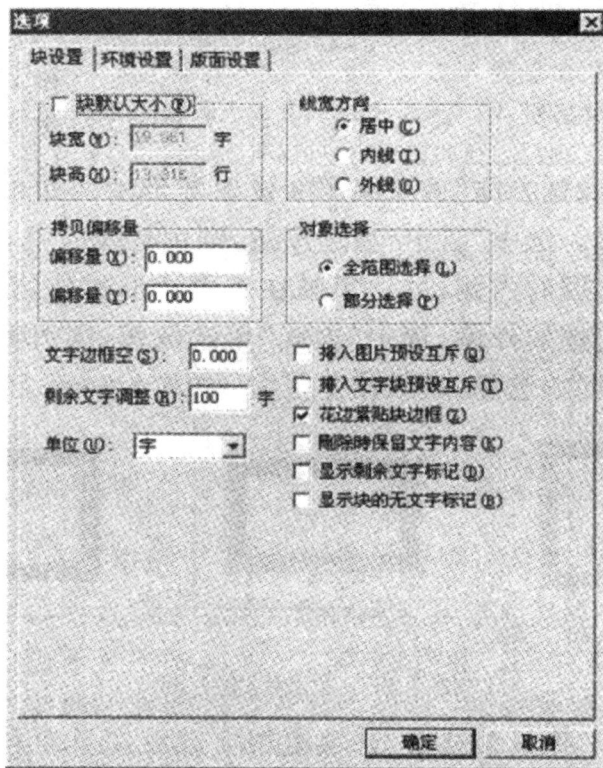

图 8-5

"块默认大小"有两种情况:

1.若在此对话框中不选该项,"块宽"和"块高"对应项为置灰的;并且显示的数值为上次设置的块大小数值。确认该对话框后,当用"排版"命令排入文字时,鼠标在版面上一点,飞腾系统将弹出"默认块大小"对话框,在该对话框中,各初始值为块设置中显示的数值,如:19.961,13.316,可在"块宽"和"块高"对应的编辑框中输入对应的数值。确认该对话框后,将在版面上按此处设定的块大小值生成一个文字块。生成图元块也是如此。

2.选中该项后,对应的"块宽"和"块高"都能输入默认块的高宽。确认该对话框后,当"排版"命令排入文字时,鼠标在版面上一点,飞腾系统会自动在版面上按此处设定的块大小值生成一个文字,此时不会弹出"默认块大小"对话框。生成图元块也是如此。

(二)"线宽方向"

指矩形对象边框线线宽的方向,也可以理解成边框线的位置。(见图8-6)

"外线":表示边框线画在矩形边框的外侧;

"内线":表示边框线画在矩形边框的内侧;

"居中":表示边框线的中心与矩形边框重叠,边框线的一半画在矩形边框的内侧,而另一半画在矩形边框的外侧;在边框线粗时,不同的选择,结果相差很大。

居中　　　　　　　内线　　　　　　　外线

图8-6

(三)"拷贝偏移量"

拷贝偏移量是复制对象后粘贴生成的对象和被复制对象在页面上的偏移量,缺省值为0,0。例如在此输入5,5,复制一对象再粘贴将在被复制对象的右下角5,5字的位置拷贝生成另一对象。如在此输入−5,−5,复制一对象再粘贴将在距复制对象的左上角5,5字的位置拷贝生成另一对象。

(四)"对象选择"

在选择对象的操作中,可以用鼠标在版面中拖动,将对象选中。选中这一项,可以定义在选择对象时选中的范围大小。在"对象选择"编辑页中选择"全范围选择",则通过鼠标选择时,所划出的虚线框必须包围整个对象,才能将对象选中。而选择"部分选择",则只要鼠标划出虚线框包围对象一部分,就可以将对象选中。

(五)"文字边框空"

设置文字块中文字距边框的距离,单位在"单位"项中设定。"文字边框空"功能定义了在文字块周围的边框与文字之间的距离。如果将"文字边框空"设为1

字,则文字块中文字与边框之间会空一个字的距离。此时如果在"显示"菜单中选中了"显示文字块边框"选项的话,则在文字块的周围会显示两个边框,其中紧挨文字的红色边框线是文字块的提示边框,外围的边框线是文字的边框,它与文字之间空1个字,如果在"显示"菜单中不选中"显示文字块边框"选项,则红色边框线不会显示。

当"文字边框空"设为0时,文字的边框与红色边框线重叠在一起,如果边框线设为单线的话,则边框有可能被红色边框线覆盖,此时只要在显示菜单中取消"显示文字块边框"选项,则可显示出文字的边框。

注意:当文字块的线型为空线时,此功能无效。如果一个文字块设了"文字边框空"后没有效果,请确认"美工"中的"线型"是否为单线或其他线型,而不是空线。

(六)"剩余文字调整"

飞腾中有续排标志的文字块。如果它是所属文章的最后一块,可通过双击此文字块,将未能排入的剩余文字排入文字块。对于剩余文字数量的要求,可在"环境设置"对话框中的"块设置"用户的"剩余文字调换"编辑框中设定。如果在此输入500,则在双击文字块时,只要剩余文字小于500个字,都能被调整到文字块中,续排标志消失。而当剩余文字大于500个字时,会弹出一个对话框,提示:"剩余文字过多,无法排入!"对非矩形排版区域的文字块,还要注意如果排入剩余文字后会引起原排版区域形状的改变,则不会将剩余文字排入,而是会出现上述提示对话框。

在"块设置"编辑框中的"剩余文字调整"编辑框中设定剩余文字的数量时,要注意文字块长度的最长限度是飞腾版面的长度,如果将剩余文字都排入文字块中后,文字块的长度将超过版面的长度,则剩余文字不能调整到文字块中,而是弹出提示对话框。

(七)"排入图片预设互斥"

选择该项后,排入的图片都是被设为具有"图文互斥"属性。

(八)"花边紧贴块边框"

选择该项后,在给文字块加花边边框时,所有花边可以紧贴边框。若不选此选项,则有些花边(如28号等)离文字块边框有一些距离。

(九)"显示块的无文字标记"

选择该项后,当文字块中无文字时,会显示块的无文字标记(框中打叉)。如果不选中此复选框,则文字块中无文字时,会显示为一个虚框。

(十)"单位"

设置"拷贝偏移量"、"文字边框空"对应设置数值的单位。

二、环境设置

这部分的参数主要是与文件的新建、输出、字体搭配有关。点击"选项"对话框

下的"环境设置"选项。(见图 8-7)

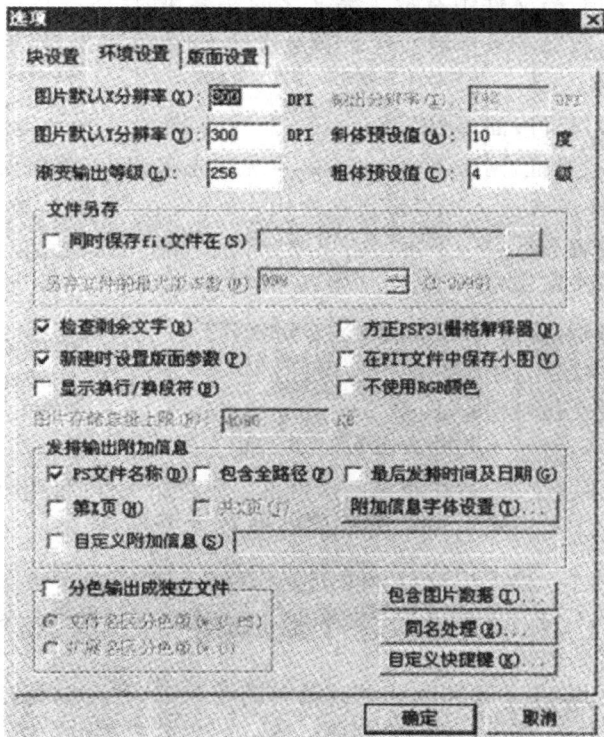

图 8-7

(一)"图片默认 X 分辨率"、"图片默认 Y 分辨率"

用于设置图片的显示分辨率,以便在图像的显示效果和显示速度之间进行取舍。如果显示分辨率高,则显示速度较慢;而显示分辨率低,则显示速度快。

(二)"渐变输出等级"

设置渐变颜色的输出级数,取值范围是 16—65535。级数越大,渐变效果越好,但输出速度变慢,渐变级数越小,渐变越不平缓,会出现明显的条纹,但输出速度快。在一般质量标准下,此值设在 256 左右即可。此项无论何时设置,总是作为系统全局量。

(三)"斜体预设值"

单位为度,可输入的角度范围是-30 至 30 之间,用于对工具栏中设置字体倾斜的默认角度。

(四)"文件另存"(网络存盘)

用户可输入要保存文件的网络路径,并可设置另存文件的最大版本数。这样是为了保留修改痕迹,确保在出现死机情况时,文件不丢失。

（五）"检查剩余文字"

如果选中该项，当文件中有没排完文字的文字块时，飞腾在存盘时将给出提示，在该对话框中将显示未排完文件名和对应的文件，并可存盘、返回或存未排文字、调整该文章。

（六）"新建时设置版面参数"

如果选中该检查框，则在新建文件时，系统首先将调出"版面设置"对话框，让用户设置页面大小等参数。否则将直接使用"版面设置"系统全局量创建新文件，不再弹出"版面设置"对话框，不再让用户设置版面参数。此项无论何时设置，总是作为系统全局量。

（七）"显示换行/换段符"

选中此项，在文字块中显示换行换段符。

（八）"在飞腾文件中保存小图"

如果选中该检查框，飞腾会在存盘时将当前文件中的图像抽象，生成一个低分辨率的图像写入飞腾文件，这样将提高用户再一次打印文件时图像的显示速度，但不影响发排。

（九）"图片存储总量上限"

如选中"在飞腾文件中保存小图"项，就可以设置图片存储总量上限字节数（KB）。

（十）"自定义快捷键"

用户可以通过简单的操作随意更改菜单的快捷键，并可以将自己设置的一套快捷键存为后缀为 hk 的文件形式，拿到另外一个 FIT 系统中使用。

三、版面参数设置

这部分的参数主要与显示状态和显示精度有关。点击"选项"对话框"版面设置"选项。（见图 8-8）

（一）"默认显示比例"

设置飞腾文件的默认显示比例，设置范围从 20％至 700％。它决定"显示"菜单下"默认大小"命令的执行结果，即若在此设置为 80％，则默认大小为 80％。此项无论何时设置，总是作为系统全局量。

（二）"显示精度"

当屏幕上的文字大小小于该值时，飞腾将用灰块或灰条来显示，以加快显示速度。

（三）"键盘移动步长"

用于设置在箭头状态下使用键盘左右键移动光标的步长，缺省为 1 个版心字。

（四）"显示光标位移窗"

用于确定一个块或改变块大小时，在光标附近是否显示光标移动的相对坐标值。选中该项确定后，在版面上拖动矩形改变大小将显示改变的相对坐标。

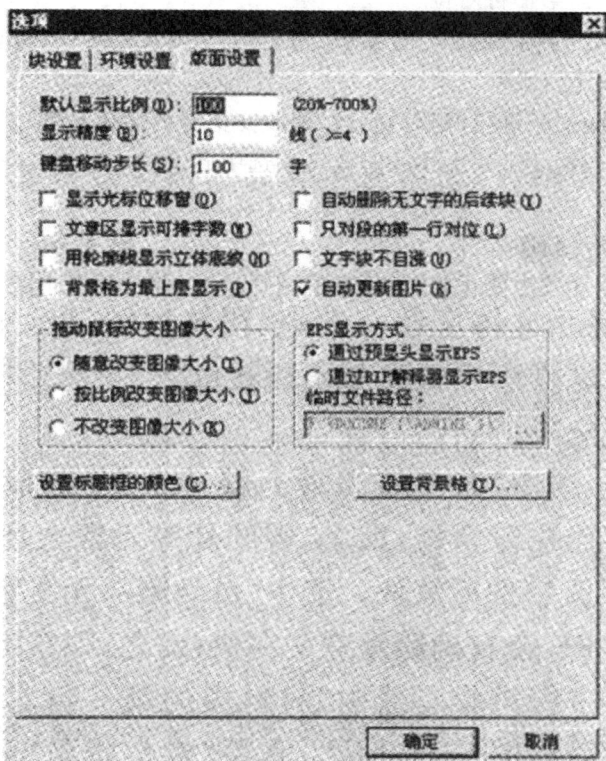

图 8-8

（五）"文章区显示可排字数"

选中此项后，则当用户划文字区时，飞腾将自动显示该文字区内可排文字的字数。

（六）"用轮廓线显示立体底纹"

选中此项则对立体底纹只显示其轮廓，这样可以提高分辨的速度，但不会影响发排效果。

（七）"背景格为最上层显示"

如不选背景格为最上层显示，则图片会挡住背景格。如选中背景格为最上层显示，则没有任何元素能挡住背景格。

（八）"自动删除无文字的后续块"

在飞腾中，当文字的后续文字块为空时，可以通过"自动删除空的后续文字块"选项来控制是否自动删除空文字块。选中它，如果文字块的后续文字块为空（没有文字，没有注解）时，则该后续文字块被自动删除。反之，则在版面中保留后续的空文字块。

（九）"只对段的第一行对位"

选中此选项后，则在执行"对位排版"功能时，只对段的第一行。

（十）"文字块不自涨"

对文字块中的文字进行调整的时候，即改变文字的字体号和输入文字的时候，如果用户不希望调整文字块大小的时候可以选中此选项，文字块不会增大，而是出现续排标志。

（十一）"自动更新图片"

选中此项，图片发生变化时，版面上的图片自动更新；不选中此项，图片发生变化时，用略图来显示图片，并且在图片管理窗口中的"链接信息"会显示"图变化"，此时可以选中这幅图单击"更新"按钮更新这幅图，也可通过选中"环境设置"下"版面设置"中的"自动更新图片"来更新图片。

（十二）"拖动鼠标改变图片大小"

包括"随意改变图像大小"、"按比例改变图像大小"和"不改变图像大小"三个选项。

（十三）"设置标题框的颜色"

由用户自行设定标题框的颜色。去掉标题区中小区的单线边框，引题、主题和副题区只显示空线带节点的轮廓。

（十四）"设置背景格"

单击"设置背景格"按钮，弹出"背景格"对话框，设置背景格的类型、间隔、捕捉精度和颜色。

1."背景格种类"。背景格用于排版时页面对象的定位，它显示于页面框内，有"报版"、"稿纸"、"方格"、"方点"、"特定报版"五种形式，用以指示版面上的整行整字的位置。缺省值是"报版"。

2."背景格的间隔"。从"单位"对应的下拉框中可以选择这部分设定值的使用单位。

选择"固定"，则背景格的间隔被设成固定值。此时，系统会根据画面的倍数来变更背景格的间隔，而实际的背景格尺寸不变。用户可以在"间隔"旁边的两个编辑框中输入背景格间隔的水平和垂直的固定值，在"最小间隔"右边的两个编辑框中输入背景格的最小显示间隔。最小间隔是指：无论画面的显示倍率为多少，当背景格间隔的显示小于最小间隔，背景格显示过密，不便操作，因而在显示时将背景格的间隔增大，但间隔的增大只针对显示，捕捉背景格等不受影响，缺省值都为"3.7毫米"。

选择"自动"，则系统自动设定背景格间隔。也就是在不同画面显示倍率下，为使背景格间隔在显示上大体一致，而自动变更实际的背景格大小。用户可以在"最小间隔"右边的两个编辑框中输入背景格最小间隔的水平和垂直的值，这个值以

"1,2,5,10,20"的形式计算。缺省值为"5 毫米"。

3."颜色"。单击此按钮,进入颜色对话框,可设置背景格的颜色。

如果用户对自己所设定的环境不满意,可以单击"文件"下"设置选项"的"恢复默认环境量"命令到刚打开文件或新建文件时的环境量。

8.2.2　版面设置

新建排版文件,首先根据要求设置相应的版面参数。如页面是多大、是横排还是竖排,需要哪种类型的页码,版面默认字体和字号,以及文字距页边的距离,等等。

一、设置版面基本参数

版面参数可在没有文件打开的情况下设置,也可在新建文件时设置,还可在排版过程修改。下面以新建文件时为例介绍设置版面参数的方法。

(一)选择"文件"菜单中的"新建"命令,弹出"版面设置"对话框。如图 8-9 所示:

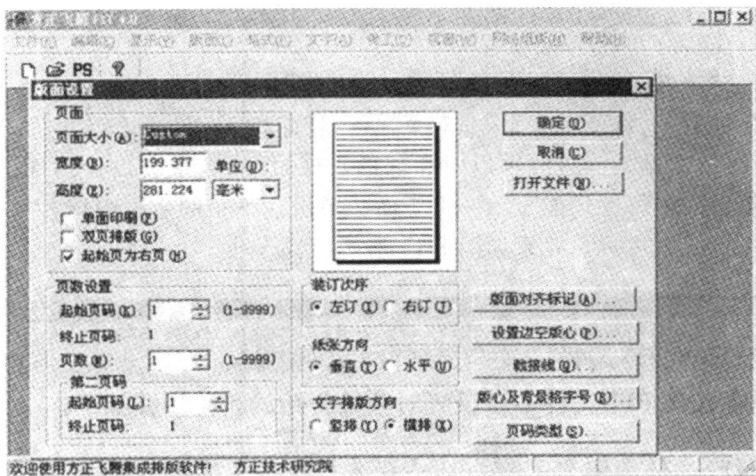

图 8-9

(二)设置页面大小

在"页面大小"下拉列表中有多种页面大小可供选择,如 4k、8k、16k、A4 和 B5 等。

(三)设置页面排版方式

飞腾提供了 5 种排版方式,用户可以根据需要选择其中一种。

第 1 种:选中"单面印刷"复选框,则其他选项自动置灰,此时对应的文件只有一个主页,所有页的属性相同。在飞腾排版窗口中每次只能显示一页版面,可通过翻页来依次显示其他页面,单击窗口左下角的主页图标"左"可以选中主页。效果如图 8-10 所示:

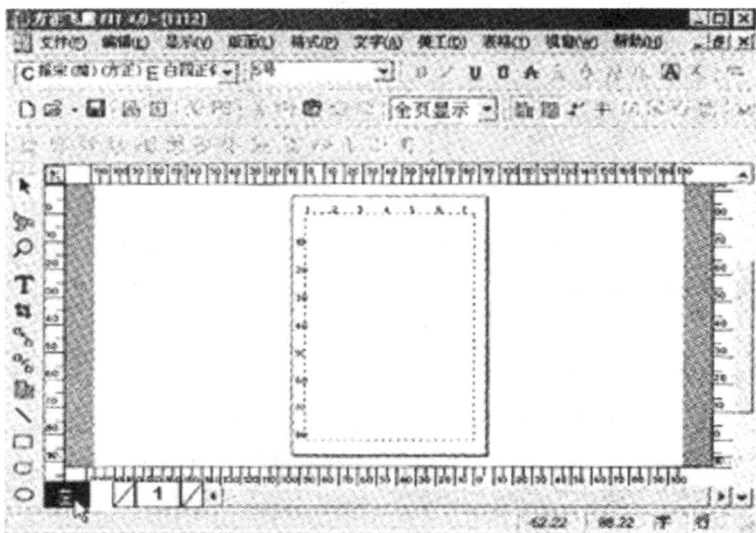

图 8-10

　　第 2 种："单面印刷"、"双页排版"和"起始页为右页"3 个复选框都不选中,此时对应的文件有左、右两个主页,非双页显示,且起始页(第 1 页)为左页,第 2 页为右页,以下页依次排列。这时可以对相邻的页通过左、右主页设置不同的属性,但在飞腾排版窗口中每次只能显示一页版面。单击左下角的主页图标"左"或"右"可以选中左主页或右主页。效果如图 8-11 所示。

图 8-11

报刊编辑实务教程

第 3 种：只选中"起始页为右页"复选框，此时对应的文件有左、右两个主页，为非双页显示，且起始页（第 1 页）为右页，第 2 页为左页，以下页依次排列。这时可以对相邻的页通过左、右主页设置不同的属性，但在飞腾排版窗口中每次只能显示一页版面。单击左下角的主页图标"左"或"右"可以选中左主页或右主页。效果如图 8-12 所示。

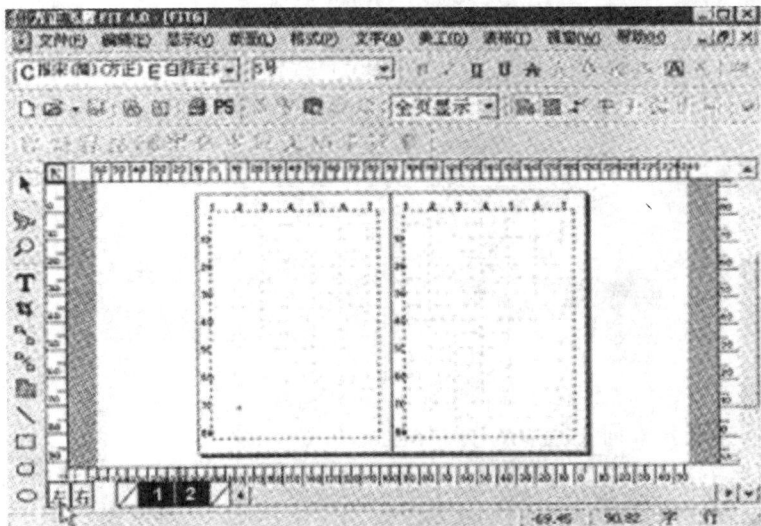

图 8-12

第 4 种：选中"双页排版"和"起始页为右页"复选框，此时对应的文件有左、右两个主页，为双页显示，且起始页（第 1 页）为右页，第 2 页为左页，以下页依次排列。这时，可以对相邻的页通过左、右主页设置不同的属性，在飞腾排版窗口每次同时显示相邻两页的版面，对此两页可在同一窗口中进行排版。同样单击左下角的主页图标"左"或"右"，可以选中左主页或右主页。效果如图 8-13 所示。

（四）设置装订次序

"装订次序"选项区域有"左订"（订口在左，裁口在右）和"右订"（订口在右，裁口在左）两个单选按钮。一般横排书选用左订的装订方式，竖排书选用右订的装订方式。

（五）设置页数

在"页数设置"区域可设置文件的起始页码和页数等。排书时，一般为每章建一个文件，因此每章都需要有一个起始页码号。可直接在"起始页码"文本框中输入对应的数值，起始页码号的有效范围为 1—9999，默认值为 1。与一般排版软件不同的是，飞腾 4.X 允许在同一页中有两个页码，可在"第二页码"选项区域中设置第二页码的起始页码。如"第 28 页总第 156 页"。

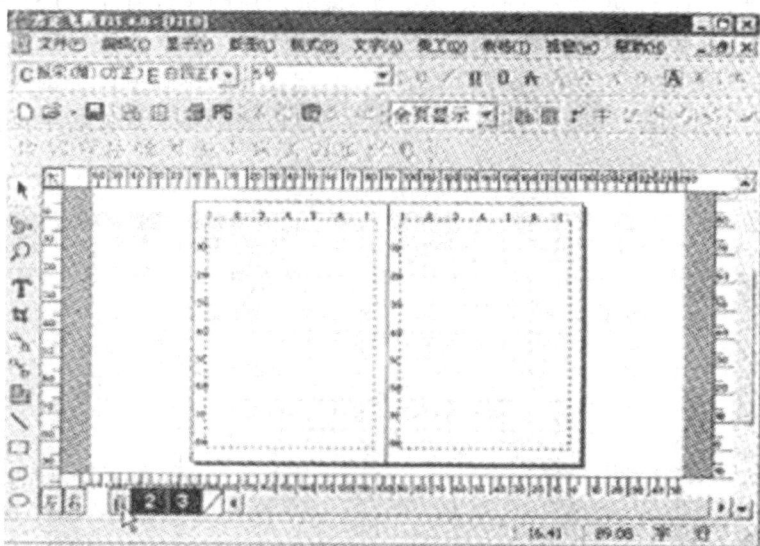

图 8-13

（六）设置纸张方向

在"纸张方向"选项区域可选择页面的方向为垂直或水平，默认设置为垂直。

（七）设置文字排版方向

设置文件中文字的排版方向是竖排或横排，默认设置为横排。若选中"竖排"单选按钮，则灌文、输入文字时都为竖排。

以上设置完成后单击"确定"按钮，即可新建一个基本的排版文件。

二、设置版面其他参数

如果还需要进一步对版心大小、页边空、版心行距、版心分栏数、版心字号和页码类型等进行设置，可在设置完基本参数后，单击"版面设置"对话框中的相应按钮，在弹出的对话框中进行设置。

（一）设置版心及背景格字号

单击"版面设置"主对话框的"版心及背景格字号"按钮，弹出"改变字号"对话框，在此可设置版心和背景格的字号大小。在"字号选择"列表框中可选择所需的字号，默认为 5 号。也可在"X 字号"和"Y 字号"单选按钮下的文本框中直接输入字号的数值。如果要设置的字号宽、高不同，可分别设置 X 字号与 Y 字号值；如果要设置的字号宽、高相同，则选中"XY 字号"单选按钮。在"单位"下拉列表中选择字号的单位，默认为"字号"。

设置完成后单击"确定"按钮返回主对话框。如图 8-14 所示。

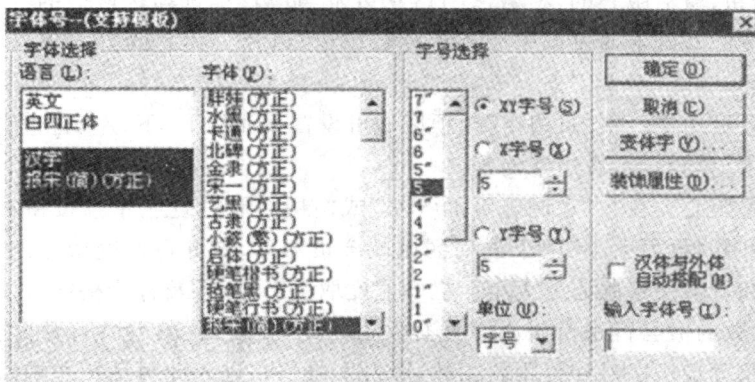

图 8-14

（二）设置边空版心

单击"版面设置"主对话框的"设置边空版心"按钮，弹出"设置边空版心"对话框，这个对话框用于设置版心、页边空的大小、版心行距及版心分栏数等，甚至还可以改变页面的大小。如图 8-15 所示。

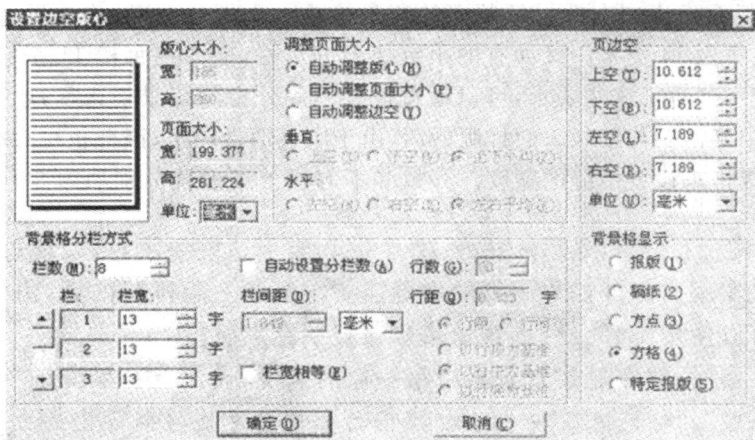

图 8-15

在"调整页面大小"选项区域中有 3 种方式可供选择：选中"自动调整版心"单选按钮，激活"页边空"选项区域中各项，在页面大小不变的基础上，可适当调整页边空来自动调整版心的值。选中"自动调整页面大小"单选按钮，可以激活版心的"栏数"、"行数"以及"页边空"选项区域中各项，此时系统将根据所设的版心栏数、行数以及页边空的值，来调整页面的大小，调整后返回主对话框，会发现页面大小已被改变。排报的用户一般都用这种方式来设置报纸版面的大小。选中"调整边空"单选按钮,激活版心的"栏数"、"行数"以及"页边空"选项区域中的各项。在页面大小不变的基础上通过调整版心的栏数、行数以及页边空的方式来自动调整页边空。

　　1.设置页边空。在"页边空"选项区域可设置页面的上、下、左、右边空,默认设置为上下边空均等、左右边空均等。

　　2.设置版心。在"自动调整页面大小"或"自动调整边空"单选按钮被选中时,"版心大小"和"页面大小"两个选项区域就会被激活,在此可改变版心的大小。其中的栏数和行数决定版心的大小。栏的宽度取决于"版心及背景格字号"对话框中的设定,行数的值与行距及版心字号有关。因此,在设"栏数"和"行数"之前,要先设置版心及背景格字号和行距。当然,版心字号要在进入此对话框之前就已设好,即先设好"字体号"子对话框。选中"自动设置分栏数"复选框,排入版面的文字自动按背景格分栏。

　　3.设置栏数。可以通过"栏数"的微调框指定背景格分栏数。飞腾可设置的最大栏数为30栏。飞腾背景格所占的位置是与版心大小对应的。飞腾支持不等分栏背景格设置,即背景格为报版或稿纸方式的情况下,可以设置背景格中每一栏的宽度,从而实现背景格的不等分栏。不等栏宽的背景格,可以方便用户排有不等栏宽要求的版面。比如有的报纸版面的背景格要求全版分8栏,前5栏每栏15个字,后3栏每栏14个字。又如有的报纸要求分7栏,前6栏每栏11个字,最后一栏是12个字。对于这些要求,可以通过设置不等分栏的背景格来实现。另外,如果报纸的中缝需要与某版一起排版的话,由于中缝通常较窄,因此也可以使用不等分栏的背景格来设置中缝的宽度。等栏和不等栏效果设置分别如图 8-16、图 8-17 所示。

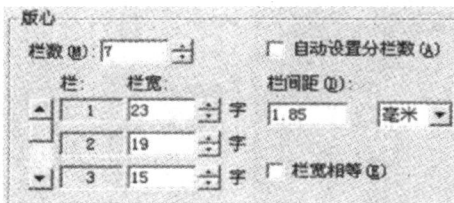
图 8-16

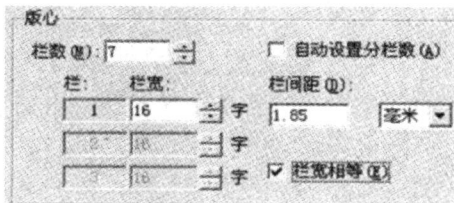
图 8-17

　　4.设置栏间距。栏间距指背景格两栏之间的距离。在"栏间距"文本框中输入数值可以设置栏间距,单击其右侧的下拉列表框可以选择栏间距的单位。

　　5.设置栏宽。取消选中"栏宽相等"复选框,则可以对所有栏的栏宽分别进行设置。如果选中该复选框,则只需要设置第一栏的宽度,其他栏自动调整为和第一栏等宽。飞腾中每栏的最多字数为 999 个字。

6.设置背景格的类型。在"背景格显示"选项区域中，可以设置背景格的类型。有报版、稿纸、方点、方格和特定报版 5 种选择。

选中"报版"单选按钮，系统将根据"版面设置"对话框中"设置边空版心"子对话中的"背景格分栏方式"选项区域里的背景格栏数和栏间距值来显示背景格，页面的边空上显示背景格的行、列坐标，以帮助用户准确地划出文章区、标题区和图片排放位置。横排时背景格坐标原点在页面框的左上角，竖排时背景格坐标原点在页面框的右上角。

选中"稿纸"单选按钮，系统将以稿纸的形式显示背景格及坐标值，即每个字的位置以方格的形式显示出来。

选中"方格"单选按钮，系统将以方块的形式显示背景格。

选中"方点"单选按钮，系统将以方点的形式显示背景格。

选中"特定报版"单选按钮，系统将以特定报版的形式显示背景格。选中该单选按钮后，还可进一步设置行线类型和间隔。

7.设置行数与行距。在"行数"对话框中可以输入版面中要设置的行数。在"行距"文本框中可以设置行距。选中"行距"单选按钮时，以上一行的行底到下一行行顶的距离为基准来确定行距。选中"行间"单选按钮，可以选择 3 种方式来确定行间距。当各行文字大小一样时，行距设为 0.5 字与行间设为 1.5 字的效果相同；不同行文字大小不一时，行距设为 0.5 字与行间设为 1.5 字的效果不同。行距和行间设置效果分别如图 8-18、图 8-19 所示。

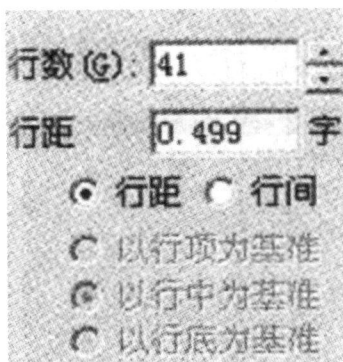

图 8-18

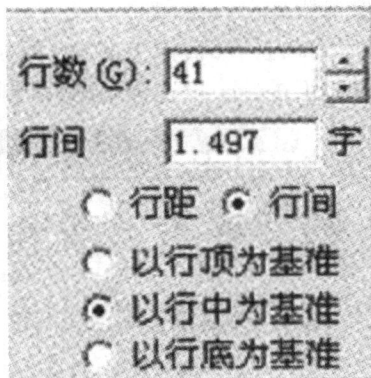

图 8-19

（三）定义裁接线

单击"版面设置"对话框中的"裁接线"按钮，弹出"定义裁接线"对话框，如图 8-20 所示。选中"包含裁接线"复选框，激活各选项。在此可定义出血线和文字警戒线。

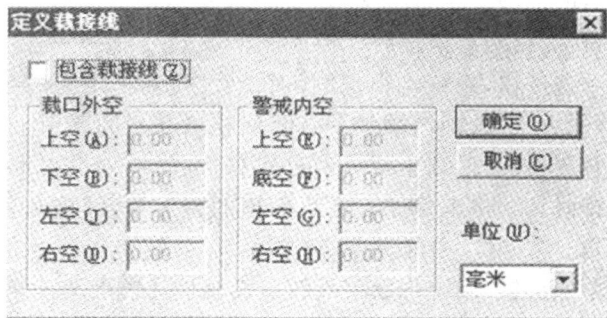

图 8-20

从"单位"下拉列表中选择要使用的单位,默认为 mm。

1.设置出血线。通过对"裁口外空"选项区域中各值的设置可以决定出血线的位置。出血线位于页面框的外侧,当参数都为 0 时,与页面边框重合。出血线边框确定了图片的最大输出范围。裁口外空值要根据工厂的生产工艺规范而定,一般裁口外空设为 3mm。

2.设置文字警戒线。通过对"警戒内空"选项区域中各值的设置可决定文字警戒线的位置,文字警戒线位于页面框的内侧,当参数都为 0 时,与页面边框重合。文字警戒线在于提醒用户:文字不要排出警戒线,否则在成品裁切时,由于误差可能导致文字被切掉。警戒内空值也要根据工厂的生产工艺规范而定,默认为 3mm。

(四)设置版面对齐标记

单击"版面设置"对话框中的"版面对齐标记"按钮,弹出对话框,选中"加对齐标记"复选框,可进一步设置标记的形状和位置。如图 8-21 所示。

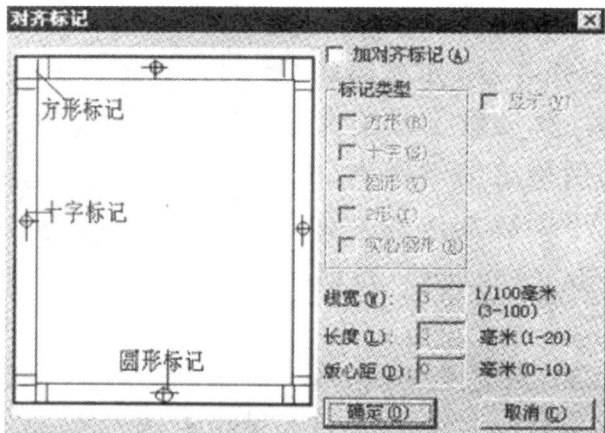

图 8-21

　　选择标记类型。标记类型有 5 种，它们的用途分两种：方形标记是裁剪标记，它标明最终印刷成品的大小，供裁剪时使用；十字、圆形和 T 形标记是印刷定位的标志，只有在打印分色片时，这些标记才有用。在印刷过程中，将按照这些标志定位分色片。

　　在"线宽"文本框中输入角线宽的值，默认为 3mm。"长度"文本框用于定义角线的长度，默认为 3mm。"版心距"文本框中值的大小等于十字标记与初始值变化大小，默认值为 0mm。

　　选中"显示"复选框，使对齐标记能显示在排版窗口中，否则将不能显示在排版窗口中。

　　单击"确定"按钮，确认设置并返回，再单击"确定"按钮关闭"版面设置"对话框，设置版面标记后的版面及有关参数的意义为：屏幕显示版心是虚线框，页面是实线框，出血位置是页面外的蓝线框，FIT 版面上的内容在裁口外空以内的将会输出，裁口外空以外的不会输出；角线在发排时设定，在"对齐标记"对话框中设定是否加角线及角线的线宽和长度，角线不能在排版窗口中显示；输出胶片的尺寸是裁口外空框的尺寸加上四周角线的长度。

　　（五）设置页码类型

　　飞腾的页码类型与一般排版软件稍有不同，在飞腾中不仅可以设置页码的形式、文字类型、排版方式和前后缀等，还可以对同一个文件设置主页码和分页码。设置页码类型的方法如下：

　　单击"版面设置"对话框中的"页码类型"按钮，弹出"页码类型"对话框。如图 8-22 所示。

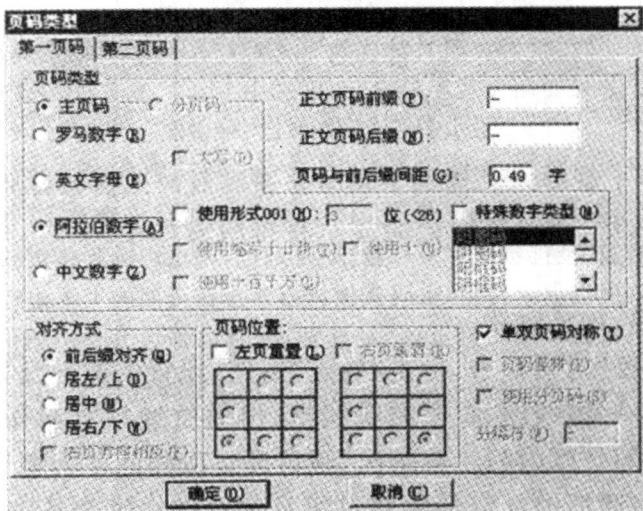

图 8-22

主页码的页码类型:飞腾提供了罗马数字、英文字母、阿拉伯数字和中文数字4种页码类型。这4种类型都可以横竖排。

设置页码的表示方式:页码类型为阿拉伯数字或中文数字时,选中"使用形式001"复选框,并在其后面的文本框中输入页码的位数,例如3,则文件中原来的页码"48"变为"048"。页码类型为中文数字时,选中"使用十百千万"复选框,可以使用十百千万的表示方式。如页码中的125将排成"一百二十五"。进一步选中"使用缩写十廿卅"复选框,此后页码中的"二十"将用字符"廿"表示,"三十"将用字符"卅"表示。如图8-23所示:

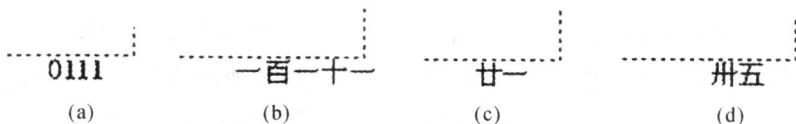

| (a) | (b) | (c) | (d) |

图 8-23

设置特殊数字类型:当页码类型为阿拉伯数字或中文数字时,选中"特殊数字类型"复选框,即可从其下的列表框中选择一种特殊的页码数字类型。其中有"阳圈码"、"阴圈码"、"阳框码"、"阴框码"、"立体方框码"、"点码"、"竖括号码"、"横括号码"和"多位数字"等选项。如图8-24所示:

图 8-24

设置页码大小写:页码类型为罗马数字或英文字母时,可以选择用大写字母或小写字母表示。如果要用大写字母表示,则选中"大写"复选框,否则,取消选中该复选框。

设置单双页码对称:选中"单双页码对称"复选框,则单双页的页码对称排版。这样,如果修改了左页页码的位置,则右页页码的位置会自动重排,以便与之对称。

设置页码的横、竖排:选中"页码竖排"复选框,则页码按竖排形式排,竖排页码排在页面的左右边空上。否则,页码按横排方式排在页面的上下边空上。

设置分页码:选中"使用分页码"复选框,可以设置含有分页码的页码,如1—1、1—2、1—3、5—1及5—2等,其中符号"—"前的页码为主页码,符号"—"后的页码为分页码。"分隔符"文本框用于设置主页码和分页码之间的分隔符号,可以是一个中文或是英文字符,如5—1,3/6,但必须选中"使用分页码"复选框后才可设置此项。

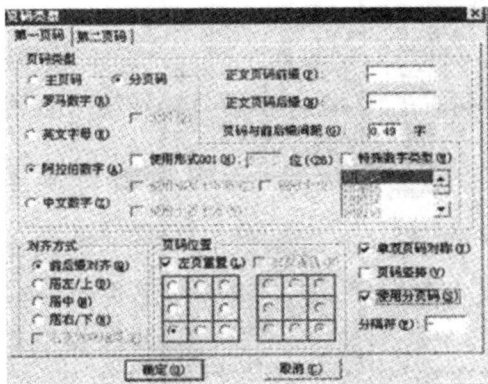 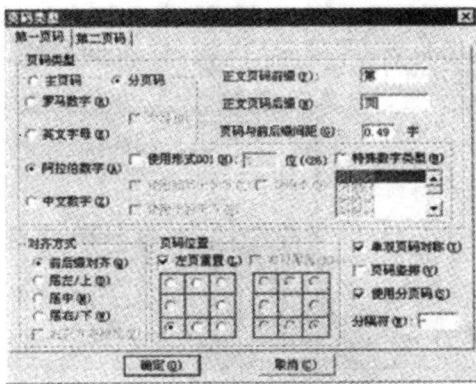

图 8-25   图 8-26

设置页码对齐方式:在"对齐方式"选项区域中可以设置页码的对齐方式。如果单双页码居中,则所有页码都按此方式对齐;如果单双页码不居中,则单页码与单页码对齐,双页码与双页码对齐。

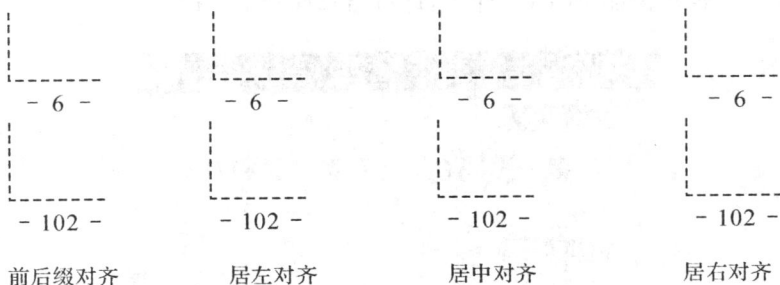

前后缀对齐   居左对齐   居中对齐   居右对齐

图 8-27

设置页码位置:在"页码位置"选项区域中有"左页重置"和"右页重置"两个复选框,每项中又有 8 个页码位置可供选择。要调整页码位置,只需选中"左页重置"复选框,再选中相应位置的单选按钮即可。如果选中了"单双页码对称"复选框,则左页页码位置调整后,右页页码位置会自动进行调整,不用分别设置。

如果需要设置第二页码,可单击打开"第二页码"选项卡进行设置,具体和第一页码的设置方法相同。

设置完成后,单击"确定"按钮返回"版面设置"对话框,再单击"确定"按钮关闭对话框即可进入飞腾窗口。完成页码设置后,并不能在版面上看到所设置的页码。要在排版页面添加页码,可单击主页上的"左"、"右"图标,切换到主页版面,选择"版面"菜单中"页码"子菜单下的"加页码"命令,弹出"加页号"对话框。

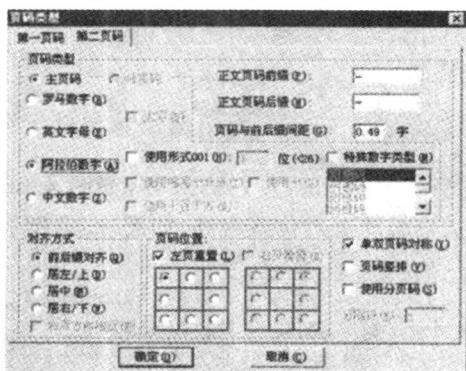
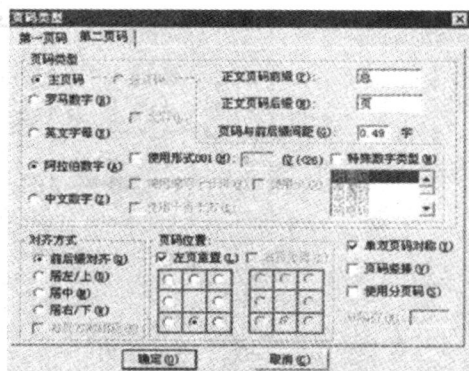

图 8-28 图 8-29

三、页码的添加和删除

（一）加页码

单击主页中的"左"或"右"图标，则进入对应的主页编辑窗口。选择"版面"菜单中"页码"子菜单下的"加页码"命令，即可给页面加上页码。

报刊编辑实务教程

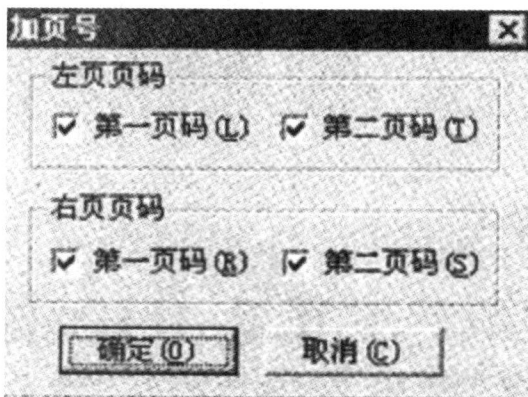

图 8-30

对于单面印刷和单页排版的版面，系统按照"版面设置"对话框中定义的页码类型和排版方式在主页上排出页码的格式。主页上的页码显示为 0 或 1。退出主页后，排版页中则显示相应的页码。

对于双页排版的版面，选择"版面"菜单中"页码"子菜单下的"加页码"命令后，会弹出"加页号"对话框，可以选择加页码的主页，如左页页码或右页页码。如果只选左页页码或右页页码，则每隔一页加页码，另一页不加页码。一般是左右页页码都选中，则所有页面都会加上相应的页码。

（二）删除页码

不需要页码时，可以将其删除，方法如下：

在卷动条上单击"左"或"右"图标，进入主页。用选取工具选中页码块，选择"编辑"菜单中的"删除"命令，或按 Delete 键，页码即会被删除。

（三）页码定位

默认的页码位置在页面的左上角或右下角。如果要改变页码的位置，可以单击"左"或"右"主页标记，进入主页编辑窗口。然后选择"版面"菜单中"页码"子菜单下的"页码类型"命令，弹出"页码类型"对话框，可重新设置页码的类型、位置等参数。

在"页码类型"对话框中，可以将页码定位在上下边空的左下角、下边中间、右下角、左上角、上边中间、右上角、左边中和右边中 8 个常见的位置上。而使用手动调节，可以将页码置于任何想要的位置。操作方法如下：

单击"左"或"右"主页图标，进入主页编辑窗口。

用选取工具选中页码块，按住鼠标左键拖动到合适的位置。拖动页码时可以使用提示线进行对齐。

（四）特定页不显示主页和页码

设置了页码和书眉后，文章中每一页都会显示相应的页码和书眉，如果要让某些特定页不显示主页的内容（如书眉），则可翻到该排版页，然后选择"显示"菜单中的"显示"命令，取消其选中标记（该项对每一页的默认状态都是选中状态），则该排版页面上相应的主页内容消失。

如果要设置某些特定页不显示页码，则翻到相应的页，然后选择"显示"菜单中的"显示页码"命令，取消其选中标记（该项对每一页的默认状态都是选中状态），则该排版页面上的页码消失。但要注意的是，在这种情况下，本页仍然在页码计算中起作用。

8.3　飞腾排版的基本操作

8.3.1　文件的管理

一、飞腾排版文件的类型

飞腾建立的排版文件有下面几种格式：

（一）飞腾文件（ * .fit）。是飞腾产生的文件，这种格式保存的文件可用飞腾进行编辑。

（二）飞腾的后备文件（ * .bak）。格式与 * .fit 相同，在最初保存飞腾文件时自动生成,以后每执行一次存文件操作,则自动更新内容,即允许将原 FIT 文件存为 bak 文件,再将当前正在编辑的文件存为 FIT 文件。它是 FIT 文件的备份文件,主要用于恢复原有文件。

（三）模版文件(＊.ftp)。格式与＊.fit 相同,在存文件时选择文件属性为 FTP 则可生成＊.fit 文件。模版文件可作为一种格式文件。打开模版文件即打开一无标题的 FIT 文件,可以在其版面参数与版面数据的基础上进行编辑。生成与模版文件相同版面风格的文件,最后可存成 FIT 文件。

二、新建文件

使用"文件"下"新建"命令,能够建立一个新的排版文件。新建排版文件时,要根据所排内容设置相应的页面参数,如页面大小、排版方向、显示方式、页码类型等。操作方法:

（一）选择"文件"下"新建",或直接点击窗口工具条中的新建文件按钮,或者使用快捷键 Ctrl＋N,或按热键 Alt＋F＋N。

（二）弹出"版面设置"对话框。

（三）设置完成,单击"确定"按钮。

三、打开文件

飞腾中每次只允许打开一个 FIT 文件,打开文件后才可进行文件的编辑。如果安装了"打开 PUB 文件"的软插件,PUB 文件也在此打开。在打开的过程中,飞腾将对 PUB 文件中的排版命令进行解释,尽量保持原排版格式,并转换成 FIT 的文件格式。飞腾中的模版文件 FTP 与普通的 FIT 文件打开方式相同,只是在打开时要注意文件类型的选择。操作方法:

（一）选择"文件"下"打开"。或直接点击窗口工具条中的"打开文件按钮",或者使用快捷键 Ctrl＋O,或按热键 Alt＋F＋O。

（二）弹出"打开"对话框。

（三）在"文件名"编辑框中输入要打开文件的路径、名称及扩展名 FIT,或通过路径、文件名的选择得到这些内容。

（四）单击"打开"按钮。有时仅通过文件名不能确定所选择的文件就是想要的文件。FIT 系统在"打开"对话框中提供了预显信息以便用户确认,在打开对话框中"预显 FIT 文件"选项,则所要打开的文件的第一页的内容缩小显示在预显对话框中。

1.只有在保存时选择了"生成 FIT 预览信息"的文件,在打开时才可以预览其第一页的小图。

2.打开＊.fit 文件和＊.pub 文件的方法如下:首先,启动飞腾。然后,与打开 FIT 文件方法相同,只是要打开 FIT 文件时,文件类型要选＊.fit;如果要打开 PUB 文件,文件类型要选＊.Pub。

四、保存文件

"文件"下"存文件"命令和"另存为"命令都能够保存飞腾新建的和打开的文件,所不同的是:用"存文件"命令会覆盖掉原文件,而"另存为"命令则可将文件换名保存为另外一个文件。

（一）保存飞腾文件

操作方法:保存文件时,选择"文件"下的"另存为"或"存文件"命令,或者直接单击版面中工具条中的保存按钮;选择"存文件"命令也可使用快捷键 Ctrl＋S,或热键 Alt＋F＋S。如果选择"存文件"命令,而且当前文件没指定文件名,或者选择"另存为"命令,则弹出对话框。"文件名"编辑框中输入或选取一个文件名。

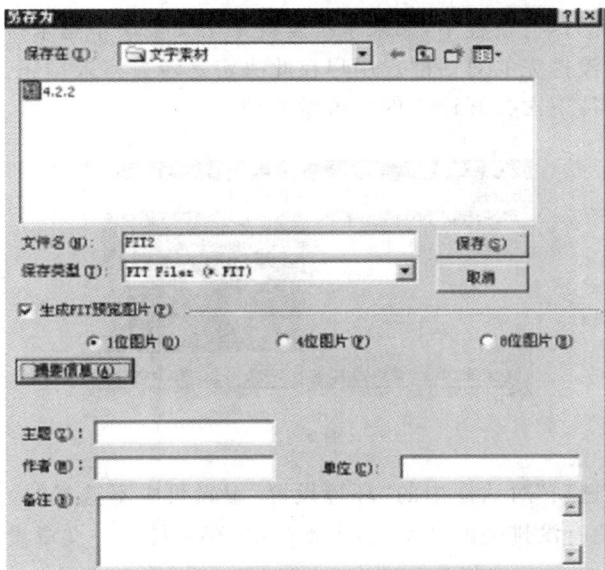

图 8-31

从"保存类型"下拉式列表中确认文件的类型为 ∗.fit（缺省即为 ∗.fit）。

从"保存在"编辑框中选择存放该文件的驱动器,在列表中选择存该文件的文件夹。

设置完成,单击"保存"按钮,当前新建或打开的文件则被存于指定的文件中。

如果要再次打开文件时可以预显文件的内容,则在存盘时就要选择"生成 FIT 预览图片"选项,这样,在保存该文件时,系统自动生成一个第一页的小图,作为预显数据。保存小图时,可以选择是保存 1 位图片、4 位图片、8 位图片的小图。

同时,"保存文件"对话框中提供了"文件摘要信息"选项,在保存文件的时候用户可根据需要写入主题、备注等信息,便于以后的查看。这样,在预显时,如果用户选择了"预显 FIT 文件"选项,则在预显对话框中显示小图的同时,还可以选择"摘要信息",查看该文件的有关信息。

操作方法:

单击"生成预显 FIT 图片",则此编辑页中的选项被激活。

再单击图片的精度选项,选择图片的精度时,可以选择"1 位图片"、"4 位图片"、"8 位图片"。

单击"摘要信息"按钮,弹出"摘要信息"编辑框,可在此处输入"主题"、"作者"、"备注"这些信息。

设置好所需信息,单击"保存"按钮。

(二)保存文件时遇到没有排完的文字块

在保存文件的执行过程中,如果系统发现某个文字块中有未排完文字,则会弹出一个显示文章没排完的对话框。用户在此决定是转去将未排完文字的文字块排完,还是先存盘,待下次打开该文件时再做处理。

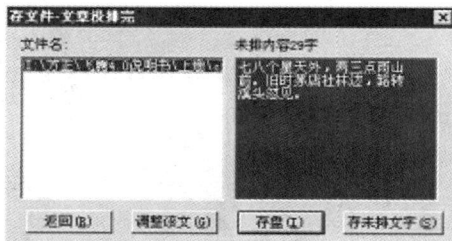

图 8-32

注:如果在"选项"对话框中的"环境设置"编辑页中不选择"检查剩余文字"选项,则存盘时即使有没排完的文字块,也不弹出"存文件——文章没排完"对话框。

操作方法:

从"文件名"列表框中选看未排完文字所在的文本文件文件名。

从"未排内容"中查看未排完文字块中未排的内容。

如要继续编辑当前文件,单击"返回"按钮或"调整该文"按钮,则中止存盘操作,转去继续编辑文件。

如果单击"存未排文字"选项,弹出"另存为"对话框,可以根据需要选择"转版(不含标题)"或"连载(含标题)"选项。

如果不考虑未排完文字,直接保存文件,可单击"存盘"按钮,弹出"另存为"对话框,保存飞腾文件。

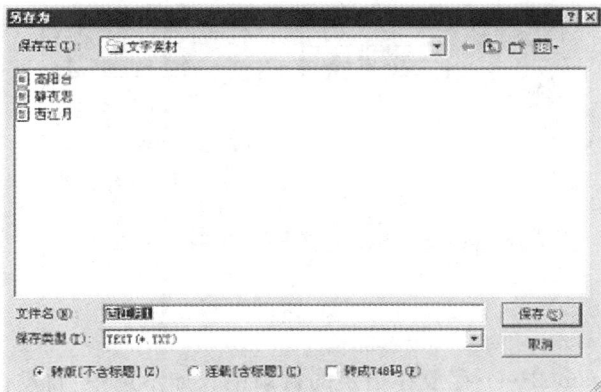

图 8-33

五、关闭文件

"文件"中的"关闭"命令或按热键 Alt＋F＋C 用于关闭当前打开的 FIT 文件。

如果当前编辑的文件未经存盘,系统会给出一个提示信息对话框,先存盘然后关闭。

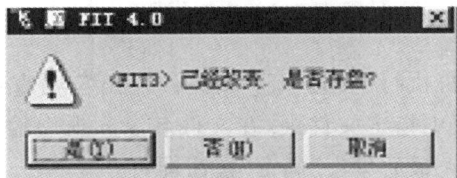

图 8-34

如需要存盘,则单击"是"按钮,系统将执行"存文件"命令来保存文件的修改;否则单击"否"按钮,文件将不作存盘而被立即关闭。单击飞腾文件窗口的关闭按钮也可以关闭 FIT 文件。

六、原文件输出

"文件"菜单下"原文件输出"选项的功能是将当前打开的文件中的文件以文本(＊.txt)格式存储到某一文件中。具体的方法有下面两种:

(一)不选中文字块。如果不选中文字块,执行"文件"下的"原文件输出",或按热键 Alt＋F＋X,则弹出"选择文章"对话框。该对话框中列出版面中所有的无名块和所有的用排版命令排入的文本文件名,若选中"无名文件",输出的是一个无名文字块中的文字,选中一个文件名时,输出的是该文件排版后所在块中的文字。

当选中"批量输出后",激活了"自动命名不再提示"复选框。如选中"自动命名不再提示"复选框,在"输出原文件的路径"输入框中输入路径,则文件以缺省文件

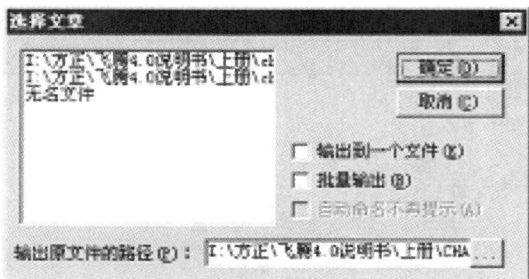

图 8-35

名 Nonamel、Noname2……存放在指定的目录中。如不选中"自动命名不再提示"，单击"确定"后，弹出"另存为"对话框。"另存为"对话框的各个选项含义如下：

在"保存在"对话框中选择要存放文件的文件夹，在"文件名"框中输入文件名，则输出文件以该命名存放在指定的文件夹中。

"自动输出剩下文章"：选中此选项，文章列表中的选中文件和它后面的文章都会自动输出来。

"输出有续排的文字"：选中此选项，则可以将有续排标志的文字块中没有显示的文字也输出来。

（二）选中文字块

如果选中文字块，再执行"文件"下"原文件输出"，则直接弹出"另存为"对话框。在"保存在"选择框中指定文件夹，在文件名录入框中输入文件名；可选择"整篇文章"还是"当前块"。最后单击"确定"按钮即可。

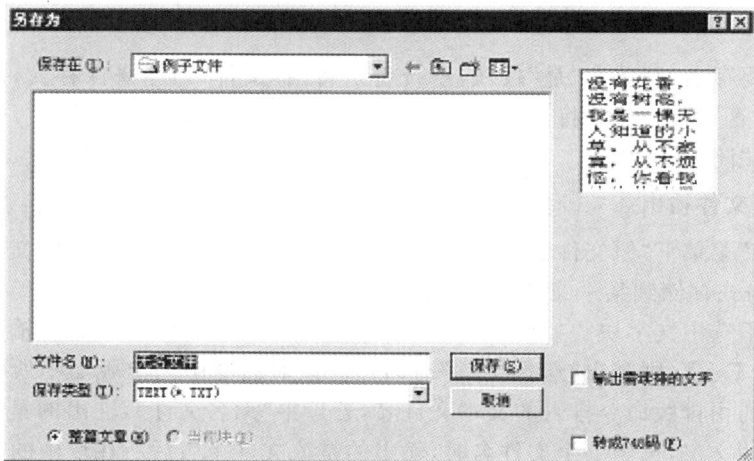

图 8-36

七、文件合并

使用文件合并功能可以将当前正在排版的文件和已有的某个 FIT 文件合并成一个文件。可用于多个人同时排一本杂志，排好后把多个文件合并成一个文件，以便进行加页码等操作。文件合并是将多个文件按规定的顺序相连，组成一个多页的文件，此功能对杂志社的用户很有用。

如果您想把当前正在排版的文件和以前的某一个 FIT 文件合并，可执行"文件"下"文件合并"命令，或按热键 Alt＋F＋P，弹出"打开"对话框。

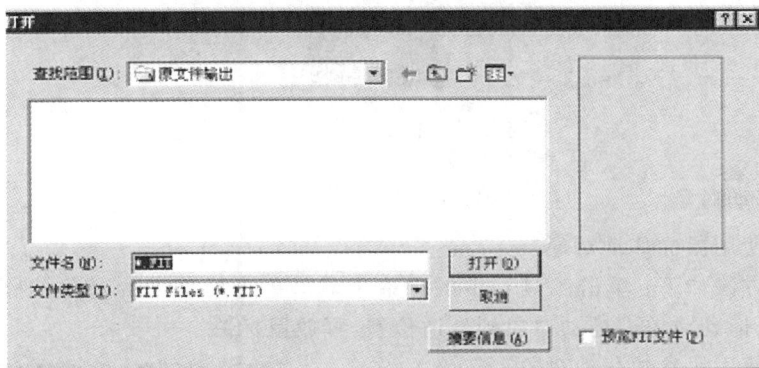

图 8-37

在"搜索"框中选择文件夹，在列表框中选中某个文件，单击"打开"按钮，进入合并位置对话框，选择被合并文件的起始位置是在当前文件的"最后一页"、"当前页前"、"当前页后"、"是否合入主页内容"。

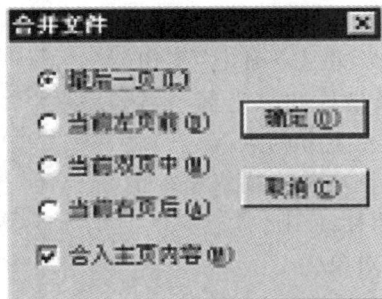

图 8-38

如果两个文件的类型不一致，则弹出"转换页型"对话框。可选择"转换成单页"、"转换成双页"、"取消转换"。若选"转换成单页"，则合并后的文件是单页文件；若选"转换成双页"，则合并后的文件是双页文件；若选"取消转换"，则文件不做合并。无论选择哪种转换方式,原先设定的页码将不再起作用,如果要排页码,必须重新设置。

8.3.2 对象的基本操作

一、对象的选中

要对对象进行操作,首先必须选中要操作的对象。其操作方法如下:单击工具箱中的选取工具。单击要选择的对象,对象呈选中状态。

图 8-39

二、移动对象

(一)使用鼠标移动对象

操作方法如下:单击工具箱中的选取工具。单击要移动的对象,对象呈选中状态,可以拖动对象。拖动对象到合适位置,释放鼠标。

(二)使用块参数移动对象

在块参数对话框中,位置编辑框的"横坐标"、"纵坐标"的值为对象在被选中状态时左上角的横、纵坐标值。操作方法:选中工具箱中的选取工具。单击对象,使对象呈选中状态。选择"版面"下的"块参数"命令,或右键菜单的"块参数"命令,或使用快捷键F7,弹出"块参数"对话框。各个项目设置完成,单击"确定"按钮。"位置"编辑框中显示的横坐标和纵坐标,是选中对象的当前位置与版面左上方的点(原点)之间的距离。在"位置"编辑框中输入横纵坐标的值,则对象左上角的顶点将移动到此点。

(三)水平或垂直移动对象

在飞腾系统中,可以水平或垂直移动一个或多个对象。操作方法:选中要移动的对象,按住 Shift 键,同时用鼠标拖动对象,就可以水平或垂直移动对象了。

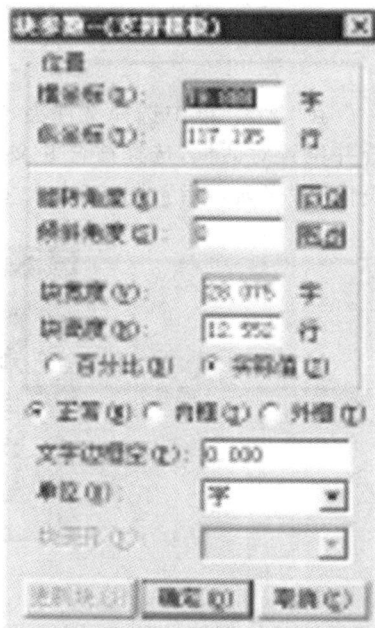

图 8-40

三、删除对象

在飞腾中可以任意删除不要的对象。其操作步骤如下：

（一）选中工具箱中的选取工具。

（二）单击要删除的对象，对象呈选中状态，按 Delete 键，或单击"编辑"中的"删除"或"剪切"，实现对对象的删除。

四、改变对象大小

（一）使用鼠标改变对象大小

操作方法：选中工具箱中的选取工具。单击要改变大小的对象，对象显示控制点。

可以向放大或缩小的方向拖动对象控制点的坐标中的任意一个控制点，在状态条上会显示拖动的控制点的坐标。当达到所要求的大小时，释放鼠标左键。

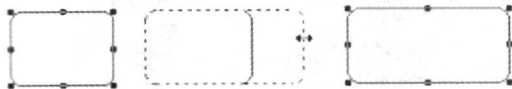

图 8-41

（二）使用块参数对话框

使用块参数对话框改变对象大小和使用状态窗口改变对象大小。操作方法如下：单击对象，使对象呈选中状态。

选择"版面"下的"块参数"选项；或选择右键菜单的"块参数"命令；或使用快捷键 F7，系统弹出"块参数"对话框。

先选择"百分比"或"实际值"，然后分别输入块高度和块宽度的值。

按"确定"按钮，完成操作。

注：当选中"实际值"单选按钮时，在编辑框中输入块的宽度值；选中"百分比"单选按钮时，在编辑框中输入相对于当前块宽度的比例值。

五、对象的旋转

在飞腾中可以旋转版面中的对象，旋转对象是以中心为原点旋转，并且对象的旋转中心可以移动到任意需要的位置。

旋转对象的方法有 3 种：使用鼠标；使用块

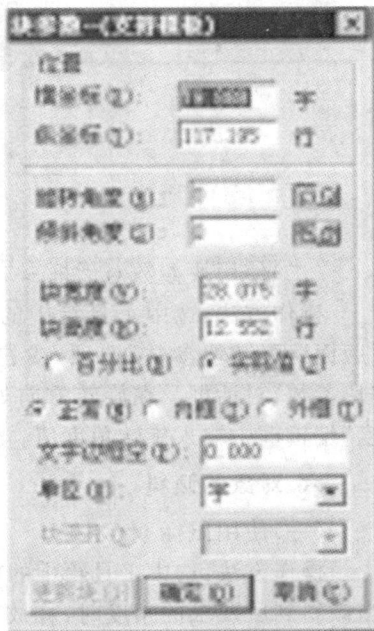

图 8-42

参数对话框;使用状态窗口。通过鼠标旋转的方法比较随心所欲,而使用块参数对话框的方法可以精确地确定旋转的角度。

(一)使用鼠标

操作方法:从工具箱中选中旋转工具。双击要旋转的对象,向要旋转的方向拖动旋转把柄。如果状态条是打开状态,那么在状态条中实时显示旋转的角度。当旋转到所要求的角度时,释放鼠标左键。

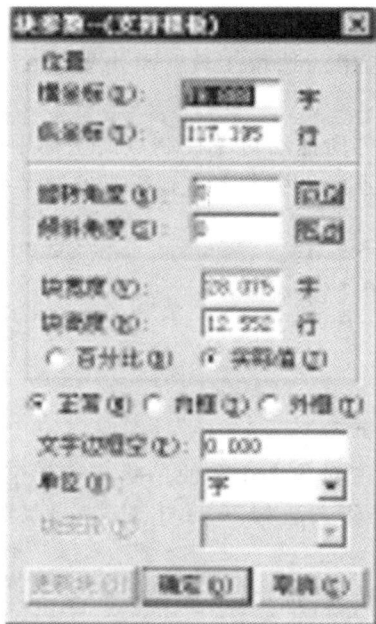

图 8-42

(二)使用块参数对话框

操作方法:选中工具箱中的选取工具。单击对象,使对象呈选中状态。选择"版面"下的"块参数"选项,或右键菜单的"块参数"选项,或使用快捷键 F7,弹出"块参数"对话框。在旋转方向处选择"逆时针"或"顺时针"按钮,然后在"旋转角度"编辑框中输入旋转角度值。设置完成,单击"确定"按钮。

六、对象的倾斜

(一)使用鼠标

操作方法:选中工具箱中的旋转工具。双击要倾斜的对象。拖动倾斜控制点。当倾斜到所要求的角度时,释放鼠标左键。这时,如果状态条是打开状态,那么在状态条中实时显示倾斜的角度。

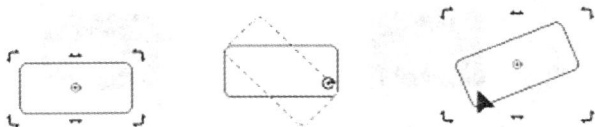

图 8-43

（二）使用块参数对话框

操作方法：选中工具箱中的选取工具。单击对象，使对象呈选中状态。选择"版面"下"块参数"选项，或单击右键菜单的"块参数"选项，弹出"块参数"对话框。在倾斜方向处选择"向左"倾斜按钮或"向右"倾斜按钮，然后输入倾斜角度。设置完成，单击"确定"按钮。

七、选中多个对象

要对多个对象进行操作，首先就要选中这些对象，选中多个对象的方法有以下几种：

（一）用 Shift 键：选中工具箱中的选取工具，选中一个对象，然后按住 Shift 键，同时单击其他对象，这样就可以选中多个对象了。同样，已经选中了多个对象，按住 Shift 再单击每个对象，选中的对象即被逐一放弃。

（二）用鼠标划定范围：选中工具箱中的选取工具，按住鼠标左键拖动选取范围，在选取范围内的对象被选中。

图 8-44

八、块合并

在飞腾中，可以将几个对象合并成一个组，将该组对象作为一个整体进行操作，这样可以实现对多个块同时操作等功能。操作方法：

（一）选中工具箱中的选取工具。

（二）按住 Shift 键，同时逐一单击要合并的多个对象（选中多个对象）。

（三）选中对象显示把柄（呈选中状态），此时可单击"版面"下的"块合并"或使用快捷键 F4。

选中多个对象　　　　　　　　　执行块合并后效果

图 8-45

九、块分离

可用块分离操作将合并后的对象组分离。操作方法：

选中工具箱中的选取工具，单击准备分离的组对象。

组对象显示控制点（呈选中状态），此时可选择"版面"下"块分离"命令，或单击鼠标右键菜单"块分离"选项。

选中合并的对象组　　　　　　　将对象组块分离

图 8-46

另外，在飞腾中，可以选中多个合并的对象组进行块分离操作。比如，有 2 个合并的对象组（共有 4 个图元），选中这 2 个合并的组，执行"块分离"操作，则 2 个合并的组同时为单独的块（四个单独的图元）。

同时选中两组合并对象组　　　　　　　执行"块分离"后，两组同时分离

图 8-47

十、块编辑

如果要对合并的一组对象中的某个对象调整大小和形状，不必先将这组对象做块分离，而可以通过"块编辑"功能实现在整个合并的对象组中做个别块的编辑。操作方法：

（一）选中合并后的组对象，在组对象周围出现 8 个控制点。

（二）单击"版面"下的"块编辑"选项，或单击右键菜单中的"块编辑"选项，组对象中的每个对象周围都出现控制点。

（三）拖拽对象周围的控制点，即可分别改变每个对象的大小或形状。

同时选中两组合并对象组   执行"块分离"后，两组同时分离

图 8-47

【本章小结】

方正飞腾工作环境设置是通过对一系列环境量的设置完成的，环境量有很多，包括排版参数、度量单位、显示状态、打印排版等多方面。报纸版面编排要达到理想效果，必须对这些环境量进行相应的设置。方正飞腾的基础操作主要有文件的操作和对象的操作，文件的操作既包括文件的建立、打开、保存、关闭等基础操作，也包括文件的输出、合并、合版等特殊的操作。对象的操作指的是飞腾工具做成的或灌入的文字块、图元、图像和图表等的操作方法。

【思考训练】

1.谈谈飞腾工作环境量的含义和分类。

2.分别选择一家报纸和期刊的工作环境参数，自己在飞腾排版软件中设置出它们的工作环境参数。

3.将两个飞腾文件进行合版的操作。

4.将飞腾文件进行转版的操作。

5.将飞腾文件进行连载的操作。

6.进行对象的变倍、旋转、倾斜、层次调整的操作。

【课堂讨论】

1.谈谈不同报刊的环境参数与报刊风格之间的关系。

2.选取两份同类型的报刊，谈谈它们在报刊环境参数、对象编排方式方面的异同。

【参考文献】

[1] 高萍编著. 方正飞腾 4.1 排版应用教程[M]. 北京：科学出版社，2010.

[2] 胡丹编著. 报纸电子编辑实验教程[M]. 北京：中国人民大学出版社，2009.

[3] 罗昕，彭柳，刘敏编著. 报刊新闻电子编辑[M]. 北京：北京大学出版社，2009.

[4] 北大方正电子有限公司 编著. 方正飞腾 4.0/4.1 集成排版软件使用说明书[M]，2003.

第九章　文字编排与文本美化

【学习目标】

- 掌握文字的排入、文字块的编排和文字美化方法和技巧
- 掌握文字属性设置的方法和技巧
- 将文字的排入、文字块的编排和文字美化方法和技巧运用到自身的报刊版面编排中

【引例】

计算机排版与铅字排版致讹对比

随着出版业的不断发展,计算机已经全面介入出版业,给出版业带来了空前的变化与发展。出版业由原来的铅与火的出版方法变成了现在光与电相结合的出版体系。这就使校对的致讹规律带来了全新的变化。校对虽然是出版业中查找差错的工作,但它并不是外行眼里简单的字对字的工作,研究计算机出版工作流程中致讹规律(即排版过程中出现文字或图表差错的原因)更是它的首要任务之一。

计算机排版与铅字排版的根本区别是排版方法的不同

过去铅字排版时,排版人员使用的是一个一个的小铅字,将其逐个按文字顺序摆放拼成可用于印刷的铅版,这个过程叫做拣字。排版人员事先将所排书稿可能要使用到的各种铅字准备好,先分别放入一个有许多小格子的拖盘里待用,拖盘里每个小格子里的铅字排序也是有规律的,有时是按拼音的顺序摆放的,有时是按常用与不常用的顺序摆放出来的。在排版时将依据原稿到不同的格子里去寻找并取出相应的铅字,一个一个地将铅字按原稿文字顺序拼合在一起,形成一个铅版版面,然后用这个铅版来印刷。

计算机排版时,文字是用键盘输入的,这与过去铅字排版时代使用铅字拼合在一起的排版方法有着本质的差别。计算机排版是录入人员往计算机中输入不同字的五笔字型编码或汉语拼音,由计算机在其字库中提取出相应的汉字,在相应的计算机排版软件中生成排版文件,在软件的规划下形成一个一个的版面,从而完成其录入排版过程。

因此,在计算机排版的校样中,不但会出现在传统铅字排版方式下常见的,因录入人员阅读原稿失误而导致的误植入同音字、近音字、近形字的现象,还会出现许多由于计算机排版软件的灵活多样而造成的其特有的错误。我们将机排与铅排的校样致讹原因进行对比,还会发现,计算机及其录入方式的不同,是机排与铅排的校样致讹产生的本质原因。这是计算机录入方式所特有的与铅字排版校样的致讹有着本质差别的特点。

动作失误所造成的致讹原因

动作失误仍是排版过程中的一个主要致讹原因,即计算机录入中击键差错与铅字排版中拿错铅字误植之间的对比。在使用五笔字型输入法时是采用盲打的形式录入,手指击键时往往会因误击邻键或左右对称的键而输入错别字。例如:一级编码录入时,左右邻键的误击会出现"有"与"的"、"上"与"是",上下邻键的误击会出现"不"与"中"等字的相混;"VK"却误击成"BK","如"字就错成了"职"字等。而在铅字排版校样中,动作失误产生的别字,往往是拿了邻近格子中的铅字,而误植了错误的字出来。如:"的"、"地"、"得"这几个铅字往往被放在邻近的格子中,而常常互相误植。由此可见动作失误仍是现在排版过程中致讹的一个主要原因。

计算机所特有的几种致讹原因

比起铅字排版的致讹原因,计算机排版致讹产生了许多根本性的变化。

交磁盘稿是现在作者普遍喜欢的交稿方式。由于作者本人的偏好不同,有的人喜欢用五笔字型,有的人喜欢用拼音录入软件。加之每人对计算机使用熟练程度不同,这就使图书的原稿本身产生了人为的录入方面的错误增多了。这些原稿本身的错误也是现在计算机图书出版致讹的一个主要来源。

扫描录入稿件也是计算机排版致讹的一方面。扫描录入的稿件中容易错误的字词大都是以象形字和空铅(或称计算机乱码)居多。这是一种新的计算机排版致讹原因。

最后,还有几种计算机所特有的出错原因。这些在铅字排版中是很难遇到的,也找不出可比性。如计算机在将简化字转换成繁体字时,由于一个简化字往往有多个繁体字和它对应,计算机难以对此作出智能性的自动判断,从而产生谬误,如"皇太后"排成"皇太後"、"窗明几净"排成"窗明幾净"等等。这是这类稿件中应注意的问题。

再有就是计算机之间的系统不兼容也会产生各种错误,即有的计算机中的字体、字号不全,字库不全或只能处理简体字和英文,不能处理繁体字和多种外文等。其所表现出来的往往是出现漏段、漏句、漏字,字体或字号变更乱码等。这些都是计算机所特有的致讹原因。

现在计算机在出版工作中的使用已经是一个不可逆转的趋势,通过对两种不同时期排版方法的对比,在原有出版致讹规律研究的基础之上,可以分析发现新时期新情况下的计算机致讹规律的新问题，并寻找出新的解决方法。

（原载 2008 年 8 月下旬刊《出版参考》）

　　文字是印刷媒体信息传播的重要符号，报刊编辑在进行稿件选择、稿件审查、稿件修改、标题制作、稿件配置和版面设计等一系列流程的时候都必然要和文字打交道，因此，对文字的编排，是报刊电子编辑工作的重点。运用飞腾软件进行排版的文字，包括文字块的编辑、文字的编辑和标题的制作等。

9.1　排入文字

9.1.1　直接排入文字

　　飞腾利用"文件"菜单中的"排入文字"命令，将文件装入要被排版的文字块内，具体操作步骤如下：

　　一、选择"文件"下"排入文字"命令，或单击版面工具条中的排版按钮，或直接用快捷键 Ctrl＋D，或按热键 Alt＋F＋L。

　　二、系统弹出"排入文字"对话框，根据需要设置各项参数。

　　三、排版选中的文件。

　　四、选中要排版的文件并设置好参数后，有两种方法可进入组版状态：在所选文件名上用鼠标键点一下，再用鼠标键点击"排版"按钮，则进入组版状态；在所选的文件名上双击鼠标，则直接从对话框退出返回到组版状态。若对话框消失，光标变成排入文字形状，表明可以将选择的文件排入到版面中了。

　　五、当鼠标变为排入文字形状时，可以在版面中单击，或拉出一文字块，将文章排入版面。（见图 9-1）

9.1.2　"排入文字"对话框中各选项介绍

　　一、"文件类型"框：列出了能排入的文件扩展名，选择了一种扩展名之后，系统会在列表框中列出当前目录下具有该扩展名的所有文件名。

　　二、"自动灌文"：选中此选项，则不限制文件的页数的大小，将文字排完为止，如果第一页排不下，则接着排第二页，直到此篇文章排完为止，如果页数不够，会自动生成新的页。此选项多用于排篇幅较大的文章。

　　三、"预显"：即预先显示所装入文件的内容，以帮助确认所装入的文件。

　　四、在"回车（换行）符转换"编辑页中有五个互斥的选择项。

　　"忽略"：表示排版时忽略换行符，后面的字符紧接着换行符前面的内容排。

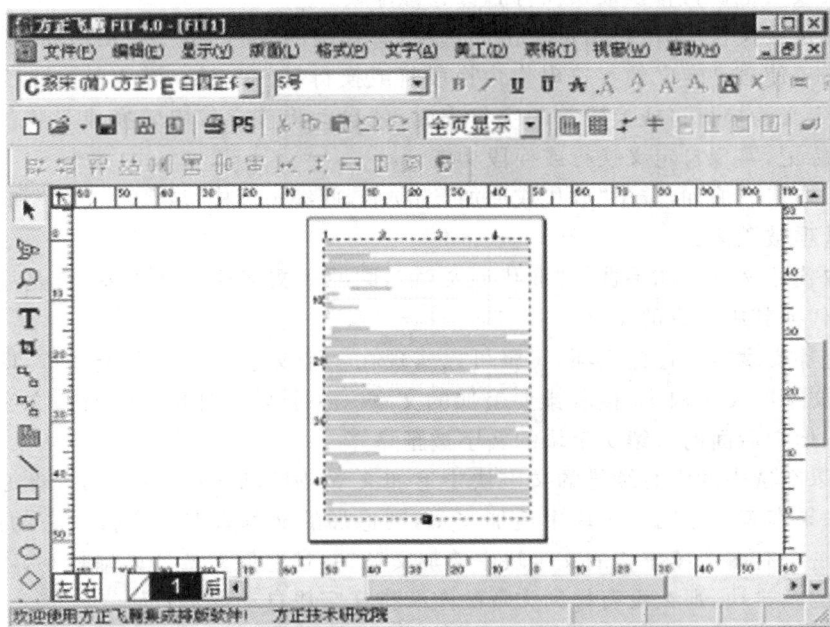

图 9-1

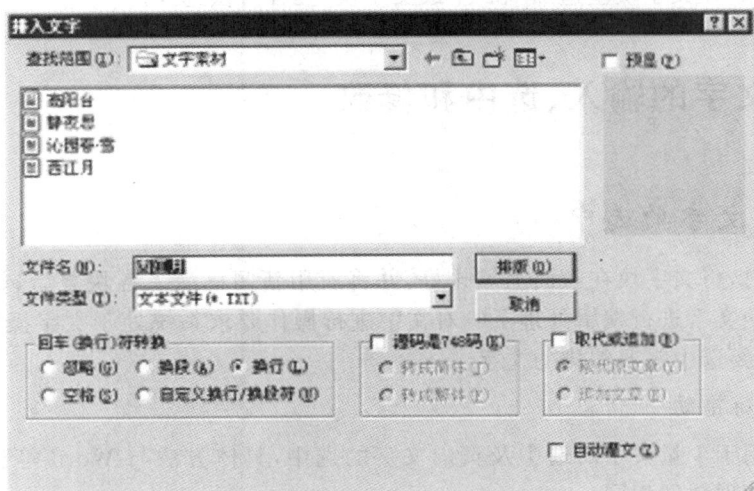

图 9-2

　　"空格"：表示把换行符换成空格，即排版时在相应位置留一空格，后续内容在空格后接着排。

　　"换行"：把换行符后的内容，在下一行中排版，保留换行符。

"换段"：把换行符换成换段符后再进行排版。

"自定义换行/换段符"：可单击此选项，对弹出的"换行符"和"换段将"编辑框进行编辑，使自己定义的字符串作为换段符或换行符。此后在灌入的文本文件中遇到被定义为换行符或换段符的字符串时，就自动将该字符串转换成飞腾的换行或换段标记，实现自定义换行或换段功能。

五、取代或追加：选中"取代或追加"选项后，此编辑框中"取代原文章"和"追加文章"选项被激活。

"取代原文章"：如果选择"取代原文章"，则原来文字块形状不变，只是用新的文章去代换其中原有的文字。

"追加文章"：通过此选项，飞腾可以实现在一个文字块中排多个文章，即在一个已排文字的文字块中，接着排要追加的文章。这个文字块和它前面的文字块保持不变，但它后面的后续文字块的文字被删除。

如果在选中的没有续排的文字块中追加文章，则追加的文章自动排在原文章后面；如果在有续排的文字块中追加文章，则追加的文章就取代续排块中的内容。如果在一个有多个续排块的文字块中追加文章，并且追加文章的篇幅较小，不能占满所有的续排块，那么没有排到文章的空续排文字块自动取消。

如果在"排版对话框"中没有作相应选择，而且鼠标点在一个文字块内，那么在将文章排入版面时，会弹出提示对话框，可以在此处选择所需的排版操作。有"取代原文章"、"在文字块里追加"和"生成文字块"几种可供选择。

9.2　文字的输入、选中和修改

9.2.1　文字的选中

组版时，将文字块在版面上编排好，并将所用新闻稿灌入各块之后，就可以对文字块中的文字进行编辑处理了。对文字进行操作要求系统处于文字操作"T"状态下，并且要选中需要编排的文字。

一、鼠标拖动

一般用于少量文字的选中及页内文字的选中，具体方法与 Word 等窗口环境下的文字处理软件相同。

二、Shift 键方式

一般用于大量文字的选中以及跨页文字的选中。若要在页内选择大量文字，则先把光标置于段落的开始点，按下鼠标左键，再按住 Shift 键，以左键点击段落的结束点即可；若要选中跨页的文字，则先把光标置于段落的开始点，按下鼠标左键，执行"显示"菜单中的"翻页"命令，调出段落终点所在的页面，按住 Shift 键以左键点击结束点即可。

三、几种特殊的文字选中方式

将光标定好起点，键入 Shift＋End，选中本位置到行末的内容；光标定位后，键入 Shift＋Home 键，则可选中从起点到本行首的内容；键入 Home 键，将光标从本行位置调至行首，再键入 Shift＋End，选中本行内容；或键入 End 键，将光标调至行尾，再键入 Shift＋Home，也可选中本行内容；键入 Ctrl＋PgUp，将光标从本文字块的位置调至本文字块首，再键入 Shift＋Ctrl＋PgDn，选中本文字块的内容。

9.2.2　文字编辑

文字编辑是在文字工具"T"状态下，对选中的文字进行编辑。

一、文稿中进行文字的插入和复制

利用键盘插入文字，将光标移至要插入文字的位置，按一下鼠标左键，定位在要插入文字的位置上，由键盘输入文字即可。

利用裁剪板上的数据插入文字：此方法适合于刊物排版中大量文字的插入、插入盒子以及其他排版结果。根据插入的方法与插入的效果不同，又分为以下两种情况：一是利用裁剪板插入一段文字，即将文字块中的文字插入到另一文字块之中。具体方法为：选中文字块；执行"复制"命令，进入文字状态"T"；将光标移至需插入文字的某处，按一下鼠标左键；执行"粘贴"命令即可。二是利用裁剪板插入一个盒子，即将某一文字块作为一个整体，按其原有格式插入到另一文字块中的某处。方法为：选中某一需插入的文字块；执行"复制"命令；选择"文字"菜单中的"插入盒子"命令，进入文字状态"T"；将光标移至需要插入盒子的位置，按一下鼠标左键；执行"粘贴"命令即可。利用此方法插入的文字只能依文字的属性进行整体选中和整体处理。

二、文字的修改

直接修改选中文字。选中要修改的文字，键入所需要的文字，这样，新键入的文字将取代被选中的文字。

用菜单的命令修改文字。进入文字状态"T"，移动鼠标至要修改的文字块内，执行"编辑"菜单下的"查找替换"命令，在调出的对话框中，可以按要求完成文字的修改操作。

三、文字的裁剪、复制和删除

首先进入文字状态"T"，之后的操作方法与 Word 基本一致。

四、文字的撤销与恢复

可执行"编辑"下的"撤销"或"恢复"命令，或点击工具菜单中的"撤销恢复"工具,但能被撤销或恢复的只是五次操作动作之内的操作。

9.3 文字块操作

9.3.1 文字块的生成和编辑

文字块是用来进行文字排版的载体,对文稿在版面中的位置和区域的大小起限制作用。

文字块可大到排整版文字,也可小到只排一个文字或符号。画块工具见图 9-3 所示。

图 9-3

文字块的生成方法:

一、画任意大小的文字块

用鼠标点中工具箱中的画块工具;光标变成"＋";将光标移到页面内适当位置,选择好文字块的左上角;按住鼠标拖动到文字块的右下角,放开左键,文字块即生成。若定义了"文章区显示可排字数",则系统在生成文字块的同时,在左上角标出此块中可容纳的字数。

文字块画成后,可执行"文件"下"排入文字",调出排版对话框;选择所需文本,完成各项设定后按"排版"按钮;然后将光标移到已画好的文字块内,点击左键,文字被灌入文字块内。如果文字在当前文字块内没能排完,系统会在块的右下角以红色显示未排字数,并在块底端的中央显示续排标志(蓝色小方块)。以鼠标左键点击续排标志,再将光标移入另一已画好的文字块内,点鼠标左键,即可将未排完的文字在另一文字块内继续装入。

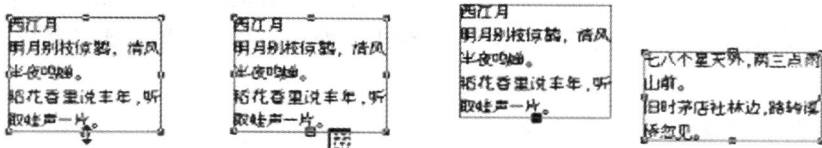

图 9-4

二、排版时生成任意大小的文字块

选择"文件"菜单下的"排入文字"命令,调出所需的文件,用光标在页面上拖动出所需的文字块大小,放开左键,任意大小的文字块即生成。若文字未排完,可以拖动边框的把柄调整文字块的大小将文字排完。这种方法将画块和排版同时进行,不但提高了速度,排版也更方便。

三、文字状态下生成的块

将工具箱中的文字光标移到页面内的任意位置,点击鼠标左键。用键盘键入需要的文字,则该文所在的区域生成一个 20 字宽的文字块,框住输入的文字。当需要插入少量文字时即可用此方法。

四、生成固定大小的块

单击画块工具后,用光标左键单击页面任意位置,即可生成一个按"环境设置"中所设置的参数生成的固定大小的文字块。

文字块可放在页面内,也可以放在页面之外的裁剪板上。若文字块放在页面内,则文字块属于此页,可以打印出来;若放在裁剪板上,则文字块不属于任何一页,不能打印出来。有时为了操作方便,可先将文字块放在裁剪板上,需要时再拖动到页面内。

五、文字块底齐

当一个文字块中的文字没有占满整个文字块的时候,飞腾可以通过双击鼠标左键来调整文字块边框的大小。对多个文字块,可以通过菜单命令同时调整。对于分栏或非矩形排版区域的文字块也同样适用。

对于图元设排版区域转换生成的文字块,只有当排版区域为矩形时,调整文字块底齐的操作才有效。

9.3.2　调整为不规则形状的文字块

出于版面的要求,往往需要改变一个文字块的形状。

一、正常文字块形状的改变

由于正常文字块是由水平线段与垂直线段生成的多边形,因而改变其形状也只是在原有的文字块中增加或减少水平、垂直折线,文字块上的把柄是改变文字块形状的控制点,每个把柄控制着不同的移动方向。操作方法:

(一)用光标选中文字块。

(二)将光标移到文字块的把柄上。

(三)按住 Shift＋鼠标左键。

(四)拖动鼠标到新的位置。

(五)松开鼠标左键。

（六）松开 Shift 键。

系统在原有文字块的基础上增加折线,将文字块变为由水平、垂直折线构成的多边形,若块中已有文章,则系统按照新的形状重排文章。

图 9-5

二、特殊文字块的形状改变

特殊文字块矩形、椭圆矩形、椭圆、菱形这几种形状的改变是随其大小变化而变的,完全可根据其大小改变的方法来得到其形状的改变。

对于用户选择多边形画出的任意形状多边形块的编辑与其他图元不同,用户可以增加多边形的边,也可以减少多边形的边。顶点位置的调整可通过移动把柄来调整,选中多边形,多边形每个顶点上出现一个把柄,光标在把柄上时,按住鼠标左键,拖到合适位置松开。

以下是增加边与减少边的方法。

（一）增加边。操作方法:在要增加顶点的边双击鼠标,此时在光标所指处出现一增加的顶点的把柄;按住该把柄,拖动到合适位置。

（二）删减边。删减边实质上就是删去一顶点,一顶点被删除后系统自动删除与该顶点相连接的边,并把与这一顶点相邻的两个顶点用一条线段连接起来,构成一条新的边。

操作方法:选取要删除的顶点;连续按两次鼠标键。

改变文字块的形状后,若块内已排有文章,则编辑以后系统自动对原文章进行重排。

9.3.3　分栏

一、分栏

在飞腾中可以对一个文字块做分栏操作。通过"分栏"对话框设置分栏的栏数、栏间距、分栏方式、是否带栏线等属性。

操作方法:

（一）选择工具箱中的选取工具,单击欲分栏的文字块（或不选中任何文字块）。

（二）选择"版面"中的"自定义分栏"命令,弹出"分栏"对话框。

（三）在"分栏数"编辑框中输入分栏的栏数,在"栏间距"编辑框中填入栏间距值。如果选中"带栏线"编辑框,分栏后的文字块将带栏线,此时还可以定义栏线的

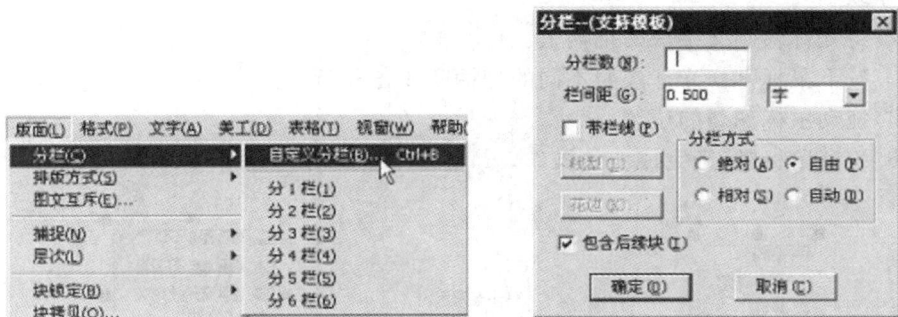

图 9-6

线型和花边的种类。

（四）在"分栏方式"中选择一种分栏的方式。

（五）设置完成后单击"确定"按钮。

二、"分栏"对话框中各选项的含义

（一）分栏方式：飞腾中的分栏方式有四种：绝对、自由、相对、自动。具体含义如下：

绝对：分栏后，各栏宽相等，且各栏栏宽是背景格的整数倍，不保证栏间距值。

自由：分栏后，各栏的栏宽相等。栏宽不一定按整字计算，栏间距离不变。

相对：分栏后，各栏不等宽，栏宽按整字计算，栏间距不变。

自动：分栏后，"分栏数"和"栏间距"编辑框置灰，系统自动按背景格的栏数分栏并且栏间距就是背景格的栏间距。

（二）"线型"和"花边"：这里所编辑的线型和花边都是针对栏线的设置。

（三）"包含后续块"：若选中，则选中的文字块及其续排文字块同时按此参数分栏。

9.3.4 文字块的变倍、旋转与倾斜

用鼠标选中工具箱的旋转与变倍工具。此时系统所提供的功能主要有变倍、旋转和倾斜。

一、文字块的变倍

（一）改变文字大小的变倍

所谓文字块的变倍，就是块中的文字随块同时被放大或缩小。其中放大最多只能放大 32 倍，变倍后文字块中的文字不重新排版。

文字块变倍的具体方法如下：

1.选中工具箱的旋转与变倍工具，将光标移入文字块内，点一下鼠标，选中

此文字块。

2.将光标移到文字块的把柄上。

3.按下鼠标键：光标按照不同的把柄变成各种箭头。

4.拖动鼠标到新的位置。

5.松开鼠标键,则完成变倍操作。

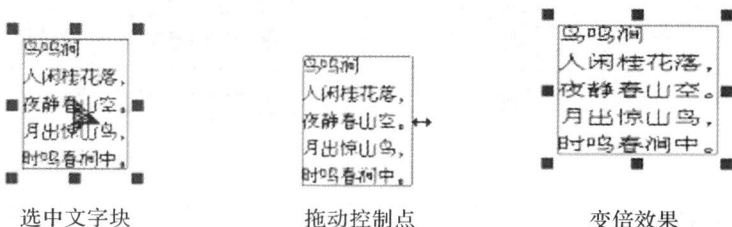

选中文字块 拖动控制点 变倍效果

图 9-7

（二）不改变文字大小的变倍

飞腾还提供另外一种变倍操作模式。在这种模式下对把柄做了拉伸变倍之后,块的内容大小不变。比如,在排版区画一个图元,特别是不规则图元,如贝塞尔曲线和多边形,并将其设置为排版区域,然后将一篇文章排入此排版区域。如果文章的篇幅太大,文字排不下,如果这时拖拽一个把柄,则排版区域的形状就改变了。要保证排版区域的形状不变,只变大小,就要使用下面的操作了。

用飞腾的旋转变倍工具选中一个块,可以是一个普通的文字块,也可以是转化为排版区域的图元块。按住 Ctrl 键,用鼠标左键点住把柄拉伸,就能够实现不改变文字大小的变倍。

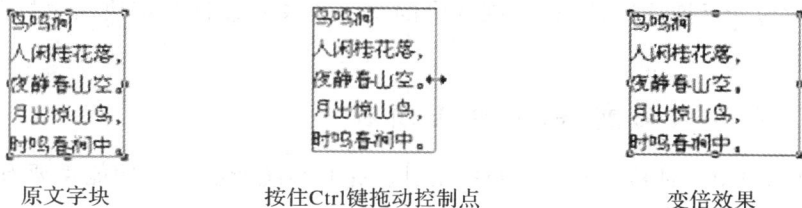

原文字块 按住Ctrl键拖动控制点 变倍效果

图 9-8

二、文字块的旋转

利用旋转工具可以使文字块围绕某点旋转任意角度。操作方法:

（一）利用旋转工具选中要旋转的文字块。

（二）在选中的文字块内点一下鼠标左键,所选中文字块的周边显示 4 个旋转把柄、2 个倾斜把柄和 1 个旋转中心（块将围绕旋转中心旋转任意角度）。

（三）如果改变旋转中心的位置，则操作如下：将光标移至当前的旋转中心上，按下鼠标左键并拖动鼠标，这时光标就转换为准星光标。旋转中心随着鼠标的移动而不断地移动。当旋转中心移动到所要求的位置时，松开鼠标左键，光标恢复。旋转中心调整好之后，将光标移至旋转把柄上，拖动鼠标，这时光标就会根据旋转方向变为相应的旋转光标，所选中的块也会随着鼠标位置的移动而绕着旋转中心不断地旋转。

（四）当块旋转至所要求的角度时，松开鼠标左键。

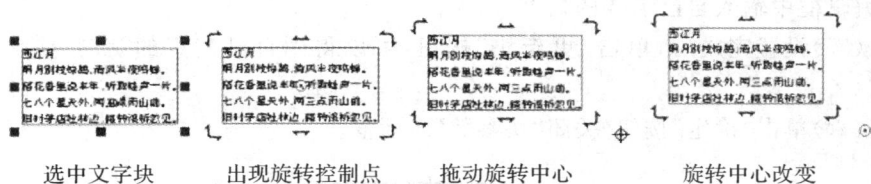

| 选中文字块 | 出现旋转控制点 | 拖动旋转中心 | 旋转中心改变 |

图 9-9

拖动旋转控制点进行旋转　　　　　　旋转结果

图 9-10

经过这一系列操作后，文字块就围绕旋转中心旋转。在执行（三）至（四）步操作时，按下 Shift 键，则以 45 度为单位进行旋转。

三、文字块的倾斜

利用该工具选中文字块时，就可以对所选中的块进行倾斜操作。倾斜操作只能沿固定的两个方向进行。

四、其他操作

利用旋转工具也可实现文字块的移动、删除、拷贝和复制，方法和利用箭头工具来实现文字块的移动、删除、拷贝和复制的方法是一样的。

五、利用"块参数"对话框进行操作

通过"块参数"对话框可以对文字块进行旋转、倾斜或者变倍操作和使文字块恢复到初始状态。操作步骤：

（一）选中工具箱中的选取工具，单击文字块，使文字块变成选中状态。

（二）选择"版面"下的"块参数"选项，或者用鼠标右键菜单中的"块参数"选项，或使用快捷键 F7，弹出"块参数"对话框。

（三）在"块参数"对话框中，在"旋转角度"和"倾斜角度"编辑框中输入自己需要的角度（未经旋转和倾斜，缺省为 0 度）。

（四）在"块参数"对话框中，选中"百分比"按钮，在"横向缩放比"和"纵向缩放比"编辑框中输入自己需要的角度。

（五）设置完成后，单击"更新块"按钮，可以得到自己满意的旋转、倾斜或者变倍。

（六）单击"确定"按钮，关闭"块参数"对话框。

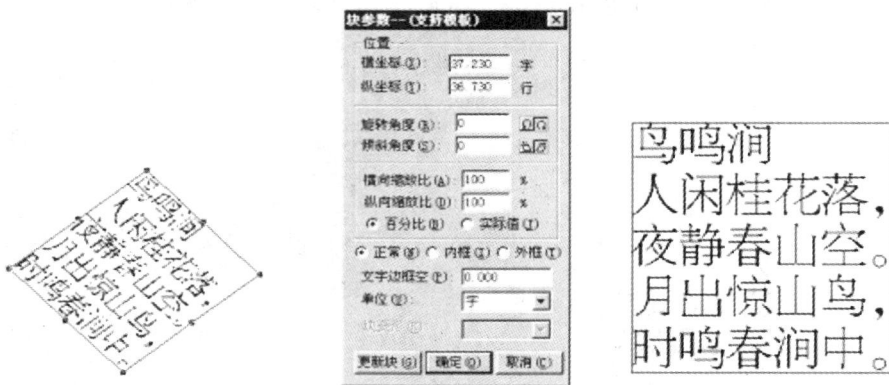

图 9-11

9.3.5 文字块自动调整

"文本自动调整"功能可以使文字充满整个文字块。拉大文字块边框后，单击"版面"下的"文本自动调整"选项，选项前被打上对勾。这时文字块中的文字调整充满文字边框，并且再拖动文字块。改变文字块大小的同时也改变文字的大小。还可以同时选中多个文字块，完成"文本自动调整"操作。

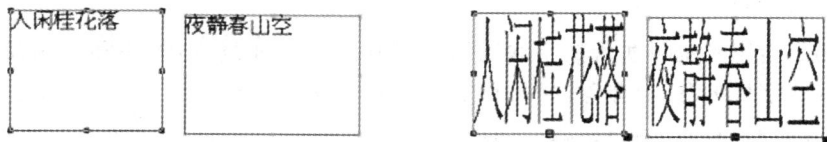

同时选中两个文字块　　　　　执行"文本自动调整"命令后，两个字块同时调整

图 9-12

执行"文本自动调整"后的文字块，如果继续输入或删除文字，文字块会重排，并且自动调整字的大小，使文字排成文字块的大小。

图 9-13

块旋转与变倍工具作用不同的是："文本自动调整"功能不可以还原文字的大小。如果再次单击"版面"下的"文本自动调整"选项，使其不被选中，则被调整的文字又回到原始的状态。

9.3.6　文字边框空

飞腾中在给文字加边框的时候，可以定义文字与边框之间的距离。

"文字边框空"功能定义了在文字块周围的边框与文字之间的距离。

"文字边框空"可以通过"文件"菜单下"设置选项"中"环境设置"的"块设置"对话框设置，也可以通过"版面"下的"块参数"对话框中设置，或按快捷键 F7。

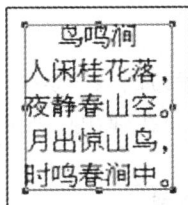

选中"显示"｜"显示文字块边框"　　　不选中"显示"｜"显示文字块边框"

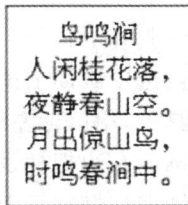

图 9-14

9.3.7　文字块的裁剪路径

文字块可以作为裁剪路径，用其中的文字来裁剪其他块，以实现某些特殊效果。下面举例说明具体的操作步骤。

文字块作为裁剪路径裁剪一个图片。

一、用选取工具选中要作为裁剪路径的文字块。

二、选择"版面"下的"路径属性"中的"裁剪路径"。

三、移动这个文字块与图片重叠。

四、同时选中这个文字块和图片。

五、执行"版面"中的"块合并"命令。选中的图片就被文字块中的文字裁剪。

如果做出裁剪路径的效果不满意，可在使用"块分离"后再作修改。

9.3.8 转化为曲线

飞腾中转化为曲线的功能有两个:将图元转化成贝塞尔曲线和将文字块中文字的轮廓全部转化为贝塞尔曲线。

一、将图元转化成贝塞尔曲线

(一)操作方法

用选取工具选中要转化为曲线的单元。

单击"美工"下的"转为曲线"选项。

在图元上出现贝塞尔曲线的把柄,可以移动、拖拽、旋转这些把柄,来改变转化后图元的形状。

图 9-15

(二)下面用几个具体的例子来说明转化为曲线功能的用法,如利用椭圆做扇形。

具体操作步骤如下:

用选取工具选中版面上的椭圆,单击"美工"中的"转为曲线"选项。

在选取工具下,用鼠标左键双击椭圆上的右边把柄。在弹出的菜单中选择"尖锐"选项,对椭圆的左边把柄也做同样的操作。

用鼠标左键点住椭圆下面的把柄向下拖动到合适位置。

用鼠标左键在椭圆右下部分被拉长的线段上双击,在弹出的菜单中选择"变直"选项,将线段变成直线段。对椭圆左下部分被拉长的线段也做同样的操作。这样,椭圆就变成了扇形。

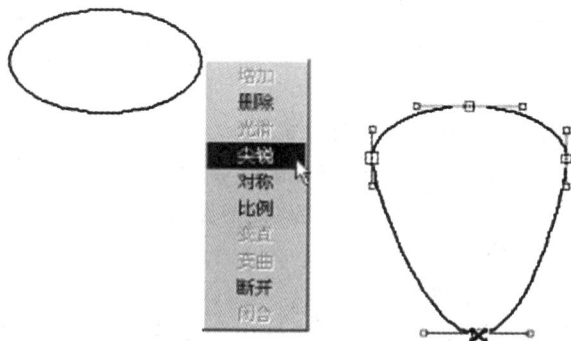

图 9-16

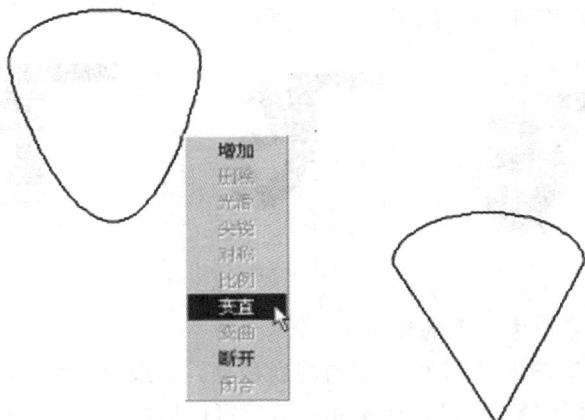

图 9-17

二、将文字"转为曲线"的操作方法：

（一）用选取工具选中要转化的文字块。

（二）单击"美工"下的"转为曲线"命令。

（三）选中转化后的图元块，单击"版面"下的"块分离"选项（或单击 Shift＋F4）。

（四）再次选中此对象，可看到贝塞尔曲线的节点。拖拽这些节点，改变对象的形状。

图 9-18

9.4 文字设计

9.4.1 文字字体的设计

在排版过程中，适当地运用一些特殊效果，会为版面增色不少。

一、长扁字

飞腾中可以改变文字的长宽形状——变长或变扁，即为长字或扁字。

操作方法：

（一）选中文字块或某几行文字。

（二）选择"文字"下"长扁字"，弹出子菜单。

图 9-18

（三）选择子菜单中所需的长扁字

正常的汉字是方块字，字的宽度与高度相等。如果使用"长扁字"设置（或在字体号中把"X 字号"、"Y 字号"置成不相等），就可以形成文字长、宽不等的效果。

二、变体字

飞腾中可以通过"变体字"对话框，制作出丰富多样的变体字。可以将文字经过设置立体、勾边、空心、倾斜、旋转等属性生成多种变体字，变体字加修饰主要是针对文字本身的变化，变体字中有 7 种操作类型：立体、勾边、空心、倾斜、旋转、粗细、阴字，可以做成有创意效果的字。

操作过程：

（一）选取工具箱中的文字工具选中文字或使用选取工具选中文字。单击"文字"菜单下的"变体字"打开"变体字"对话框。

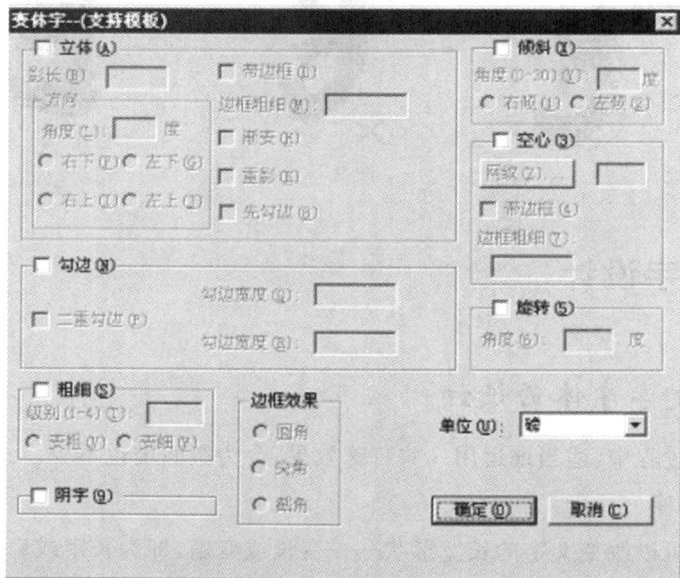

图 9-19

（二）参阅下面修饰的变化，设置各个选项，单击"确定"按钮。

单位缺省按长度单位定义的显示。如果改变，可从下拉式列表中选择。可供选择的单位有磅、英寸、毫米、厘米、级。

三、装饰字

飞腾中的装饰字功能也是针对文字的外部装饰，主要是给文字加上各种不同几何形状的外装饰，同时，对这些装饰形状进一步设置线型、花边、底纹等属性。选中要设置的文字，单击"文字"下的"装饰字"选项，弹出"装饰字"对话框，选中线型、花边或底纹选项，则相应的按钮被激活，可以单击这些按钮，在弹出的线型、花边或底纹对话框中进行设置。对话框中的"长宽比例"是用来改变装饰的长和宽度的比，"字边距离"是指文字和装饰形状之间的距离。

图 9-20

（一）设置线型

在飞腾中可以给文字加装饰线。这只是各种装饰中的一种，还可以通过改变各种设置，制作出各种不同的效果。无论是设置线型、花边还是底纹都可以改变装饰的形状。可以单击"装饰形状"的下拉箭头，在弹出的菜单中选择装饰的形状。

操作方法：

1. 选取工具箱中的文字工具或选取工具。

2. 选中要加装饰线的文字或文字块。

3. 选择"文字"下"装饰字"，或按热键 Alt＋A＋R，或用鼠标右键选择"装饰字"。

4. 单击"装饰形状"的下拉箭头，在弹出的菜单中选择装饰的形状。

5. 在"字边距离"编辑框中输入数值。单位按"长度单位"的"坐标单位"中定义的显示。例如：字边距离为 2mm，则装饰线离文字字身的距离为 2mm。

6. 选中"线型"前的复选框，激活"线型"按钮。单击"线型"按钮，弹出"装饰字线型设置"对话框，选中任意线型选择钮，单击"确定"按钮。在"线型"对话框中的"粗细"编辑框中可以输入线的宽度，可在后面的单位边框中更改单位。单击"线型"对话框的"颜色"按钮，则弹出"颜色"对话框，可在此改变线的颜色。

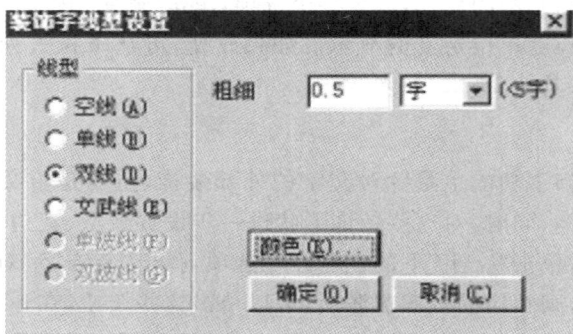

图 9-21

（二）取消装饰线

操作方法：

1.选中有装饰线的文字或文字块。

2.选择"文字"下"装饰字"，或按热键 Alt＋A＋R，或用鼠标右键，弹出"装饰字"对话框。

3.单击"线型"前的复选框，取消选中状态。

4.单击"确定"按钮。

（三）设置花边

飞腾中有 100 种花边（0—99）。但是使用椭圆和心形的装饰形状时，不能加花边。注意这时使用的装饰形状是矩形。

操作方法：

1.选取工具箱中的文字工具或选取工具。

2.选中要加花边线的文字或文字块。

3.选择"文字"下的"装饰字"，或按热键 A1t＋A＋R，或用鼠标右键，弹出"装饰字"对话框。

4.单击"装饰形状"的下拉箭头，在弹出的菜单中选择装饰的形状。

5.在"字边距离"编辑框中输入数值。单位按"长度单位"的"坐标单位"中定义的显示。例如：字边距离为 2mm，则花边线离文字字身的距离为 2mm。

6.选中"花边"前的复选框，激活"花边"按钮。

7.单击"花边"按钮，弹出"花边"对话框。

8.选中任意花边线选择钮，或直接在序号编辑框中输入花边的序号，单击"确定"按钮。

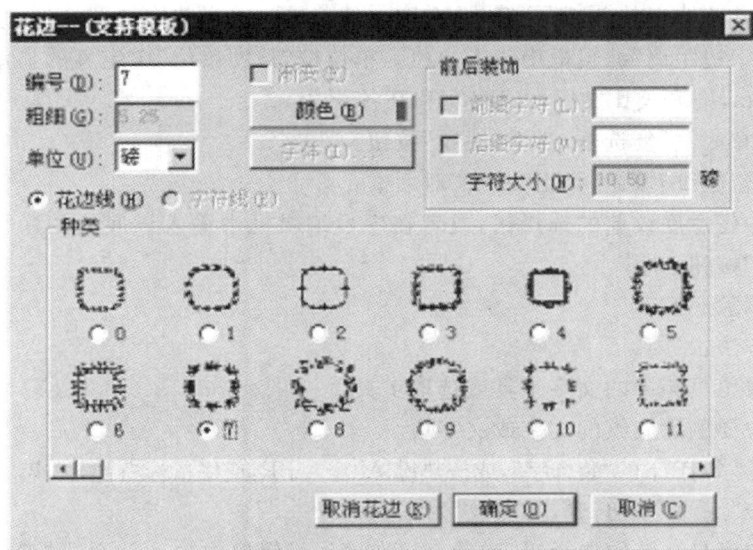

图 9-22

(四)设置底纹

飞腾中的底纹种类有 273 种。

操作方法:

1.选取工具箱中的文字工具或选取工具。

2.选中要加底纹的文字或文字块。

3.选择"文字"下的"装饰字",或按热键 Alt＋A 十 R,或用鼠标右键,弹出对话框。

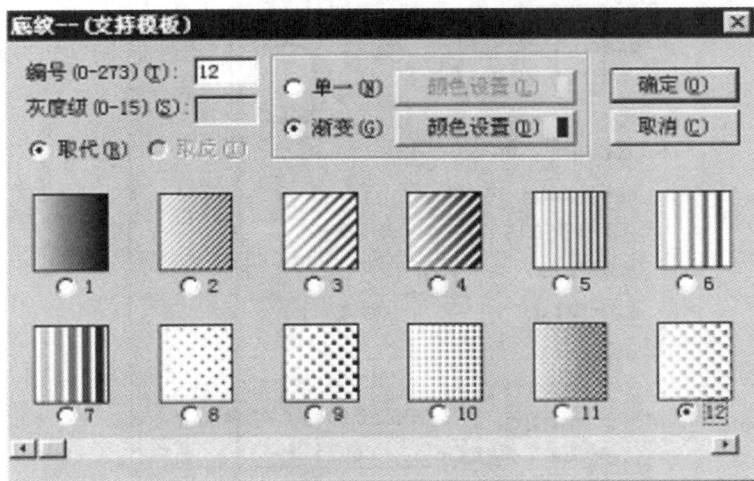

图 9-23

4. 单击"装饰形状"的下拉箭头,在弹出的菜单中选择装饰的形状。

5. 在"字边距离"编辑框中输入数值。单位按"长度单位"中定义的显示。字边距设为 2mm,则底纹比文字的字身宽和高各长 2mm。

6. 选中"底纹"复选框,激活"底纹"按钮。

7. 单击"底纹"按钮,弹出"底纹"对话框。

8. 选中任意底纹前的选择钮,或者在序号编辑框中输入该底纹的序号,然后,单击"确定"按钮。

（五）删除底纹

操作方法:

1. 选取工具箱中的文字工具或选取工具。

2. 选中要删除底纹的文字或文字块。

3. 选择"文字"下的"装饰字",或按热键 Alt＋A＋R,或用鼠标右键,弹出对话框。

4. 单击"底纹"按钮,弹出"底纹"对话框。

5. 选中序号 0 前的选择钮,或者直接在序号编辑框中输入 0,单击"确定"按钮。

四、复合字

复合字的功能是:将几个字或几个字和几个符号合并成一个字,占一个字宽、一个字高。被合成文字可以自定义放缩比例,且行距不增加。

操作方法:

用文字工具选中要合成的文字(小于 6 个字)。单击"文字"下的"复合字",或按热键 Alt＋A＋Z,弹出"复合字"对话框。

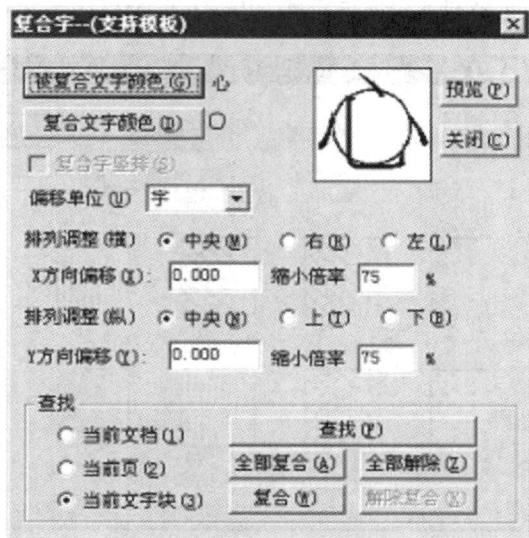

图 9-24

在此分别设置主文字与附文字的颜色、横向排列调整的位置、设置附文字的 X 方向和 Y 方向偏移量、缩小倍率、偏移单位等其他的相关的选项。可从预显中看合成效果。可以通过"查找"和"复合"按钮使相同文字具有相同的合成效果。

所有对文字的设置，每次修改后，都可以单击"预览"按钮，所设置的效果都可以在预览框中显示。如果对要合成的文字都设置好了，就可以单击"查找"编辑框中的"复合"按钮。这样，以上的编辑选项就都被置灰了，不能在当前对话框中修改了，要修改必须关闭对话框后再打开。

9.4.2　段首大字设计

在飞腾中给段落定义段首大字，可以起到突出和美观的作用。其操作步骤如下：

一、在文字状态下，将光标置于要设置段首大字的段。

二、单击"文字"下的"段首大字"命令，或单击文本属性工具条中的按钮，或按组合键 Alt＋A＋Z。

三、弹出"段首大字"对话框。

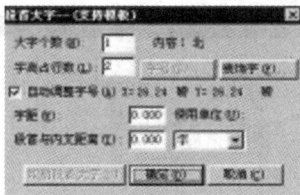

图 9-25

四、在"大字个数"文本框中指定要设为段首大字的文字的个数。在"字高占行数"文本框输入以行为单位的段首大字的高度，例如，要定义段首大字跨 2 行，则输入"2"。

设置字号。选中"自动调整字号"复选框，则系统自动调整段首大字的字号。默认为选中此复选框。

设置装饰字。单击"装饰字"按钮，会弹出"装饰字"对话框，可在此设置文字的装饰字属性。

设置字距。"段首与内文距离"用来设置段首大字与本段其他文字的距离。"字距"用来设置几个段首大字之间的距离。

单击"确定"按钮。

如果要取消段首大字，在文字状态下把光标置于该段中，单击"取消段首大字"按钮。

9.4.3 标题文字设计

在排版中标题的使用非常普遍。飞腾中设置标题的方法有两种：可将文字块内任意文字定义为标题，也可以在文字块内新建并修改标题。

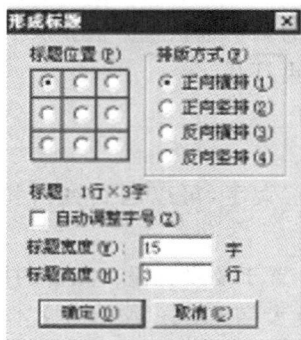

图 9-26

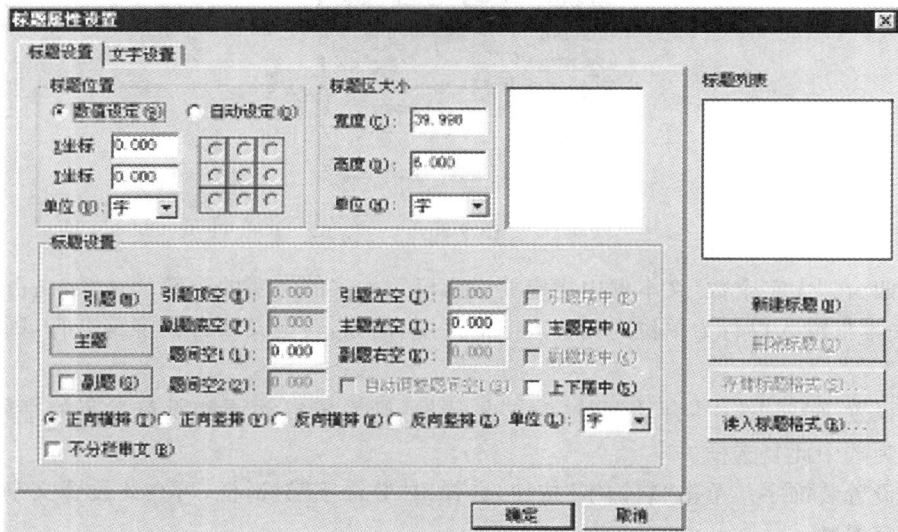

图 9-27

在"标题文字区"中选择标题区域，如"标题"、"副题"、"引题"等，然后在下面的"文字"框中输入该标题区域的文字内容。用右面的"线型"、"花边"、"底纹"、"字体"、"字号"、"变体字"、"底纹划线"和"装饰字"等按钮可设置标题的各项属性。

"底纹位置"：当给标题设置底纹时，定义底纹的位置。有三种选择："正常"：底纹占满整个标题区。"左(上)":底纹只占标题区的上半部分(当标题竖排时,占左半部分)。"右(下)":底纹只占标题区的下半部分(当标题竖排时,占右半部分)。

"文字位置":设置标题文字的位置,有居左、居右、居中、撑满四种选择(只有当"选中文字块内的文字为标题"时有效)。

"局外空":指定标题与标题区的距离。

"题内空":设置标题中文字与标题边框的距离(标题文字保持不变)。

"标题区大小自动调整"编辑框中各个选项的含义是:

"标题区大小根据标题内容自动调整":是指如果标题的字数很多,超出了标题区的大小,则标题区自动调整变大,保证标题文字在标题区中。

"作为缺省状态":将选中"标题区大小根据标题内容自动调整"的状态设置为缺省状态。

下面给出新建一个标题的操作步骤:

一、用选取工具选中欲设置标题的文字块。

二、单击"格式"下的"标题"中的"设置标题"选项(或使用快捷键 P9),弹出"标题属性设置"对话框。

三、单击对话框右侧"新建标题"按钮,新建一个标题。

注:一个文字块可以有多个标题,反复单击"新建标题"按钮即可为文字块建立多个标题。

四、在"标题设置"编辑框内"标题位置"编辑框指定标题的位置。在"标题区大小"编辑框中设定标题区的高度和宽度。

五、在"标题设置"编辑框中,选中"引题"和"副题"的复选框,设置标题的排版格式。另外还可以设置主题、引题和副题的位置及相互的距离。

六、单击"文字设置"选项,在对话框中显示"文字设置"页面。

七、在"标题文字区"中分别选择"标题"、"引题"、"副题",然后在下面的"文字"框中输入相应的文字内容。

设置完成,单击"确定"按钮,在文字块中生成标题。

9.4.4　标点和数字设计

一、标点

用户可以选择的标点类型有开明、全身、居中这三种。用户还可以选择的数字类型有全身和对开两种,并能设前后留四分之一空,系统默认值是开明制标点。

标点为开明制时,标点"。!?"为整个汉字宽,其他标点为半字宽;全身标点表示所有标点均为整字宽;居中表示标点的位置在字的中间,该属性经常用于竖排。全身、对开数字类型设置数字为整字宽或非整字宽。

操作方法：

（一）选取工具箱中的文字或选取工具。

（二）选择要改变标点类型的标点符号或数字（可以包括文字）或选中整个文字块。

（三）选择"格式"下的"标点类型"，弹出"标点数字类型"对话框。

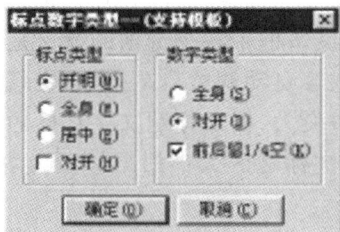

图 9-28

（四）分别在标点类型和数字类型的选项中选择。

（五）设置好所需参数后，单击"确定"按钮。

二、空格

在飞腾中可以定义空格的宽度，这样可以灵活地使用不同宽度的空格。

操作方法：

（一）选取工具箱中的文字工具。

（二）选择包含有空格的部分文字或只选中空格。

（三）选择"格式"下的"空格定义"，弹出子菜单。

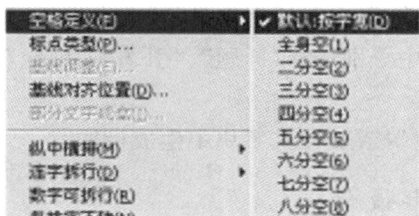

图 9-29

（四）选择所需空格的宽度。例如选择"八分空"。

空格的宽度的意义：

"缺省"：按字宽（当前字体空格宽度为缺省值）。

"全身空"：设置空格宽度与汉字宽度相同。

"二分空"至"八分空"：设置空格宽度为汉字宽度的几分之一。如"三分空"即为设置空格宽度为汉字宽度的三分之一。

9.5　文字的排版方式

9.5.1　文字的横排竖排

飞腾系统提供四种排版格式：正向横排、反向横排、正向竖排、反向竖排。系统缺省为正向横排。用户可根据需要选择排版方式。可通过菜单选项实现，也可通过窗口工具条中的按钮实现。

文字自左向右横排即是正向横排。

操作方法：

（一）用选取工具选中要设置排版方式的文字块。

（二）选择"版面"下的"排版方式"项，或按热键 Alt＋L＋S＋H，弹出一个子菜单项，选择"正向横排"的排版方式，也可以直接点击工具条中正向横排按钮。

文字自右向左横排即是反向横排。文字自右向左竖排即是正向竖排。文字自左向右竖排即是反向竖排。这三种排版方式的操作方法和"正向横排"类似，可以参考上面所述。

四种排版方式效果如图 9-30 所示。

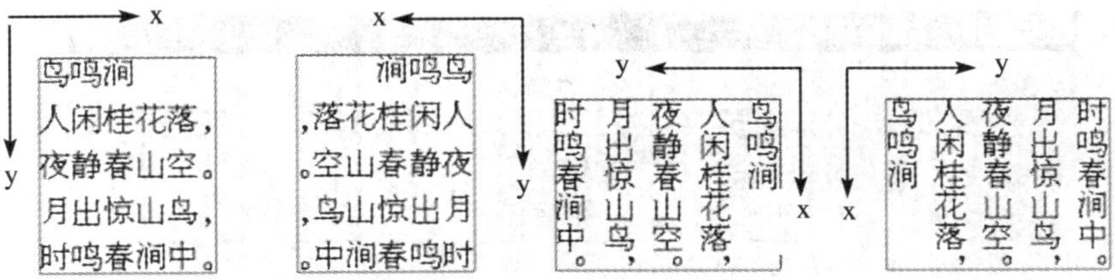

图 9-30

9.5.2　竖排字不转

在飞腾中竖排文字时，将英文及数字向左旋转 90 度，英文及数字将和汉字一样正常放置不作旋转。

操作方法：

一、用工具箱中的文字工具选中文字或用选取工具选中文字块。

二、选择"格式"下的"竖排字不转"，或用组合键 A1t＋P＋N。

不设置"竖排字不转"和设置"竖排字不转"的效果分别如图 9-31 所示。

最新功能一瞥为快：
多人协同网络组版
支持 Windows 2000
支持 G B K 编码标准
新增快捷键
彩色管理功能
增强的表格功能

最新功能一瞥为快：
多人协同网络组版
支持 Windows 2000
支持 G B K 编码标准
新增快捷键
彩色管理功能
增强的表格功能

图 9-31

9.5.3 图文互斥

当图像排入飞腾版面后，在默认方式下与文字叠加在一起，从而使图片遮住文字或被文字遮挡，这种情况是编辑不希望得到的结果。一般而言，让文字围绕着图片显示，这种排版方式才是我们所需要的，这种方式在飞腾中被称为"图文互斥"。在飞腾中进行图文互斥的排版，只需要将图像设置为具有图文互斥的特性即可。具体的操作方法如下：

一、选中要进行图文互斥的图像。

二、选择"版面"下的"图文互斥"命令，此时将弹出"图文互斥"对话框。

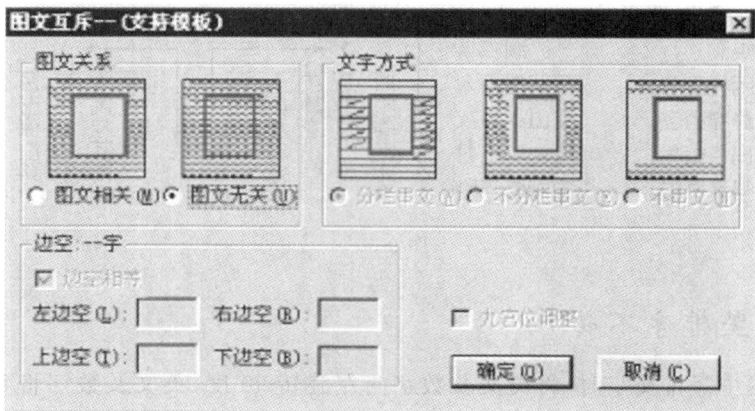

图 9-32

三、在该对话框的"图文关系"区域里选择"图文相关"选项。

四、在"文字方式"区域选择所需选项，如"分栏串文"。

五、在"边空：一字"区域中设置文字距离图像边界上下左右的空距。

六、当设置完所有选项后，单击"确定"按钮，即可使文字环绕着图片进行排版。

七、选择文字块,改变其大小,使所有的文字都能够显示出来。

八、用户可适当移动图像,注意观察图像对文字的排斥作用。

9.5.4　文字的沿线排版

在广告、招贴画、封面等印刷品的设计中,沿线排版是常用的一个功能。所谓沿线排版就是让文字沿着某个曲线排列,这些文字来自于文字块,而曲线则是飞腾中的任何一个图元都可以。具体的操作方法如下:

一、同时选中文字块和图元。

二、选择"视窗"下的"沿线排版窗口"命令,弹出"沿线排版"窗口。

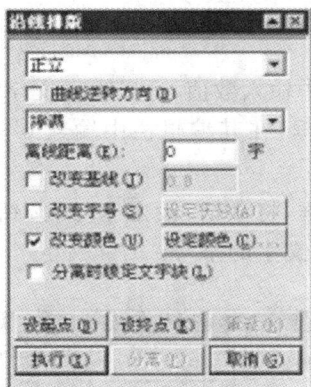

图 9-33

三、单击窗口最上面的沿线排版方向下拉式列表,其中有自左向右、自右向左、自上向下、正立 4 个选项。

四、沿线排版时文字的位置有居首、居尾、居中、撑满、撑满(密排)5 种,如选择"撑满",目的是为了让文字按设定的范围均匀分布。

五、选中"改变颜色"复选框,这时"设定颜色"按钮被激活,单击该按钮,打开"设置颜色"对话框,设置文字的颜色,如"红色"。

六、单击"设起点"按钮,将光标移到绘制的图元路径上欲排文字的起点处,单击鼠标左键。

七、单击"设终点"按钮,将光标移到绘制的图元路径上欲排文字的终点处,单击鼠标左键。

八、单击"执行"按钮,文字即会在路径上设定的起点与终点之间排列。

九、如果不需要作为排版路径的图元,可单击"分离"按钮,使路径和文字块分开,然后再选中图元,予以删除即可。以下是"沿线排版"窗口中其他选项的含义。

曲线逆转方向:选中该复选框,将使文字排版顺序和曲线方向相反。

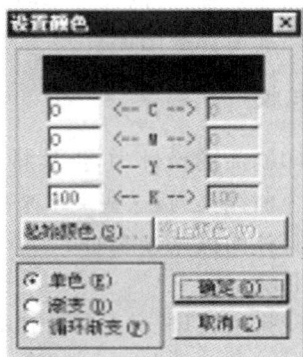

图 9-34

离线距离：在该编辑栏中输入数值，可以设置文字离曲线的距离。

改变基线：选中该复选框，在其编辑栏中输入 0～1 的数值，可以改变文字的基线。

改变字号：选中该复选框，将激活"设定字号"按钮。单击该按钮，可以在弹出的"改变字号"对话框中改变文字的字号。

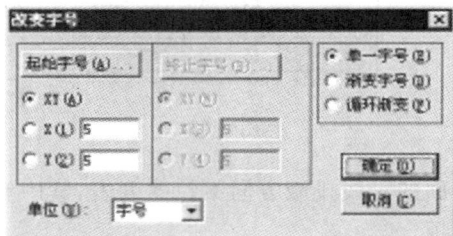

图 9-35

执行：当设置或修改完沿线排版的参数后，单击该按钮，可以将所设置的参数作用到沿线排版的对象上。

重设：单击该按钮，可以取消在此之前所设置的沿线排版的起点和终点。

分离：当选中沿线排版对象后，单击该按钮，可以将沿线排版的文字与路径分开。

9.6　排版格式

9.6.1　建立一个新的排版格式

为了提高排版效率,在方正飞腾中可自定义一些常用的排版格式并将这种排版格式保存起来,若需要使用同样的格式,用户可直接调出使用。排版格式的定义有两种方法。即建立一个新排版格式与选定一个文字块后并将该文字块的排版属性定义为排版格式。

在未选定任何文字块的情况下,在方正飞腾窗口中选择"格式"菜单的"定义排版格式"命令,弹出"定义排版格式"对话框,用户可在该对话框中将版面中已设定好的排版对象设置为新的排版格式并将其保存下来,也可对已保存的排版格式进行修改、删除、复制其他格式等操作,设置完毕后单击"确定"按钮即可完成排版格式的定义。

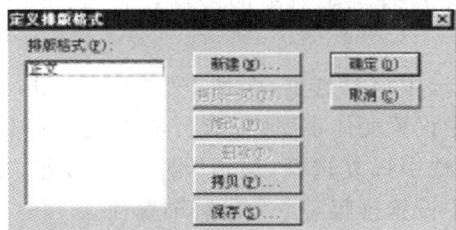

图 9-36

"定义排版格式"对话框中各选项的功能如下:

"排版格式"显示框:定义好的排版格式,将在该显示框内显示出效果,如果对所设置的格式不满意,还可以进行修改。

"新建"按钮:单击该按钮,弹出"排版格式"对话框,在该对话框中可设置排版格式的名称及调出时的快捷键,并设置该排版格式的各项属性。该对话框中各选项的功能如下:

"排版格式名"文本框:在该文本框内输入文字可设置所新建的排版格式的名称,使用该排版格式时只需选择该排版格式名称即可。

"设置快捷键"下拉列表框:在该下拉列表中选择一个作为此次所设置排版格式的快捷键,在下次使用时先按 Ctrl＋F12 组合键,然后按所设置的快捷键,即可将该排版格式调出。

"颜色"复选框:选中该复选框,激活"颜色"按钮,单击该按钮弹出"颜色"对话框,在该对话框中可设置排版对象的颜色属性。

"行距"复选框:选中该复选框,激活"行距"按钮,单击该按钮弹出"行距与行间"对话框,在该对话框中可设置排版对象的行距与行间属性。

"字体号"复选框:选中该复选框,激活"字体号"按钮,单击该按钮弹出"字体号"对话框,在该对话框中可设置好排版对象的字体号属性。

"字距"复选框:选中该复选框,激活"字距"按钮,单击该按钮弹出"字距与字间"对话框,在该对话框中可设置排版对象的字距与字间值。

"字母间距"复选框:选中该复选框,激活"字母间距"按钮,单击该按钮弹出"字母间距"对话框,在该对话框中可设置排版对象的字母属性。

"改行宽"复选框:选中该复选框,激活"改行宽"按钮,单击该按钮弹出"改行宽"对话框,在该对话框中可设置排版对象的行宽值。

"标点类型"复选框:选中该复选框,激活"标点类型"按钮,单击该按钮弹出"标点数字类型(支持模板)"对话框,在该对话框中可设置排版对象的标点与数字类型。

"段格式"复选框:选中该复选框,激活"段格式"按钮,单击该按钮弹出"段落格式"对话框,在对话框中设置排版对象的段格式宽值,如段首缩进、段首悬挂、段间距。

"变体字"复选框:选中该复选框,激活"变体字"按钮,单击该按钮弹出"变体字"对话框,在对话框中设置变体字属性,如立体、勾边、倾斜、空心等。

"装饰字"复选框:选中该复选框,激活"装饰字"按钮,单击该按钮弹出"装饰字"对话框,在对话框中设置排版对象中的装饰属性。

"底纹划线"复选框:选中该复选框,激活"底纹划线"按钮,单击按钮弹出"底纹与划线"对话框,在对话框中设置排版对象中装饰属性为底纹与划线的文字。

"纵向调整"复选框:选中该复选框,激活"纵向调整"按钮,单击按钮弹出"纵向调整"对话框,当应用该排版格式时,在对话框中设置排版对象中段落的总高与边空。

"定义 TAB 键"复选框:选中该复选框,激活"定义 TAB 键"按钮,单击按钮弹出"TAB 键设定"对话框,在对话框中设置 TAB 键属性。

"空格定义"复选框:选中该复选框,可激活其后的"空格定义"下拉列表框,用户可在下拉列表中定义该排版格式中的空格值。

"行格式"选项组:在该选项组内用户可设置版面中的文字块中行的对齐方式。

"拷贝一项"按钮:若在定义一个新的排版格式时,其中一些排版样式与已定义好的某个排版样式的一部分属性相同,可以选择"拷贝一项"按钮进行属性的部分复制。其具体操作方法是:在"定义排版格式"对话框中选定一个已定义好的排版样式后单击该按钮,在弹出的"排版格式"对话框中选择一个或几个已定义好的排版属性并将该排版格式改名后,可将所选定的排版格式的部分式样复制下来并设置为另外的排版格式名。

　　"修改"按钮:若设置好排版格式的属性后又需要对其进行修改,其操作方法是:在"定义排版格式"对话框中选定需要进行修改的排版格式后单击"修改"按钮,弹出"排版格式"对话框可对已定义好的排版格式进行修改。

　　"删除"按钮:在"定义排版格式"对话框中选定需要删除的排版格式名后单击该按钮可将其删除。

　　"拷贝"按钮:单击该按钮弹出"打开"对话框,用户可通过查找打开 Style file(＊stl)文件及 FIT file 两种类型的文件。选定所需复制的文件后单击"打开"按钮,可返回到飞腾排版窗门,并弹出"读入排版格式"对话框,在该对话框中列举了当前所打开的源文件,用户可在其中选择一个或几个排版格式添加到格式列表中去,也可对选定的文件进行删除、追加等基本操作,在该对话框中设置好所需复制的排版格式后,单击"确定"按钮,弹出"排版格式"对话框,用户可在该对话框中设置复制后新的排版格式样式及排版格式名,设置完毕后单击"确定"按钮,可在"定义排版格式"对话框显示新的排版格式名。

　　"保存"按钮:单击该按钮弹出"另存为"对话框,设置好文件的保存路径及文件名后,用户可将设置好的排版格式保存为 Style file(＊stl)文件,下次需要使用该排版格式时直接调出即可。

9.6.2　将已有的排版样式定义为排版格式

　　若版面中已有设置好排版属性的对象块需要设置为新的排版格式,其操作方法为:使用选取工具将该对象块选定,然后选择"格式"下的"定义排版格式"命令,弹出"排版格式"对话框,用户在该对话框中将选定对象块内已设定好的排版属性进行修改并设置该排版格式的名称后单击"确定"按钮,则"定义排版格式"对话框关闭。

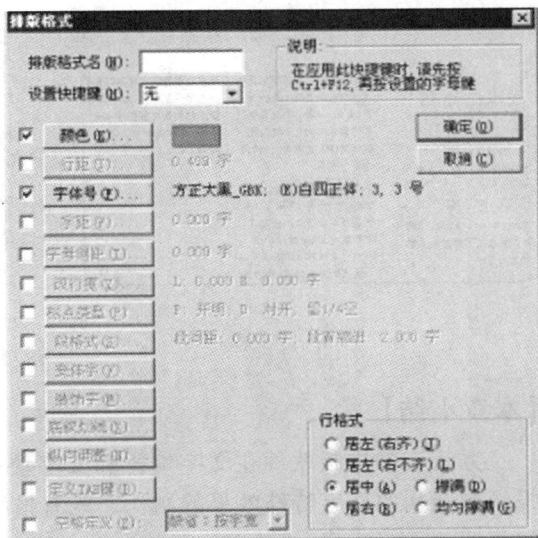

图 9-37

9.6.3 使用排版格式

在"定义排版格式"对话框中设置好排版格式的属性后，该排版格式将自动保存在"排版格式窗口"中，用户可随时将该排版格式应用于新的文字块或文字。使用排版格式的具体操作方法有两种。

使用"排版格式"窗口调出已有排版格式的操作方法：

一、选中要使用排版格式的文字块。

二、选择"视窗"下的"排版格式窗口"命令，弹出"排版格式"窗口，在该窗口中列举了已设定好的几种排版格式名称。

三、在该窗口中选择所需要使用的排版格式名称，然后双击鼠标左键即可将选定的排版格式应用于选定的文字块中。

快捷键方式：

如果在"排版格式"设定中为其定义了快捷键，那么在应用排版格式时就可以直接使用快捷键。其方法为：先按下 Ctrl＋F12 组合键，释放后再按定义格式的快捷键即可。

9.6.4 对位排版

在飞腾中，当对报纸等大型版面进行调整时，多使用"对位排版"命令，其功能是使整版的同行文字都在一行上。具体操作方法是：选中要对位排版的文字块，再选择"版面"下的"对位排版"命令即可。

原文字块和使用"对位排版"后的效果如图 9-38 所示。

图 9-38

【本章小结】

方正飞腾排版软件在文字编排和文字块处理方面有着突出的优势，特别适合报纸和期刊的文字特殊效果的制作。既有报纸版面的选中文字、文字字体号调整、间距调整、查找和替换等基本文字编辑，又包含了给文字进行各种装饰、设置文字特殊格式、竖排字不转和横排、设置空格、标点和数字类型、基线调整和对齐等特殊文字编排手段,还可以针对段落和标题进行各种特殊的设置和编排。

【思考训练】

1.给文字加划线、底纹和边框。

2.设置长扁字、标字,加着重点。

3.设置空格、标点和数字类型。

4.进行改行宽和段首大字的操作。

5.进行沿线排版的操作。

6.定义和使用排版格式。

【课堂讨论】

1.选取三个在文字编排方面比较有特色的报纸版面,谈谈文字编排的特殊手段如何有效地为版面设计服务。

2.选取两份同题材的报刊版面,谈谈它们在文字编排方面的异同。

【参考文献】

[1] 高萍编著. 方正飞腾 4.1 排版应用教程[M]. 北京:科学出版社,2010.

[2] 胡丹编著. 报纸电子编辑实验教程[M]. 北京:中国人民大学出版社,2009.

[3] 罗昕,彭柳,刘敏编著. 报刊新闻电子编辑[M]. 北京:北京大学出版社,2009.

[4] 北大方正电子有限公司编著. 方正飞腾 4.0/4.1 集成排版软件使用说明书[M],2003.

第十章 图元绘制和图像处理

【学习目标】

- 掌握图元的生成、编辑和设置的方法和技巧
- 掌握图像的排入、编辑和设置的方法和技巧
- 将图元和图像的生成、编辑和设置的方法和技巧运用到自身的报刊版面编排中

【引例】

新闻信息热点与图元图像编辑的有机结合

——2013 年 8 月 1 日《浙江日报》"政治纵深"专刊版面欣赏

图元是报刊除文字、图像以外在版面中运用最多的版面编排元素之一,在版面编排中起着非常重要的分界、突出、组合、标识、美化等作用。飞腾可以绘制多种形状和形式的图元,创建各种不同风格和特点的报刊版面。图像作为一种生动形象的编排元素,早已成为报刊版面编排不可或缺的组成部分。

飞腾系统支持各种格式的图像,包括 BMP、TIF、GRH、TGA、GIF、PCX、JPG、PS、EPS 及 PIC 等,并且可以完成对图像的各种编辑功能。当文稿中有大量的数

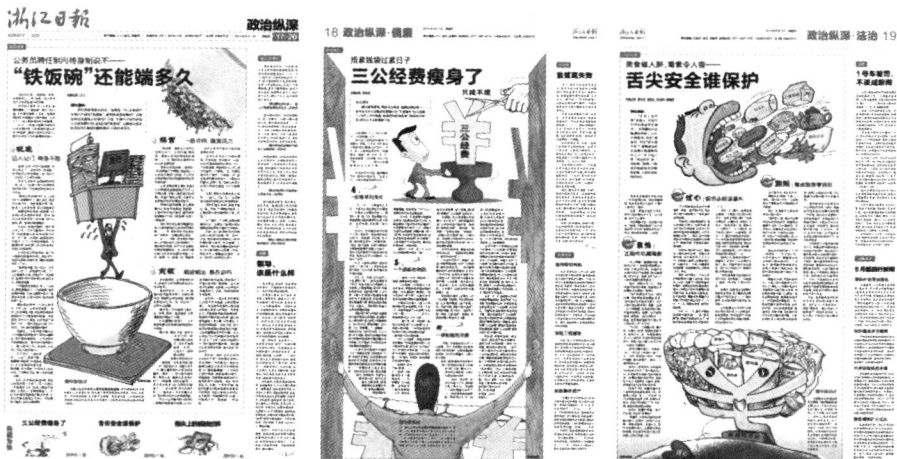

字资料时,采取表格的形式,将信息从正文中提炼出来,以直观的方法展示,不但可以更清晰地表达信息,节省版面,还可以美化版面,节省读者的阅报时间。飞腾可以绘制各类表格,将数据信息直观地表达出来。

10.1 绘制图元

飞腾系统中的图元包括直线段、矩形、菱形、椭圆(圆)、圆角矩形、多边形(多折线)和贝塞尔曲线。每个图元选中时都显示"把柄"。

飞腾系统提供的工具条能直接生成各种图元,且该工具条可以用鼠标随意拖动放在版面的任何位置。若版面没有显示该工具条,则可以执行"显示"主菜单下的"工具条"下拉菜单,在弹出的"显示工具条"对话框中,选中"排版工具"项中的"工具",则将在飞腾系统排版窗口显示工具条。

下面将分别介绍各类图元的具体生成操作步骤。

10.1.1 直线

飞腾系统提供绘制任意方向直线段的功能,并能准确绘制出水平线段、垂直线段以及与水平夹角 45°的线段。

具体操作步骤如下:

一、将鼠标指向工具条中的　按钮,点按一下鼠标左键,就进入了绘制线段状态,此时光标变成了十字光标;

二、在任意位置按住鼠标左键不放(该点即为线段的起点);

三、拖动鼠标到线段终点;

四、松开鼠标左键,系统生成一条线段,线段的线型由已经设定的环境量决定。

如果先按下 Shift 键,再执行上述步骤二至四,分别朝水平、上下、斜角方向拖动将分别产生水平、垂直或 45°的线段。

10.1.2 矩形

系统提供绘制任意大小的矩形及正方形的功能。

具体操作步骤如下:

一、将鼠标移至工具条中的　按钮,点按鼠标左键,系统进入绘制矩形状态,系统光标变成十字光标;

二、将光标移至待画的矩形的左上角位置;

三、按住鼠标左键不放;

四、拖动鼠标左键到矩形的右下角；

五、松开鼠标左键，系统生成矩形，矩形的线型由设定的环境量决定。

如果先按住 Shift 键，再执行上述步骤二至五，则系统将取 x 方向和 y 方向中较短的一个边长生成一个正方形。

10.1.3　圆角矩形

飞腾中可以对圆角矩形的四个角分别设置角的宽度和高度，内角或外角。

通过圆角矩形对话框可以作出如图 10-1 所示的不规则图元。

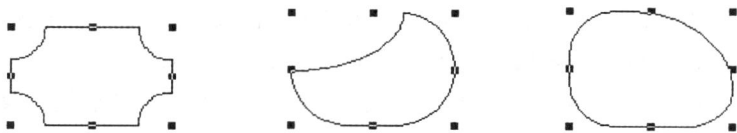

图 10-1　不规则的圆角矩形

一、绘制正圆角矩形

（一）将鼠标移至工具箱中的 ▭ 按钮，点按鼠标左键，进入绘制圆角矩形状态，系统光标变成十字光标；

（二）将光标移至待画的圆角矩形的左上角；

（三）按住鼠标左键不放；

（四）拖动鼠标左键到矩形的右下角；

（五）松开鼠标左键，系统生成圆角矩形，圆角矩形的线型由设定的环境量决定。

如果先按下 Shift 键，再执行上述步骤（二）至（五），则系统生成圆角正方形。

矩形是圆角矩形的一种特例，其角度比例是 0％。缺省情况下，用上述方法绘制的圆角矩形的形状由设定的环境量决定，如果不满意，可以再对画好的圆角矩形进行修改。

二、圆角矩形的修改

选中要修改的圆角矩形，再选择"美工"菜单中的"圆角矩形"选项，弹出"设置圆角属性"的对话框。

缺省状态下"四角连动"选项是被选中的，也就是当修改了圆角矩形的某一个角，其他的角也相应改动，所以对话框中的只有一个角的编辑框是激活的（如图 10-2 左图所示）；如果"宽高相等"的选项也是选中的，表明当前是正圆角。

单击"四角连动"选项，使其为非选中的状态，则其余三个角的编辑项都激活，可以分别设置各个角的"宽"、"高"的值（如图 10-2 右图所示）。

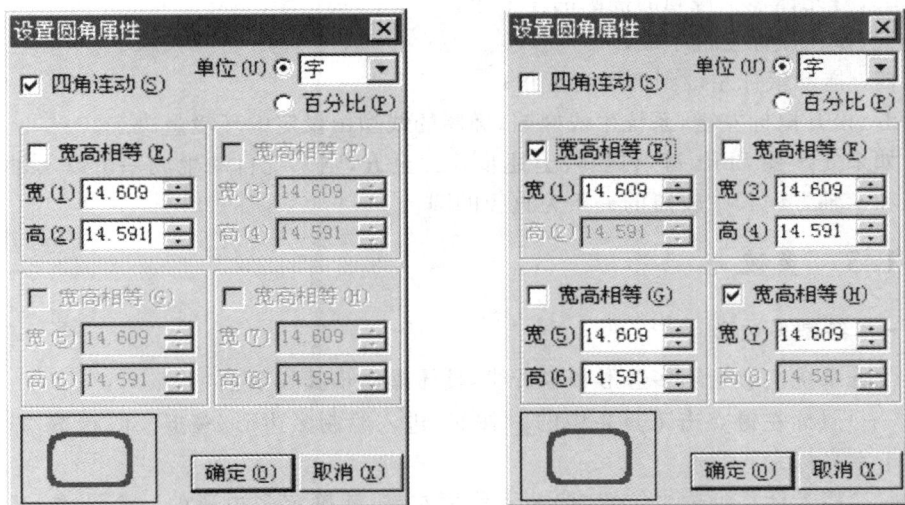

图 10-2　"设置圆角属性"对话框

　　所谓圆角的"宽高相等"是指圆角 x 轴方向、y 轴方向的绝对长度值相等,而不是相对边长的百分比值相等。所以当选中"宽高相等"选项时,则该角的"高"选项被置灰。

:这个按钮的作用是确定选择内角还是外角。

:单击某个角的位置,相应的角就变内角,此时圆角矩形变为如图10-3的形状,如果再单击一下这个角,则这个角又变为外角。

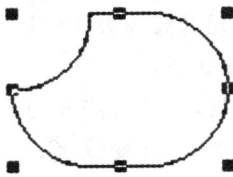

图 10-3

10.1.4　圆和椭圆

　　飞腾系统提供绘制任意大小的圆及椭圆的功能。

　　具体操作步骤如下:

　　一、鼠标左键点击工具条中的 ◯ 按钮,进入绘制椭圆的状态,光标变成十字光标;

二、将光标移至待画的椭圆的左上角;

三、按住鼠标左键不放;

四、拖动鼠标左键到椭圆右下角;

五、松开鼠标左键,系统生成椭圆,椭圆的线型由设定的环境量决定。

如果先按住 Shift 键,再执行上述步骤二至五,则系统自动生成一个以 x 轴方向长和 y 轴方向长中较短的一条为直径的圆。

10.1.5 多边形

一、绘制多边形

飞腾系统能够绘制多边形和多折线,具体操作步骤如下:

(一)鼠标左键点击工具条中的 按钮,进入绘制多边形/多折线的状态,光标变成十字光标;

(二)将光标移到适当位置,按一下鼠标左键,就确定多边形的一个结点,系统将自动在结点之间进行连线;

(三)快速按两下鼠标左键,确定多边形或多折线的终点。如果需要生成闭合多边形,则必须先将光标移至第一个结点的附近(会出现一个方框表示捕捉到了该点),快按两下鼠标左键生成闭合多边形。

如果在多边形生成过程中,同时按下 Shift 键,系统将生成一条特殊角度的边(水平、垂直或水平夹角为 45°)。

二、绘制过程中多边形节点的删除

在多边形的绘制过程中,点击了鼠标,发现位置不理想,要删除此结点时,单击 Esc 键取消当前结点,继续单击 Esc 键可取消所有节点。

三、改变多边形的形状

多边形的修改方法与其他图元的修改方法(其他图元的修改将在后面介绍)类似,但有不同之处。具体操作步骤如下:

(一)选中工具条中的选取工具,选中待修改的多边形;

(二)将光标指向多边形的把柄,光标变成 ;

(三)按住鼠标左键拖动,多边形形状随之改变,图 10-4 为改变前和改变后的多边形;

(四)松开鼠标左键,完成多边形的修改。

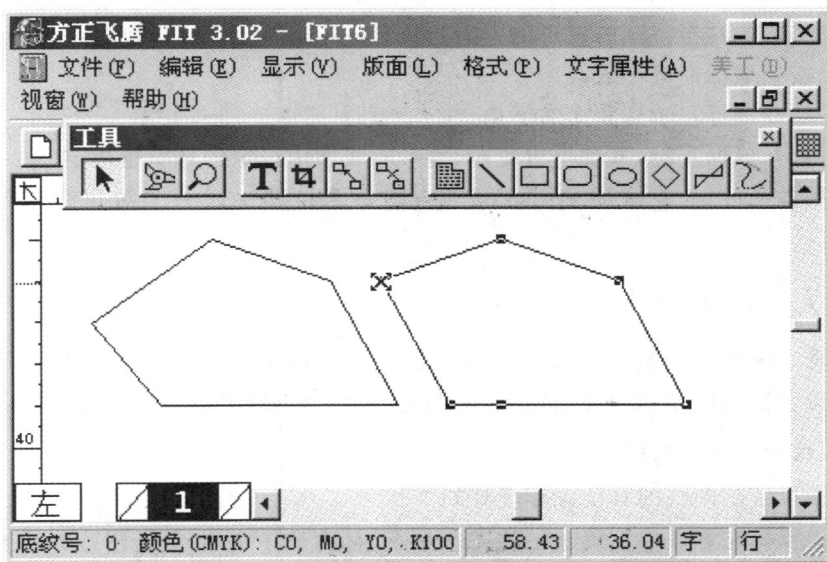

图 10-4　按住鼠标左键不放并拖动鼠标,改变多边形的形状

四、增加多边形的边

画好的多边形可以再增加新的边,具体操作如下:

(一)在光标为箭头状态下,点中要增加边的多边形;

(二)在要添加新边的边上双击鼠标左键;

(三)系统此时在该边上增加一个结点;

(四)在此结点处按下鼠标左键;

(五)拖动鼠标,多边形形状随之改变;

(六)移动到合适的位置,松开鼠标左键,完成多边形的修改。

五、删除多边形的结点

画好的多边形有不需要的节点可以删除,具体操作步骤如下:

(一)在光标为箭头状态下,选中要改变形状的多边形;

(二)将光标指向即将被删除的多边形结点;

(三)快速按两下鼠标左键;

(四)系统将此节点删除,该节点引出的两边消失,与该节点相邻的两节点连成多边形的一边。

10.1.6　菱形

飞腾系统提供绘制菱形和正菱形的方法,具体操作步骤如下:

一、用鼠标左键点击工具条中的◇按钮,进入绘制菱形状态,光标变成十字形;

二、将光标移至待画的菱形的左上角位置;

三、按下鼠标左键不放;

四、拖动鼠标左键到菱形右下角;

五、松开鼠标左键,系统生成菱形,菱形的线型由设定的环境量决定。

如果执行上述步骤时按住 Shift 键,则系统自动生成一个对角线相等的正菱形。

10.1.7 贝塞尔曲线

飞腾系统提供绘制贝塞尔曲线的方法,曲线可以是闭合的或不闭合的,闭合曲线可以设置封闭图元的各种属性(如可以为排版区域或作裁剪路径)。

一、绘制贝塞尔曲线

绘制贝塞尔曲线的具体操作步骤如下:

(一)鼠标左键点中工具条中的 ⟍ 按钮,光标变成十字形,系统进入画贝塞尔曲线状态;

(二)在版面的任意位置点按一下鼠标左键,就确定了曲线的起点;

(三)依次在版面上点击鼠标左键确定其他结点;若在按下鼠标左键的同时按下 Shift 键,该结点将不作光滑处理;

(四)连按两下鼠标左键,将结束作图,光标所在点即是曲线终点。若终点选择在起点上或在双击鼠标左键的同时按下 Ctrl 键,将生成闭合的贝塞尔曲线。

二、绘制过程中删除贝塞尔曲线的节点

绘制过程中,结点位置不理想时,可以用 Esc 键取消当前曲线上最后一个结点。继续单击 Esc 键可取消所有节点。

三、改变贝塞尔曲线的形状

绘制好的贝塞尔曲线也可以进行修改,具体操作步骤如下:

(一)光标在箭头状态下,选中要进行修改的贝塞尔曲线,将显示出该曲线的把柄;

(二)将光标指向曲线上的把柄,拖动该把柄,其切线上的把柄将同时移动;

(三)拖动切线端点上的把柄,将改变曲线在此点处的切线方向,对应曲线上的把柄位置不变;

(四)在曲线的节点把柄处,连点击两下鼠标左键,将弹出一个菜单,选择所需的菜单项,如图 10-5,可以删除该节点或改变曲线在此处的性质,可将该点设为"尖锐"、"光滑"、"比例"或"对称"。把柄属性"尖锐"是指把柄两侧切向量可独立变化;把柄属性"光滑"是指该把柄两侧切向量保持在一条直线上;把柄属性"对称"是指把柄两侧切向量反向但长度相同；把柄属性"比例"是指该把柄两侧切向量反向且长度保持原有比例。

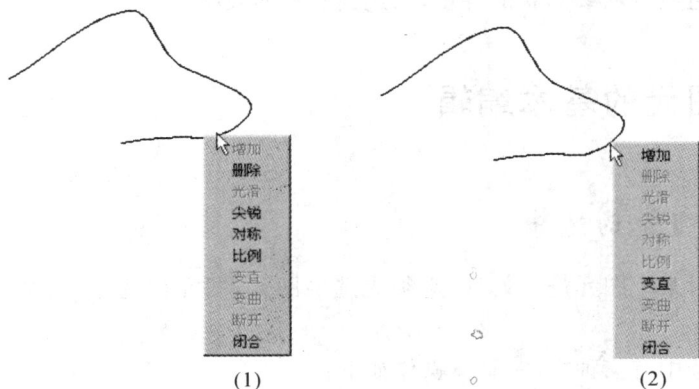

图 10-5　编辑曲线节点属性

（五）在曲线上非把柄处快速双击鼠标左键，将如图 10-5 所示的弹出菜单，选择所需的菜单项，可以增加一个把柄或改变该段曲线的性质，也可设该段曲线为直线或曲线；

（六）在非闭合贝塞尔曲线的端点处快速连点两下鼠标左键，选择弹出菜单中的"闭合"项，可以将该曲线闭合；

（七）在闭合贝塞尔曲线上的任一处快速连点两下鼠标左键，选择菜单中的"断开"项将在该处断开该曲线；

（八）反复修改曲线直到得到满意的结果为止。

四、增加曲线的节点

增加曲线两点间的节点，可以改变此两点间曲线的形状，具体操作步骤如下：

（一）选中该曲线，光标为带箭头的十字形，将光标移至要在曲线上增加给定点的相应位置；

（二）快速按两下鼠标左键，系统将弹出菜单，点按"增加"项；

（三）系统在此段内增加一个节点，选中该节点；

（四）执行改变曲线形状的各步骤，以达到满意的效果。

五、删除曲线的节点

可以删除绘制好的曲线上的任意一个节点以减少两点之间的弯曲来改变曲线形状，具体操作步骤如下：

（一）选中该曲线，光标变为带箭头的十字形，将光标移至即将删除的曲线的节点；

（二）快速按两下鼠标左键，系统将弹出菜单，点按"删除"项；

（三）系统将此点删除；

（四）执行改变曲线形状的各步，以达到满意的效果。

10.2　图元的基本编辑

10.2.1　图元的选中

用户要对某个图元进行处理，必须先选中图元，图元被选中时，会将其把柄点显示出来。

图元的选中有三种方法，具体操作如下：

一、选一个图元为当前操作图元

（一）将鼠标移至图元边界线上，此时光标变成✛；

（二）按一下鼠标左键，图元上出现把柄，表明其被选中。

二、逐一选择多个图元为当前操作图元

（一）一直按住 Shift 键；

（二）将鼠标移至图元边界线上，此时光标变成✛；

（三）点一下鼠标左键，图元上出现把柄，表明其被选中；

（四）重复步骤（二）至（三），直至选出所有需要的图元；

（五）松开 Shift 键。

三、一次选择多个图元为当前操作图元

（一）在版面上按下鼠标左键；

（二）按住鼠标左键拖动到另一点；

（三）松开鼠标左键，此鼠标拖动时画出的区域内包围的图元上都出现把柄，表明这些图元一次全被选中。

10.2.2　图元的移动

图元的移动是指用户改变图元在版面中的位置的过程，具体操作步骤如下：

一、如上面介绍的方法选中要移动的图元（可以是多个图元）；

二、将鼠标指向选中图元的任意边界线，但注意不要指向图元的把柄，此时光标变成✛；

三、按下鼠标左键不放；

四、拖动鼠标到新的位置；

五、松开鼠标左键,图元移到合适的新位置。

注:图元移动后,可以选择"编辑"中的"恢复"命令或按 Ctrl+Z 键,使图元恢复到原来的位置。

10.2.3 图元的修改

修改图元的关键点是图元的把柄,点按并移动图元的把柄,就可以改变图元的大小。

具体操作步骤如下:

一、选中要改变的图元;

二、将鼠标指向图元的把柄;

三、按下鼠标左键,光标按照把柄的不同变成不同方向的箭头短线光标;

四、拖动鼠标将改变图元的大小;

五、松开鼠标左键,完成图元大小的改变。

若先按下 Shift 键,再执行上述步骤三至五,则图元的改变与生成图元时按 Shift 键的规则相同。

10.2.4 图元的删除、拷贝、粘贴

一、图元的删除

图元的删除有两种方式:裁剪和删除。裁剪是将当前图元从版面中删除,但在剪贴板上保留其副本,以备粘贴。删除是真正地删除图元,不能用来粘贴,但两者操作方法类似。

具体操作步骤如下:

(一)选中要删除或裁剪的图元;

(二)若要删除,执行"编辑"菜单项中的"删除"命令或单击 Delete;若要裁剪,执行"裁剪"命令或使用快捷键 Ctrl+X。

二、图元的拷贝

图元的拷贝就是将当前图元复制到裁剪板上,以备粘贴;与裁剪的区别是执行拷贝功能后,当前图元仍保留在版面上。具体操作步骤如下:

(一)选中要复制的图元;

(二)执行"编辑"菜单项中"复制"命令或使用快捷键 Ctrl+C。

三、图元的粘贴

图元的粘贴是将裁剪板上的图元粘贴到当前版面,一般用来进行图元的复制,系统将图元加入到原图所在的位置,和原图重叠在一起,若在"环境设置"中设了"拷贝偏移量",则复制到版面的图元与原图元之间会有一个偏移值。

例如：制作两个同样大小的矩形，具体操作步骤如下：

（一）在位置 1 绘制一矩形；

（二）选中此矩形图元；

（三）执行"编辑"菜单项中的"复制"命令或使用快捷键 Ctrl＋C；

（四）移动原图元到另一位置 2；

（五）执行"编辑"菜单项中的"粘贴"命令或使用快捷键 Ctrl＋V；

（六）系统在位置 1 生成一同样的矩形。

10.2.5　图元合并

多个图元执行"图元合并"后成为一个图元块，其中的重叠部分会有镂空效果。

如果图元中设有底纹（没有底纹的可理解为底纹为无色的），则合并后的图元块底纹都为合并前最后选择的图元的底纹。如下例：

一、分别画矩形和椭圆，并有部分重叠在一起；

二、选中椭圆，点按鼠标右键，弹出菜单如图 10-6 所示。

报刊编辑实务教程

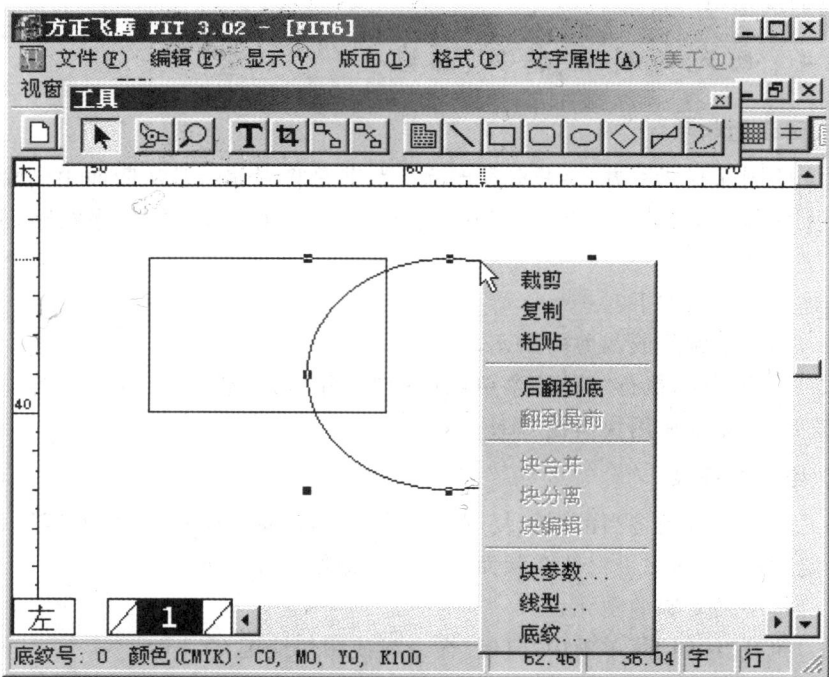

图 10-6　图元的右键编辑菜单

三、按"底纹"将弹出一"底纹"对话框如图 10-7，选中光标指定的黑方块对应的"1"号底纹；

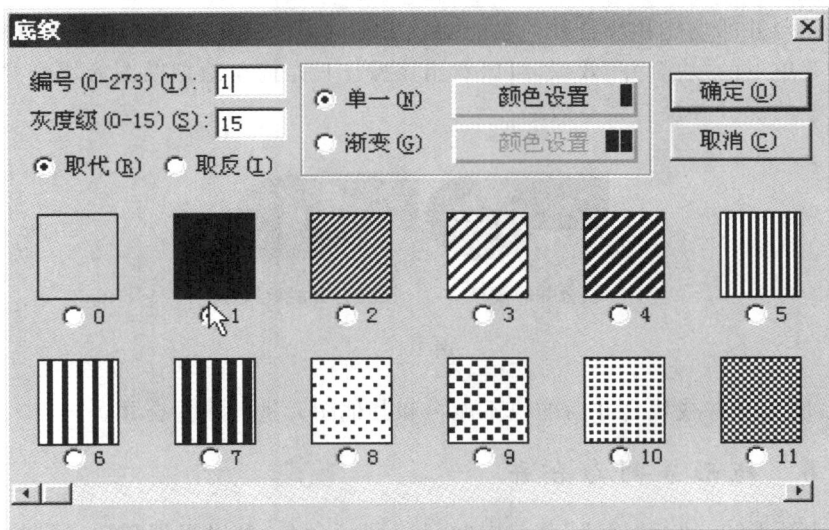

图 10-7 底纹设置窗口

四、再点按"颜色设置"按钮,弹出"颜色"对话框,光标点击蓝色 B。点按"确认"后,椭圆所包含的闭合区域为蓝色,同样设置矩形的颜色为品红;

五、同时选中两图元,执行"美工"菜单下的菜单项"图元合并",则得到如图 10-8 右边的图元合并块,中间重叠部分成为镂空效果,且合并后除重叠部分外的图·

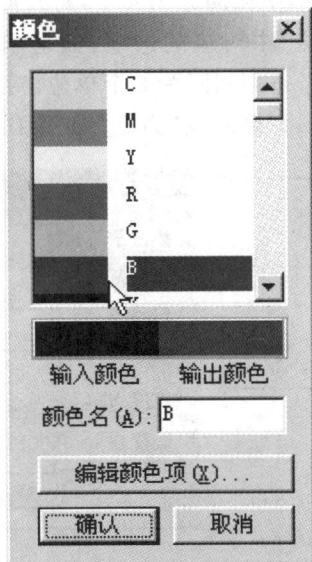

图 10-8 选择底纹颜色

元块底纹都为合并前最后选择的矩形图元的底纹，即品红色底纹。

图元合并的功能和块合并的功能的效果不同，图10-9左边是两图元直接执行"版面"菜单下的"块合并"效果，可以看出该操作只是简单地把两图元块合并，两个图元重叠的部分并没有镂空效果。

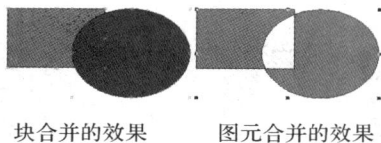

块合并的效果　　　　图元合并的效果

图 10-9

注：图元合并或块合并后的块不能再和其他图元进行图元合并。

10.2.6　矩形分割与合并

选中矩形块，执行"格式"菜单中"矩形分割"命令，可以根据需要，通过对话框的设定，把该矩形平均分成大小相等的几个矩形。"矩形合并"命令则把几个矩形合并成一个大的矩形。

一、矩形分割的操作方法如下

（一）用矩形生成工具，在版面生成一矩形，并选中该矩形块；

（二）执行"格式"菜单下的"矩形分割"，将弹出"块分割"对话框，如图10-10；

（三）设置"块分割"对话框中纵向分为4个，每行间隔为2个（此对话框中使用的单位是环境量中"长度单位"中对应的选项，如毫米），即"纵分割"对应项为4，"纵间隔"为2；横向分为4列，每列间隔为2个单位（对应的单位为"单位"中对应的选项），即"横分割"对应项为4，"横间隔"为2。如图10-10所示。

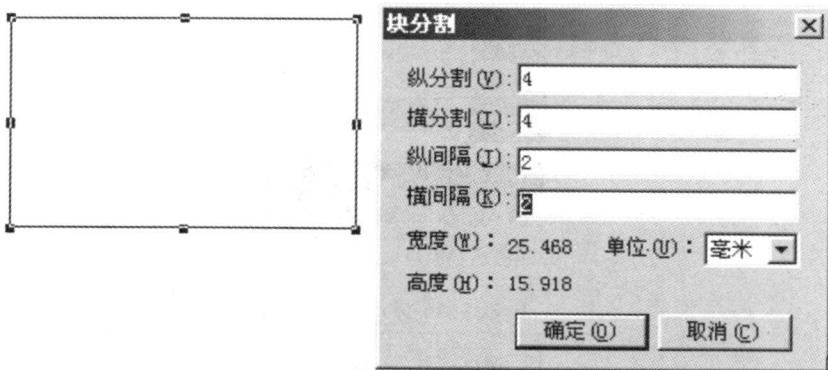

图 10-10 块分割对话框的设置

设置完后，按"确定"后，该矩形变为如图排列的 16 个大小相等、每个相隔 2 毫米的矩形，如图 10-11 为分割后的矩形。

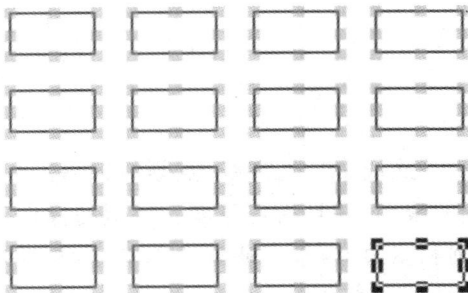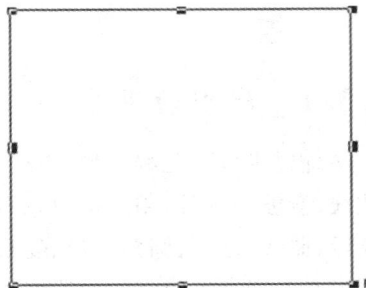

图 10-11　　　　　　　　　　　　　　　图 10-12

二、矩形合并的操作方法如下

（一）选中需合并的多个矩形，此时被选中的矩形显示出把柄；

（二）执行"格式"菜单下的"矩形合并"，生成一包含所有矩形的最小矩形，合并前选中的矩形都被删除，如图 10-12 合并后的矩形为包含所有要合并矩形的最小矩形。

10.2.7　定比例块变形

飞腾中还有一种修改块的方法，就是可以定比例修改图元的形状。可以进行定比例修改的图元对象有：矩形、圆角矩形、圆（椭圆）、菱形、直线。对于进行了块合并后的块，也可以等比例改变大小。

等比例改变图元大小时，首先用选取工具选中对象，将光标挪到块的任意一个把柄点，则光标变成双箭头，按住 Ctrl 键，再按住鼠标左键拖动图元的把柄，则可以等比例改变图元的大小，即只能改变块的大小，不改变其长宽比。

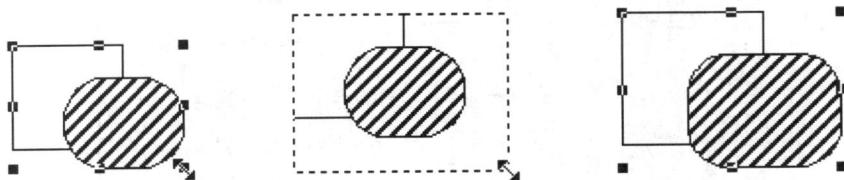

图 10-13　定比例块变形的效果

注：对于经过旋转、倾斜、拉压的图元，同样可以等比例地改变图元的大小。

对于直线，按住 Ctrl 键，可以沿着直线的方向改变直线的长短，即直线的斜率不变。

10.3 图元的线型、花边和底纹设置

10.3.1 线型的设置

系统提供以下几种线型:空线、单线、文武线、双线、点线、点划线或双点划线、单波线、双波线等等,用户可以选择不同的线型,并且指定宽度。线型的操作对象是线段、曲线、矩形、圆角矩形、菱形、椭圆和多边形,系统缺省值是单线,并且缺省线宽为 0.1 毫米。线型的设置方法有三种,以下将逐一介绍。

一、通过"线型"对话框设置线型

(一)选中要改变线型的图元。

(二)执行"线型"菜单项中的"线型"命令。

(三)系统给出"线型"对话框,如图 10-14。

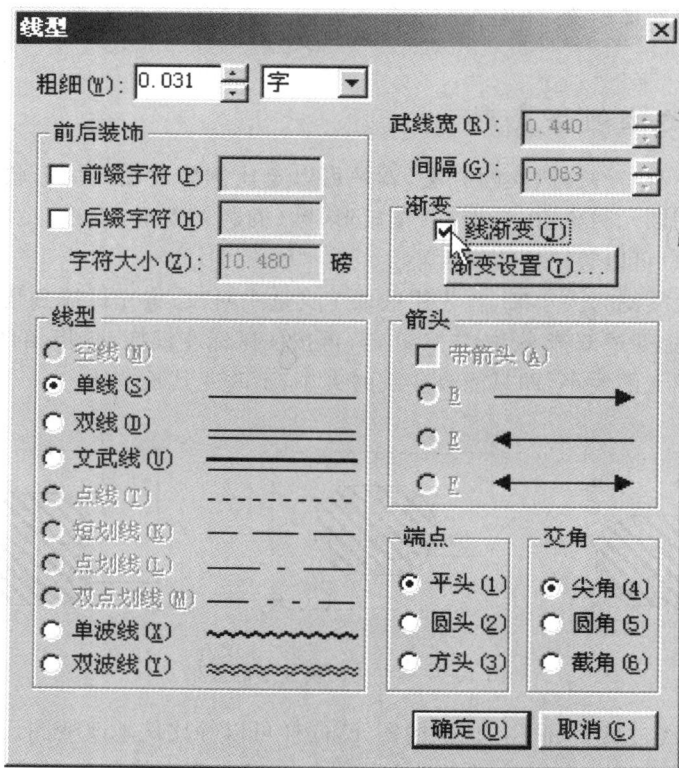

图 10-14 "线型"对话框的设置

　　其中"粗细"编辑框用于设置线宽，"前后装饰"中的"前缀字符"和"后缀字符"用于在非封闭图元的两端设置字符；在"线型"选中为"文武线"状态下，才可以设置"武线宽"和"间隔"，"武线宽"设置文武线中较粗的武线的粗细，"间隔"是指武线和文线之间的距离。

　　选中"线渐变"，点击"渐变设置"，弹出"渐变设置对话框"，如图 10-15，选择渐变方式为"单向渐变"或"循环渐变"。在该对话框中"起始颜色"将弹出"颜色"对话框，选择对应的颜色红色，如图 10-16，设置"终止颜色"的方法相同。

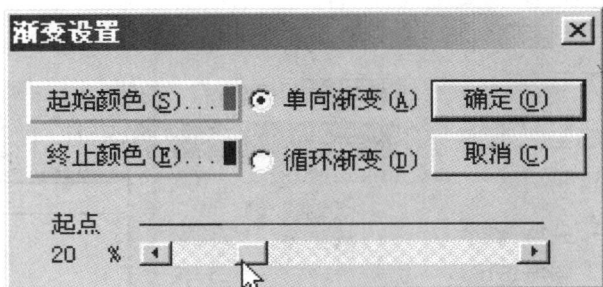

图 10-15　渐变线渐变颜色设置

　　如下图 10-16 用鼠标点击"渐变设置"中的渐变"起点"选择框为 20%，确认后，得到的图元从图元的长度 20% 处开始渐变。

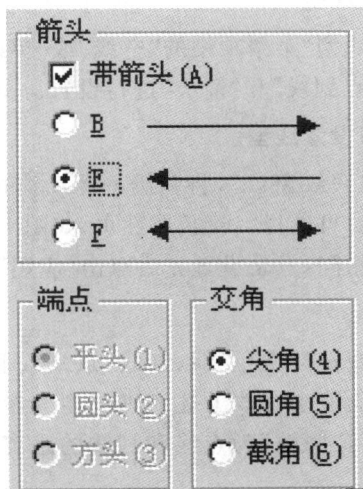

图 10-16　渐变起点的设置

　　在"线型"对话框中可以设置图元是否带箭头及何种类型的箭头，如图 10-17。飞腾中的空线、文武线、单波线、双波线等四种线型不能设置箭头。

"线型"对话框中还可以设置图元的交角类型和端点类型,交角类型有三种:"尖角"、"圆角"、"截角",是指交点处线的形状为尖角、圆角或截角。端点类型有三种:"平头"、"方头"、"圆头",是指线端点的形状。

(四)按照上述介绍设置好线型的各参数。

(五)用鼠标点一下"确认"或者直接按回车键,线型设置就完成了。

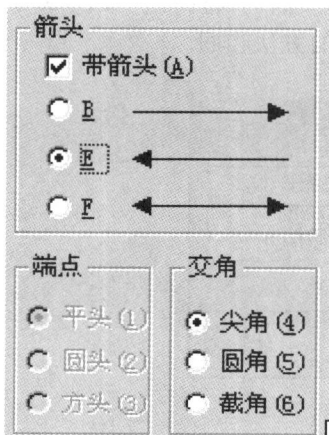

图 10-17 箭头类型的选择

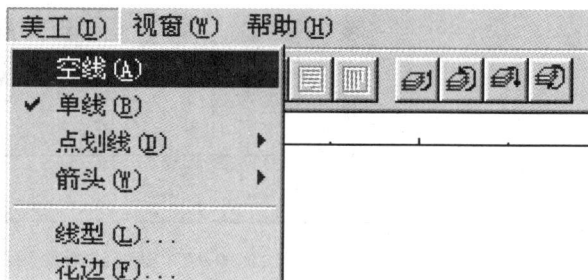

图 10-18 菜单命令设置线型

二、菜单命令设置改变线型

另外,也可直接执行"线型"菜单项中的"空线"或"单线"菜单命令设置线型,如图 10-18。其中还可以对"点划线"和"箭头"进行设置。

三、通过花边底纹窗口设置线型

选择"视窗"下的"花边底纹窗口",将弹出一浮动窗口,在排版过程中,该窗口也可以为打开的状态。此时可选择"线型"属性页,如图 10-19。具体设置方法和上面设置线型的第一种方法相同,只是设置完后点击"应用",设置即起作用。

四、点划线的设置

在飞腾中的虚线包含四种类型:点线、划线、点划线和双划线。可以通过设置起点位置、点长、划长和间隔值来修改上述四种线型的参数,其中"划长"为划线的长度,"点长"为点线的长度,"间隙"为点线和划线的距离,"起点"为整个点划线从该起点处开始设置点划线。

"点划线"的设置:先画一直线,通过前面所说的设置线型的方法将线型设为上面四种线型的一种,再执行"美工"菜单下的"点划线"子菜单中的"点划线设置"选项,将弹出一"点划线设置"对话框,对不同的线型,可编辑的项也不同。

图 10-19　花边底纹窗口中的线型设定

具体设置如下：

（一）点线由三个量描述：点长、间隔长和起始位置，如图 10-20 所示。

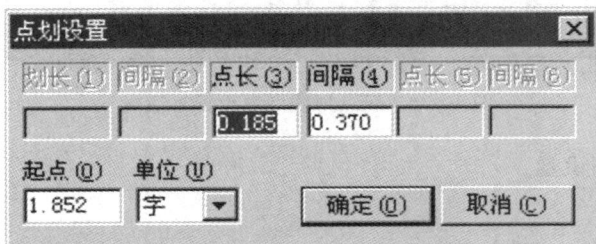

图 10-20　点线时点划设置对话框

（二）划线由三个量描述：划长、间隔长和起始位置。

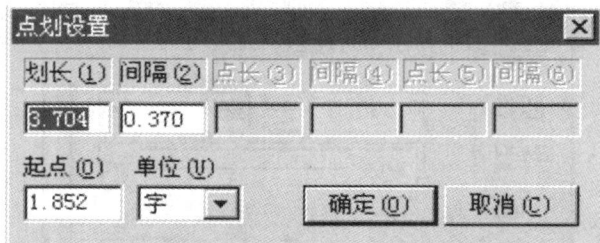

图 10-21　划线点划设置对话框

（三）点划线由五个量描述：划长、间隔长、点长、间隔长和起始位置。

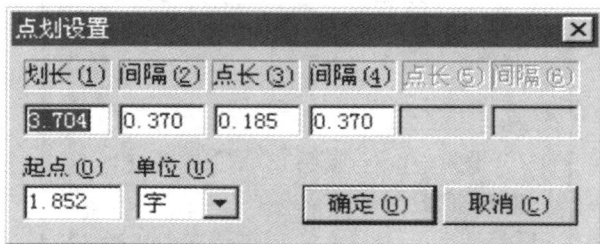

图 10-22　点划线点划设置对话框

（四）双点划线由七个量描述：划长、间隔长、点长、间隔长、点长、间隔长和起始位置。

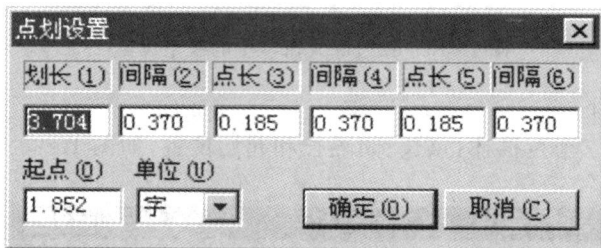

图 10-23　双点划线点划设置对话框

五、"箭头"的设置

操作方法：

（一）画一不封闭曲线，并在"线型"对话框中设置"带箭头"的属性。

（二）选择"美工"菜单中"箭头"子菜单下的"箭头调整"菜单项，则弹出一"箭头调整"对话框，如图 10-24，可在其中设置箭头的各项参数。

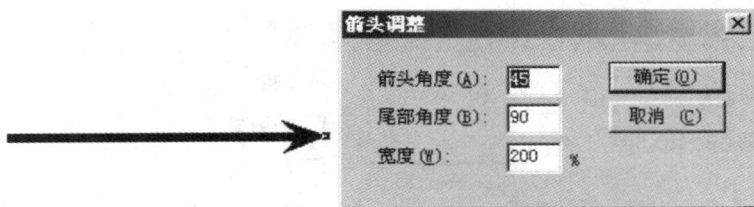

图 10-24　箭头调整的设置

其中的各项参数意义如下图 10-25 所示。

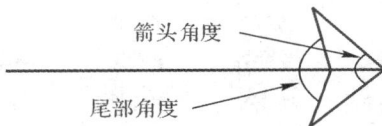

图 10-25　箭头各参数的意义

如图 10-25 所示,"箭头角度"指的是箭头顶部外侧线的夹角;"尾部角度"指的是箭头尾部内侧线的夹角;"宽度"对应为前面提到的两夹角顶点的距离。

10.3.2　花边的设置

飞腾系统提供 102 种花边,包括单波纹线、双波纹线及其他 100 种花边,花边的作用对象是线段、矩形、菱形和多边形。用户可以指定花边的编号和粗细,花边的编号范围为 0～99,花边的粗细值代表了一种字号级别。

系统缺省的花边编号为 0,系统缺省粗细值是 10.50 磅。

设置花边有两种方法:

一、通过"美工"菜单下的"花边"子菜单

制作一多边形花边的具体操作如下:

(一)选中多边形图元,执行"线型"菜单项中的"花边"菜单命令,系统给出"花边"对话框(如图 10-26);

(二)选中"花边线"项;

(三)若改变花边的粗细,则在"粗细"编辑框中给出粗细值;

(四)用鼠标在"种类"列中选择所需花边号,或在"编号"编辑框中直接输入花边的编号数;

(五)若需要设置渐变,则选中渐变,并同"线型"对话框中介绍的一样设置渐变颜色;"前后装饰"中的"前坠字符"和"后缀字符"是指在非封闭图元的两端设置字符;

(六)用鼠标选择"确认"或直接按回车键,完成设置花边的操作。

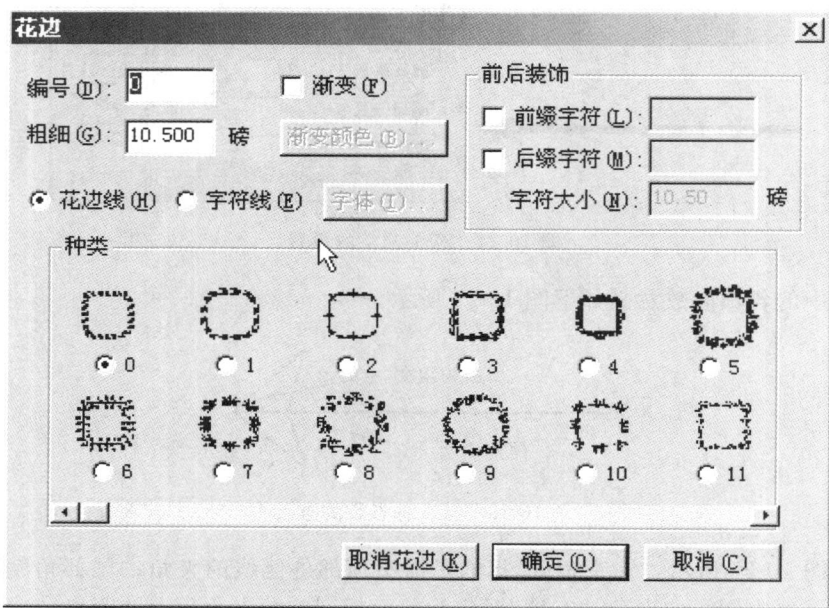

图 10-26　花边的设置

　　若要取消花边,则选中该对象后,再重复步骤(一)操作,直接按该对话框中的"取消花边"按钮即可。

　　若要用字符作花边线则选中"字符线"项,"花边"对话框中的"编号"项自动变为"字符",在"字符"项编辑框中输入用作于花边的文字,点按"字体"项还可以设置文字对应的字体。

二、通过花边底纹窗口设置花边

　　选择"视窗"下的"花边底纹窗口",将弹出一浮动窗口,鼠标点按"花边线"属性页即可进行花边的设置,如图 10-27 所示。

　　具体设置方法和上述设置花边的操作基本相同,只是设置完后点击"应用",设置即起作用。

10.3.3　底纹的设置

　　飞腾系统提供 273 种底纹,底纹编号 1～273。底纹的作用对象是矩形、菱形、椭圆等封

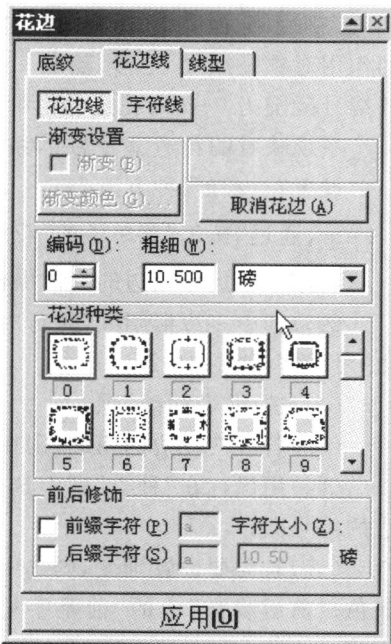

图 10-27　底纹花边窗口中的花边设置

闭的图元、文字块及其他组合块。每种底纹可以有单一颜色或渐变颜色。底纹有两种作用方式:取代和取反。设置底纹有两种方法,下面将详细介绍。

一、通过"美工"菜单下的"底纹"菜单

(一)画一矩形(或其他封闭图元),选中该矩形。

(二)按"美工"菜单下的"底纹"菜单或点鼠标右键,点中"底纹",弹出"底纹"对话框,如图 10-28 所示。

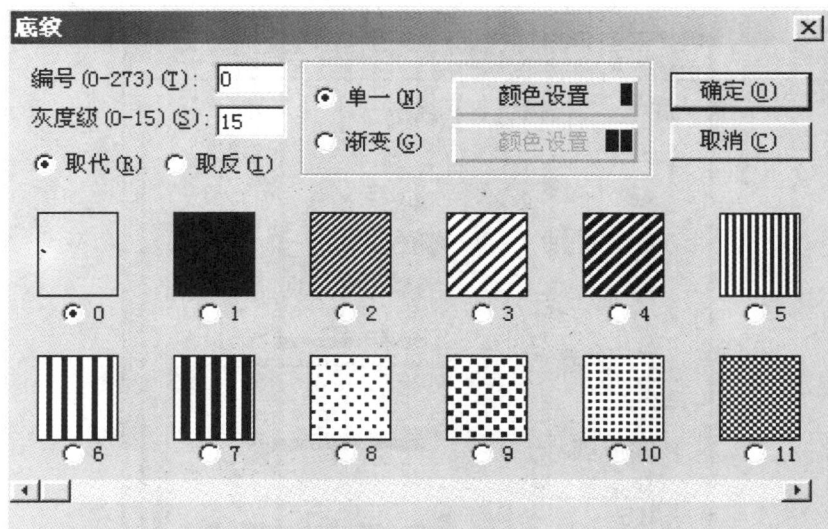

图 10-28　底纹的设置

(三)点击所需的底纹类型,或是在该"底纹"对话框中的"编号"项对应的编辑框中直接输入对应的编号,如 2。

(四)选择单一或渐变底纹,并点按"颜色设置"设置相应的颜色。

(五)选择底纹的作用方式:指底纹对下层的块的作用效果,包括:取代或取反。

"取代":底纹颜色遮住下层的块;"取反":处于下层的块的颜色与本来的颜色相反。

(六)按"确认"后即完成了底纹设置。

系统的底纹缺省设置是:0 号底纹透明,颜色为单一颜色,作用方式为取代。

二、通过花边底纹窗口设置底纹

选择"视窗"下的"花边底纹窗口",弹出浮动窗口,鼠标点按"底纹"属性页,将显示底纹设置窗口,如图 10-30。

具体设置方法和上述设置底纹的操作基本相同。底纹的单一、渐变的设置分

图 10-29　左边为取代的效果，右边为取反的效果，文字块都在图元的下层

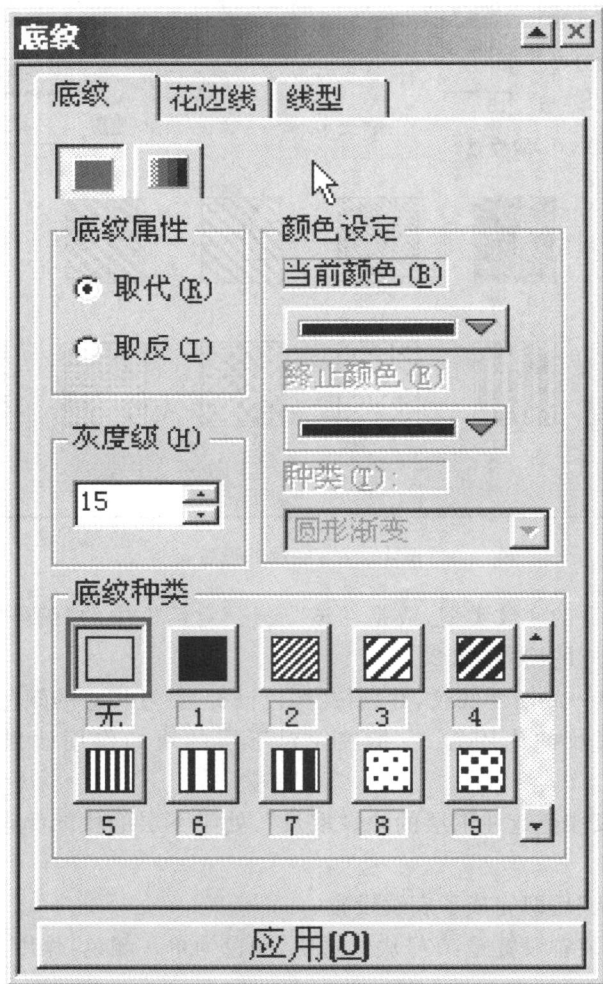

报刊编辑实务教程

图 10-30　底纹花边窗口中的底纹设置

别为"底纹属性"上一行的两个按钮。设置完后点击"应用"按钮，设置即起作用。

10.4　图元勾边和裁剪勾边

10.4.1　图元勾边

使用图元勾边功能可以在图元边框线的内外侧都沿线勾上一层或两层边,并且可以设置勾线的颜色和粗细。具体操作步骤如下:

一、用选取工具选中需勾边的图元,比如椭圆。

二、选择"美工"菜单下的"图元勾边"菜单命令,弹出"图元勾边"对话框,如图10-31 所示。

三、选择"直接勾边"选项,并且选中"一重勾边"选项,其旁边的"宽度"对应的设置框变为可编辑的,输入勾边线的宽度数值,缺省值为 0.135,对应的单位为字。

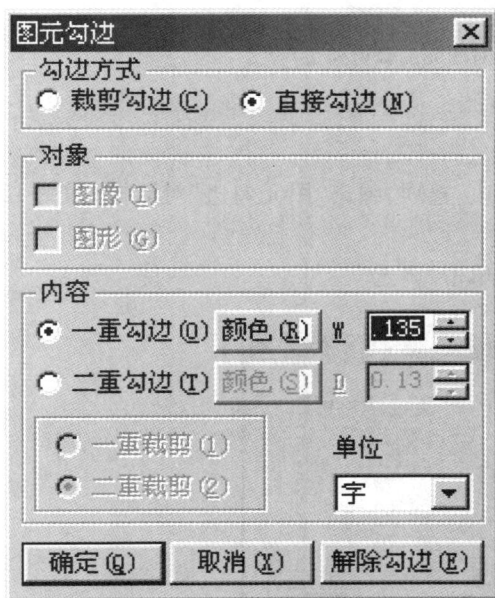

图 10-31　图元勾边的设置　　　　图 10-32　勾过两层较粗边的椭圆

四、点按"颜色"按钮,将弹出"颜色"对话框,选择所需颜色,确认,将在该"颜色设定"按钮上显示对应的颜色。

五、若需设两种颜色的勾边,选上"二重勾边",同样设定二重勾边线的宽度和颜色。

六、设置好各项后,按确认,即可得到勾过边的图元(如图 10-32)。

10.4.2　图元对象的裁剪勾边

飞腾中可以对图元实现裁剪勾边的效果。并且可以选中多个图元,同时对这些图元进行图元裁剪勾边的设置。

对图元进行裁剪勾边的目的是为了使压在相近颜色底层图片上的图元轮廓可以清楚地显示出来。通常使用的方法是在图元上勾一圈白边,但是并不是整个图元都勾上,而是只勾压在图片上的部分。在飞腾中不仅能对文字进行裁剪勾边,而且也可以对图元进行裁剪勾边,效果如图 10-33 所示。

图 10-33　对图元的裁剪勾边

操作方法:

一、选中要裁剪勾边的图元。

二、单击"美工"菜单中的"图元勾边"选项,弹出"图元勾边"对话框,如图 10-34 所示。

三、在对话框中设置相关选项后,单击"确定"。

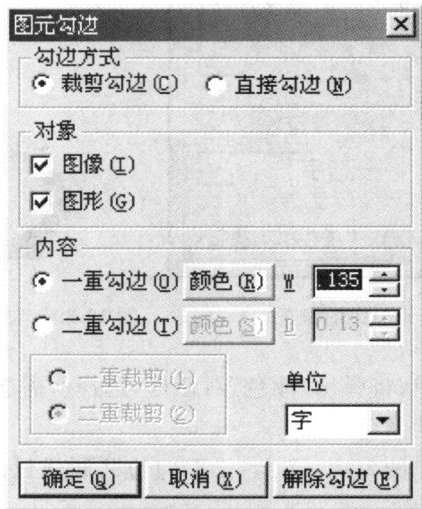

图 10-34　图元勾边对话框

"图元勾边"对话框各个选项的含义如下：

"裁剪勾边"：选中"裁剪勾边"选项，则设置图元具有裁剪勾边的属性；而选中"直接勾边"，则给图元加了勾边，但没有裁剪属性，即图元在任何地方都有勾边。

"对象"：设了裁剪勾边的图元在何种对象上有裁剪勾边的效果，对象可以是图像，也可以是图元，也可两者都有。

"内容"：在内容中可以选择"一重勾边"，也可以选择"二重勾边"。单击"颜色"按钮，弹出颜色编辑框，编辑勾边的颜色。

选中"二重勾边"时，"一重裁剪"和"二重裁剪"选项被激活。这两项的功能的设置和文字裁剪勾边中的设置相同。

10.4.3 立体底纹

飞腾系统可以对图元、图像、文字块以及各种对象的合并块做立体底纹效果，有两种立体底纹：平行、透视。下面就以图元为例，讲解一下设置立体底纹的具体操作步骤：

一、用选取工具选中版面上的图元，如一正方形。

二、选择"美工"菜单的"立体底纹"菜单命令，弹出"立体底纹"对话框，如图10-35所示。

三、依次设置立体底纹的各项后，按"确认"即可。

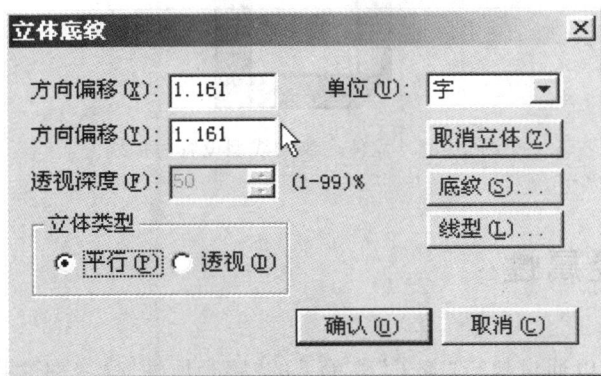

图 10-35 立体底纹对话框的设置

"立体底纹"对话框各个选项含义如下：

"方向偏移(x)"和"方向偏移(y)"：方向偏移是指平移（或透视）后的图元中心相对于原图元中心的偏移值。正值表示立体底纹向右、下偏，负值表示向左、上偏。通过调整方向偏移值可以控制立体底纹的方向和厚度。

注：选择透视类型时，输入的方向偏移值必须足够大，使得透视后的图元不是全部在原图元之内，否则透视效果的立体底纹不会出现。

"透视深度"：当选择透视类型时该编辑框有效，透视深度用来定义立体底纹透视效果的程度。如果透视后的图元面积是原面积的 1％，那么透视深度是 99％。

"立体类型"有两种：

平行：立体底纹为平行效果，如图 10-36。

透视：立体底纹为透视效果，如图 10-37。

图 10-36　正方形加平行立体底纹　　　　图 10-37　正方形加透视立体底纹

"取消立体"：取消该选中块的立体底纹设置。

"底纹"：弹出"底纹"对话框，设置立体部分的底纹，底纹类型的缺省设置为空。

"线型"：弹出"线型"对话框，设置立体底纹边界线的线型，缺省的线型为空线。图 10-38 线型为单线、平行效果立体底纹的正方形。

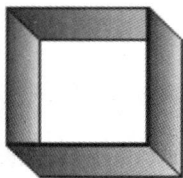

图 10-38　立体底纹的线型设置为单线

10.5　路径属性

飞腾系统可以通过执行"美工"菜单下的"路径属性"命令对文字块和封闭的图元设置不同的路径属性，如图 10-39 所示的下拉菜单，对具有不同属性的图元可以做其他不同的操作，生成图元的缺省路径属性为"正常"。

"正常"是指对象本身默认的路径属性，生成图元的缺省路径属性为"正常"。文字块的"正常"路径属性就是排版区域。对曾经变更过路径属性的对象可重新选中"正常"命令来使其恢复默认的状态，此时，该命令将被标记。

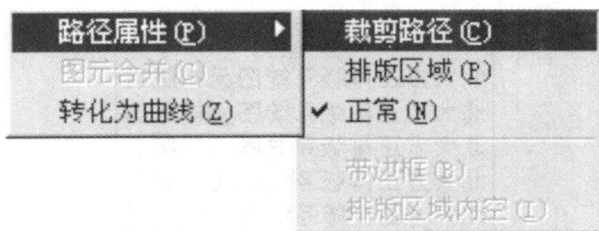

图 10-39 "美工"菜单下的对象路径属性设置菜单

10.5.1 排版区域

飞腾可以把图元对象设置为排版区域,定义为排版区域后的图元变成空的文字块,可以实现灌文等一系列文字排版区域的操作。

一、排版属性设置的具体操作方法:

(一)绘制任意闭合图元,并选中该图元。

(二)选择"美工"菜单的"路径属性"下拉菜单中的"排版区域"命令,这时的图元变为一特殊文字块,在此图元内能进行直接输入文字、灌入文字等文字块操作。

二、灌入 txt 文件的方法如下:

(一)选择"文件"菜单的"排版"子菜单;

(二)弹出"文字排版"对话框;

(三)从"文件种类"下拉式菜单中选择文件类型,缺省设置为.txt;

(四)从"搜索"下拉式菜单中选择准备灌入的文本文件所在的驱动器;

(五)在列表中双击此文本文件所在的文件夹;

(六)准备灌入的文本文件被显示在列表中,单击此文件,则文件名被显示在下面的"文件名"编辑框中;

(七)单击"排版"按钮;

(八)鼠标指针变为▨,在要灌入文字的图元排版区域内单击,此时该文本文件排入该图元排版区。

注:设置图元排版区的版面边空和普通文字块操作不同,普通文字块的边空设置在选中该文字块后按鼠标右键的文字块参数对话框中设置。

三、图元特殊排版区版面边空的设置操作方法:

(一)选中工具箱中的选取工具;

(二)单击准备设置边空的图元排版区(如图 10-40);

(三)选择"美工"菜单中"路径属性"下的"排版区域内空";

北大方正排版系统图元排版区
北大方正排版系统图元排版区
北大方正排版系统图元排版区
北大方正排版系统图元排版区
北大方正排版系统图元排版区
北大方正排版系统图元排版区
北大方正排版系统图元排版区
北大方正排版系统图元排版区
北大方正排版系统图元排版区

图 10-40　矩形图元排版区

（四）弹出"区域内空"对话框（如图 10-41），在"区域内空"对应的编辑框中输入数值 1，即该排版区域的文字和矩形的边线距离为 1 个版心字大小；

（五）单击"确定"按钮，该图元排版区的边空为 1 个版心字大小，如图 10-42。

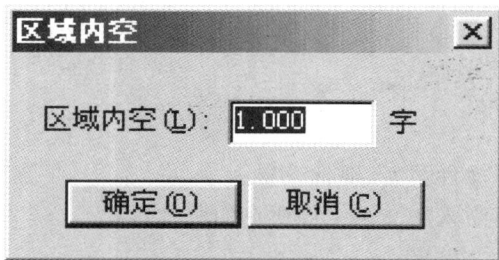

区域内空

区域内空(L): 1.000　字

确定(O)　取消(C)

图 10-41　图元排版区边空的设置

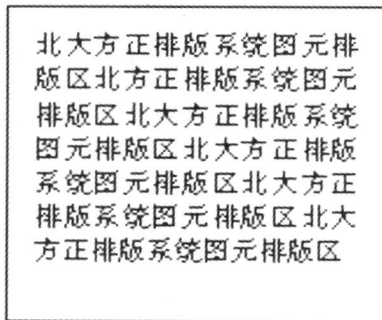

北大方正排版系统图元排
版区北方正排版系统图元
排版区北大方正排版系统
图元排版区北大方正排版
系统图元排版区北大方正
排版系统图元排版区北大
方正排版系统图元排版区

图 10-42　对图元排版区设置边空为 1 后的效果

10.5.2　裁剪路径

利用封闭的图元块或文字块，对图像或图元有用的一部分进行裁剪。操作时，用工具条中的选取工具来选中要定义为裁剪路径的封闭图元或者文字块，然后选择"美工"菜单中"路径属性"下的"裁剪路径"选项，把要裁剪的图像和已定义为裁剪路径的对象重叠放置，再选择"版面"菜单的"块合并"就可以了。另外，飞腾中对封闭图元，可以直接将图像排入其中而不用设"裁剪路径"。

一、封闭的图元作为裁剪路径裁剪其他块

具体操作步骤如下：

（一）利用图元工具作一个封闭的图元，如一椭圆，为了显示效果，在此加粗了该椭圆的线宽；

（二）选中这个图元，执行"版面"菜单中"路径属性"下的"裁剪路径"命令；

（三）灌入一图像；

（四）拖动这个图到图元的适当地方；

（五）用飞腾中同时选中多个块的方法选中该图元以及要被裁剪的图像，如图10-43；

（六）执行"版面"菜单中"块合并"命令或按快捷键 F4，版面上所选中的块则被该图元裁剪，如图 10-44。

图 10-43　裁剪前的图元和图像　　　　图 10-44　裁剪后的图元和图像

二、对裁剪好的块调整裁剪效果的工具

具体操作步骤如下：

（一）选中工具条中的按钮，此时光标变为按钮上对应的形状；

（二）鼠标点中裁剪区域，按下左键不放，光标为手掌形，如图 10-45，拖动鼠标，图像也跟着移动；

（三）移动到合适的位置后，松开左键即可。

三、具有裁剪属性的文字块对加底纹的图元进行裁剪

具体操作如下：

（一）画一图元（如一矩形），再输入几个汉字生成一文字块；

（二）给图元加底纹，同时可以改变文字的字体和字号，如图10-46。

图 10-45　调整裁剪效果，此时光标为手掌形

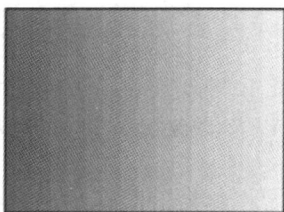

图 10-46　裁剪前的图元和文字块　　　　图 10-47　裁剪后的合并块

（三）选中文字块，设置裁剪路径属性，即执行"版面"菜单中"路径属性"中"裁剪路径"命令；

（四）拖动该文字块到图元上的合适位置，再同时选中图元和文字块；

（五）按 F4 或执行"版面"菜单下的"块合并"命令，即得到裁剪后的合并块，如图 10-47 所示。

10.5.3　平面透视

飞腾中的"平面透视"功能可以对文字（要先转成曲线）及图形实现一种平面透视的美术效果。即让图形或文字看起来有一种由近及远的感觉。如图 10-48 所示。

图 10-48　平面透视变换示意图

平面透视的可操作对象包括：任意的图元块、转换成曲线的文字块、只包含图元块的成组块。

在飞腾中实现"平面透视"功能的菜单有："美工"菜单下的"平面透视（Q）"中的"编辑透视（E）"、"清除透视（D）"、"作用透视（T）"子菜单项，及"编辑"菜单中的"粘贴透视属性（Q）"菜单项，如图 10-49 所示。

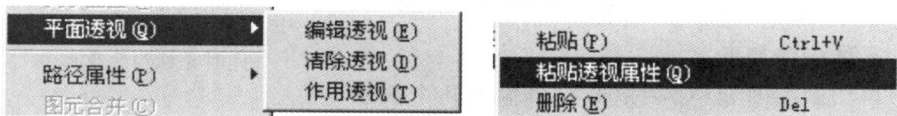

图 10-49　平面透视菜单

以下具体介绍各子菜单项的含义：

编辑透视——即对图元、文字或成组的块实现平面透视效果的过程。

清除透视——删除透视变换过的图元、文字或成组的块的透视效果。

作用透视——将块的透视属性作用到块上（用形状相同的多边形或贝塞尔曲线来代替当前透视过的块）。

粘贴透视属性——将一个块的平面透视效果复制到另一个块的过程（要求被复制块必须是经过了透视变换的，而复制块可以是透视过或没透视过的图元、已转成曲线的文字块或成组块）。

当对对象进行平面透视的操作时，版面中的对象周围会出现透视外包框，同时鼠标变为箭头形状，当将鼠标放到透视外包框的把柄点上，鼠标会变为手形状。在对透视对象进行透视编辑时要使用外包控制框，每个透视外包框包含四个控制把柄点，拖动控制把柄，即可改变透视效果，如图 10-50 所示。

图 10-50　透视外包框示意图

以下具体介绍各个选项的操作方法：

一、编辑透视

（一）选中工具条中的选取工具；

（二）选中待操作对象；

（三）选择的对象如果不是透视变换的可操作对象，则菜单项"编辑透视"处在置灰的状态，不可选；当对象是上面所说的可操作对象时，"编辑透视"变成可选的；

（四）选择可操作对象，再选择"编辑透视"，如果当前被选中的块是成组块而且块中已经有透视过的块时，则出现一个对话框（如图 10-51）询问将作用子块的原有的透视属性，是否继续？

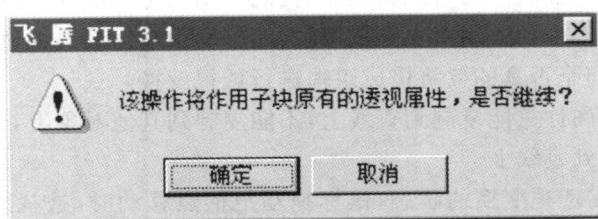

图 10-51　成组块透视变换的提示对话框

（五）当选择确定按钮或选择的对象是其他的可操作对象，在当前选择块的周

围生成一个透视外包框,此时只能选择透视外包框的四个控制把柄点中的某一个,选择其他地方都不起作用;

(六)当光标挪动到某个控制把柄点时,就变成编辑透视的光标,按住鼠标左键,就可以拖着该把柄点移动,同时,与该把柄点相连的两边不停刷新重画;

(七)当将把柄点拖动到适当的位置时,松开鼠标左键,则对块中的每一个节点进行重新计算并刷新,实现平面透视效果。

二、清除透视

(一)选中工具条中的选取工具;

(二)将待操作对象选中;

(三)当选择的对象不是透视变换的可操作对象或该对象没有进行过透视变换时,菜单项"清除透视"处在置灰的状态,不可选;当选择的对象是进行过透视变换的可操作对象时,菜单项"清除透视"变成可选的;

(四)选择进行过透视变换的对象,再选择"清除透视"菜单项,则当前选择的块恢复到没有透视变换之前的状态;

(五)需要说明的是:清除块的透视属性,对块的旋转、倾斜、拉压等参数没有影响,清除透视时,这些参数都可以保留下来。

三、作用透视

(一)选择某个进行过透视变换的块;

(二)再选择"作用透视"菜单项,则会将矩形、菱形转换成多边形,而将圆角矩形、椭圆等转换成曲线。

(三)透视块的透视属性将删除。

四、复制透视

选中已经设置了平面透视属性的对象,单击"编辑"菜单中的"复制"选项;选中另一个对象,单击"编辑"菜单中的"粘贴透视属性"选项。

如果选择的对象是透视变换的可操作对象,或复制的对象不是透视过的块时,则菜单项"粘贴透视属性"为可编辑状态;反之,"粘贴透视属性"选项为置灰状态。

如果当前被选中的复制对象是成组块,而且块中有已经透视过的子块,则出现一个提示框,询问是否真的要将该成组块进行透视变换。

直线的透视属性只能复制到直线上,不能复制到其他对象上,而其他对象的透视属性可以复制到直线上。

注:当块处在透视变换的状态,鼠标拖动把柄点移动时,透视外包框中不允许出现某个角大于或等于 $180°$ 的情况,即透视外包框必须是凸多边形;当拖动把柄点使某个角等于或大于 $180°$ 时,将光标点重置到上一个位置点。

10.6　图像的排入和显示

10.6.1　图像的排入

飞腾系统中可以排入的图片格式有：BMP、TIF、GRH、TGA、GIF、PCX、JPG、PS、EPS、PIC。

图像排入的操作步骤如下：

一、选择"文件"菜单的"排入图像"或鼠标点击界面上工具按钮▣，弹出"图像排版"对话框（如图 10-52）。在"文件类型"对应列表项选择对应的图像格式，在"搜寻"项对应的下拉列表框中选择图像所在路径，可以通过点击网上邻居来选择网上其他机器上的图像。

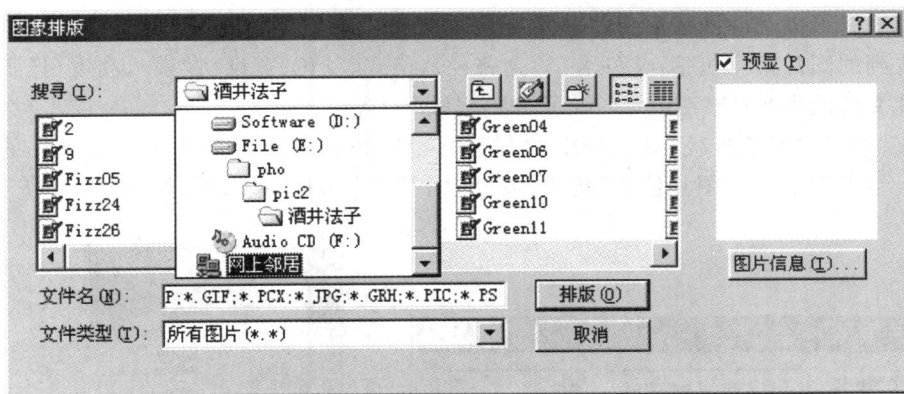

图 10-52　图像排入对话框

二、用鼠标选中图像所在的根目录后，在对话框中的文件列表中依次选择子目录，直到找到所需图像文件，若选中"图像排版"对话框右上角的"预显"项，将在该对话框中显示图像，否则不显示，即对应为空白。如图 10-53 所示。

三、单击"排版"按钮，鼠标指针变为秤砣状态。

四、若单击一下版面的合适位置，则以该位置为图像的左上角位置，将图像排入版面，在图像块的四周形成 8 个把柄，此时排入的图像为原图大小。

五、若按住鼠标左键不放，直接在版面上拖动画出想排入图像块的大小，释放鼠标左键后，图像按所画区域排入版面。如果先按住 Shift 键，再拖动鼠标左键，则图片的大小变化，但长、宽保持原图的比例不发生变化。

图 10-53　图像文件的选择和预显

10.6.2　图片信息

　　飞腾可以在灌图前后提供显示原图片文件中所包含的相关信息的对话框,可以看到的图片信息包括:文件名(含全路径)、格式、颜色、宽度(像素)、高度(像素)、图片文件的大小(千字节)、X 和 Y 分辨率(DPI)等。

　　可通过"图象排版"对话框中的"图片信息"按钮来查阅被选中图像文件的信息。单击图 10-53"图片信息"按钮,可以弹出"图片信息"对话框,如图 10-54 所示。

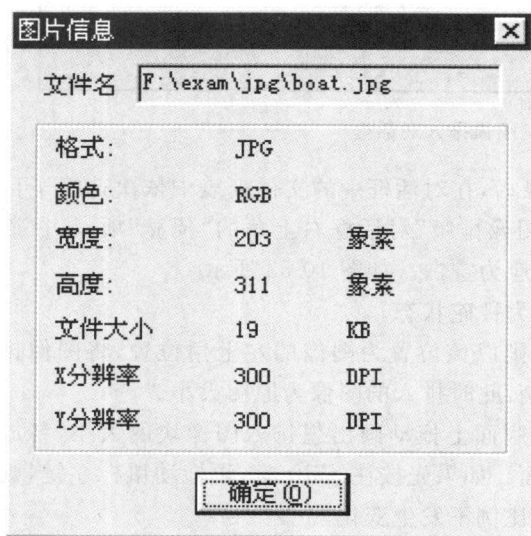

图 10-54　图片信息对话框

图 10-55　右键菜单

当图片灌入版面后，可通过单击右健菜单上的"图片信息"选项来查阅被选图像的有关信息，如图 10-55 所示。

有些图片不含分辨率信息，这时图片信息对话框中有关"X 分辨率"和"Y 分辨率"的值由环境量确定，用户可单击"文件"菜单中的"环境设置"选项，在弹出的"选项"对话框中的"环境设置"编辑页中设置"图片缺省分辨率"。该分辨率将作用于不含分辨率信息的图片，如果排入的图片本身就含有分辨率信息，那么，"图片信息"对话框中显示的将是图片自身的分辨率。

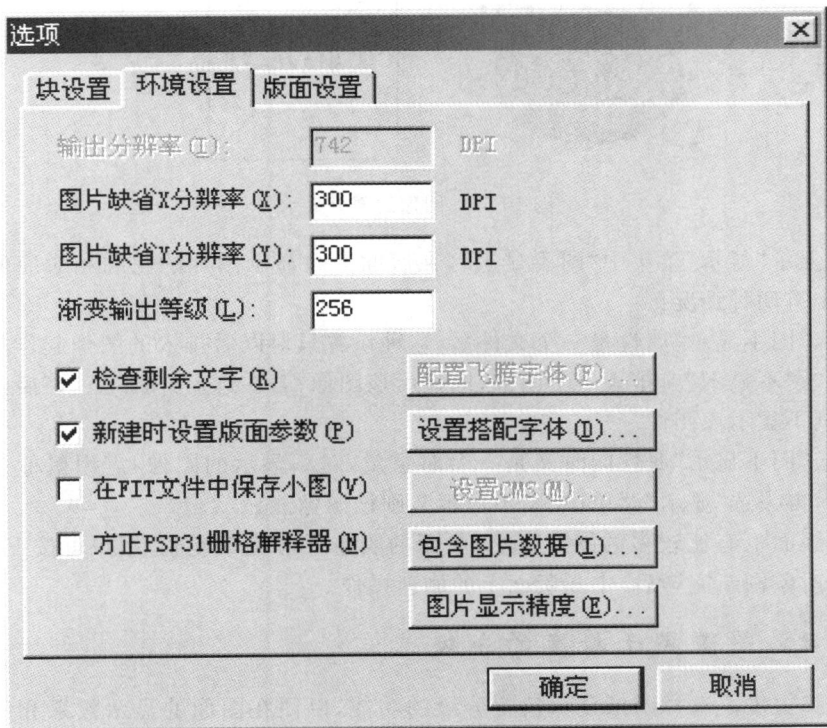

图 10-56　环境设置对话框

注：将 EPS、S2 文件排入飞腾版面。排入的方法和排入一幅图片的方法完全相同，EPS、S2 文件排入版面后，就成为一幅图像，可以看到文件的内容。

10.6.3　图像的显示

为了提高飞腾系统对于图片的显示速度，系统提供了部分显示和图片不显示功能。

选中一图像或多个图像，再选上"显示"菜单中"部分显示"，则在版面上只显示选中的图像，其他图像只显示图像的轮廓和对应的文件名，如图 10-57，从而可以加快版面的显示速度。

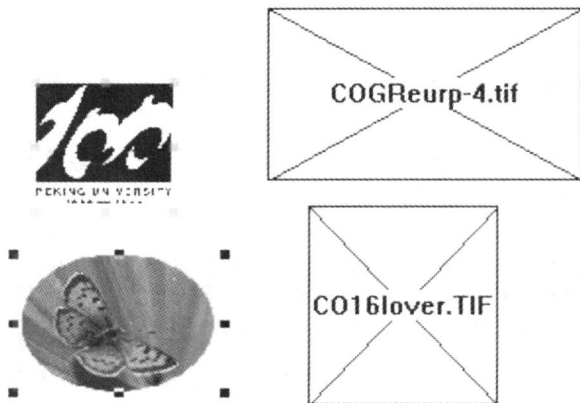

图 10-57　图像的部分显示

选上了"显示"菜单中"图不显示",在版面上只显示图片的轮廓和对应的文件名,其中有两种情况:

一、"图不显示"属性是一个文件量,这种设置只对以后排入的图像起作用。若在选中"图不显示"前排入一个图像,则显示该图像;若在选上"图不显示"后排入一图像,则不显示该图像。

二、"图不显示"属性同时又是一个对象量,对不显示的图像,需用鼠标选中该图像后,再去选"显示"菜单中"图不显示",则该图像能显示。

当版面上有比较多的图片显示,版面的刷新屏幕比较慢时,用户可按 F12 键,在当前对象刷新完毕后,中断版面上的刷新操作。

10.6.4　图像显示精度的分级

飞腾提供了选择图像显示精度分级的功能,以便在图像的显示效果和显示速度之间进行取舍。

通过在"图像显示精度"中选择显示的精度,可以确定将图排入飞腾版面时所读取的图片的信息量。例如:一个图片是 2M,但如果排入飞腾时全部读入 2M 的信息,那么就会很消耗资源,而且在版面中的刷新速度会慢下来,所以就可以在"环境设置"中选择"粗略显示",也就是排入图片时只读取图片中的 16KB 的信息,这样就节省了资源和提高了刷新速度。当要清楚地看图片的内容时,还可以再选择"显示"菜单或右键菜单中的"精细显示"选项。最快的方法就是选中图片后,单击鼠标右键,在右键菜单中单击"精细显示"选项。

显示图片精度是可以随时改变的,比如先排入版面的几幅图片对显示精度的要求较低,那么先在"选项"对话框中弹出的"图片显示精度"对话框中选择"粗略显示"，然后排入图片。这时又有几幅图片要排入版面，但这次对图片的显示精度要求较高，那么就可以在"图片显示精度"对话框中改变选项，选择"高级显示"，然后再排入图片，这样，排入的图片的显示为比较清晰的高级显示。

操作方法：

单击"文件"菜单中的"环境设置"选项，弹出"选项"对话框，在"环境设置"编辑页中单击"图片显示精度"按钮（如图 10-58），弹出"图片显示精度"对话框，如 10-59 所示。

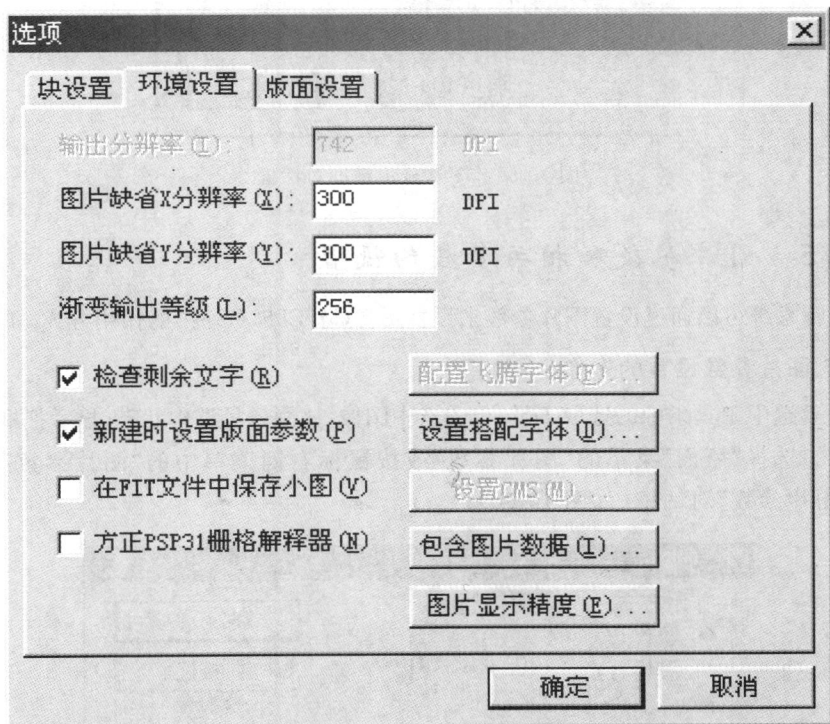

图 10-58　选项对话框

其中包括高级显示、一般显示、粗略显示和自定义显示精度四种以及精度阀值的设置。各精度等级的含义如下：

高级显示：以不高于 256K 的图像信息量来显示图片。

一般显示：以不高于 64K 的图像信息量来显示图片。

粗略显示：以不高于 16K 的图像信息量来显示图片。

自定义精度：由用户输入，用来定义显示图片，单位为 KB。

精度阀值：在选定"自定义精度"时进入可编辑状态，在其他情况下只是用于显示相应的阀值，即如果输入的数值为 100，则以不高于 100K 的信息量来显示图片。

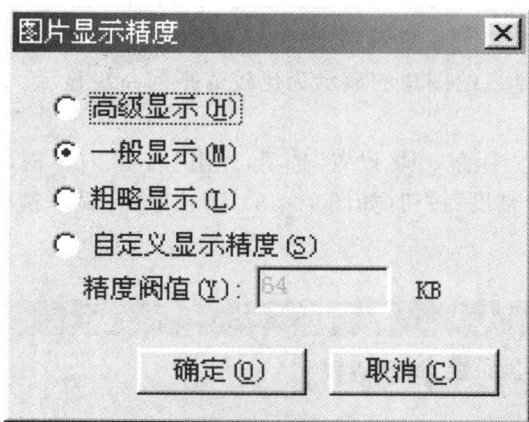

图 10-59　图片显示精度对话框

10.6.5　图片参数和相关参数的设置

飞腾系统可以通过设置图片参数来设置图像(除 EPS、PS 外)的作用方式、属性等。

一、图片参数设置的操作步骤如下

(一)选中工具条中的选取工具,单击选中图像,该图像呈选中状态(显示把柄);

(二)选择"版面"菜单的"图片参数"或按鼠标右键菜单中的"图片参数"选项,弹出"图片参数"对话框(如图 10-60);

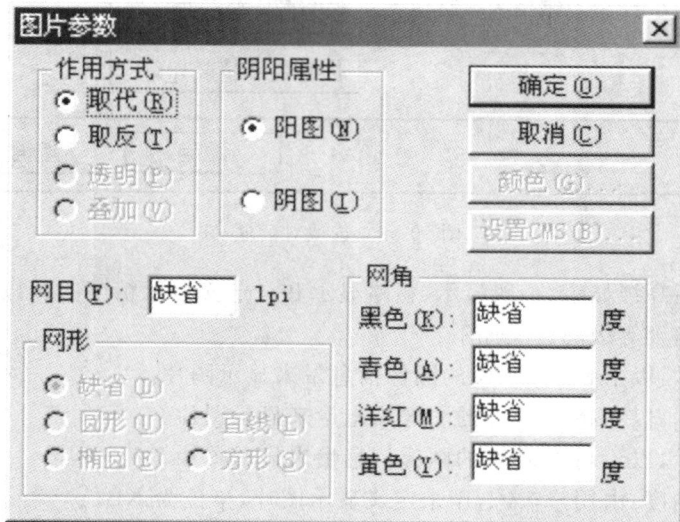

图 10-60　图片参数对话框的设置

（三）参照下面对话框中各项设置的作用来设置该对话框；

（四）按"确认"后，各设置起作用。

二、图片参数对话框中各项设置的具体作用

"作用方式"：当图像与其他对象相叠压时，上面一层的图片对下一层的对象有取代、取反、透明三种作用方式，其效果分别如下：

（一）取代（作用方式的缺省设置）

选中图像，在"图片参数"对话框中（如图 10-60），图像的作用方式被设为"取代"方式后，在重叠部分该选中的图像将覆盖住其下面的对象。如图 10-61，选中骑自行车的图像，且在图片参数对话框中设为"取代"作用方式后，在重叠的部分，它覆盖了其下面的人头图像。

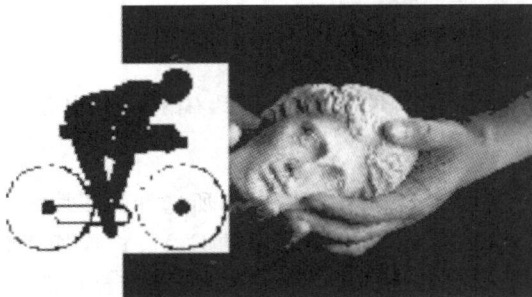

图 10-61　图像的取代作用方式

（二）取反

选中图像，在"图片参数"对话框（图 10-60）中，作用方式被设为"取反"方式后，压在该选中图像下一层的对象将反转显示。如图 10-62，选中左边的报纸图像，且在图片参数对话框中设为"取反"作用方式后，下层与上层重叠部分反转显示出来。

图 10-62　图像的取反作用方式

（三）透明（只对二值图有效）

只有选中二值图时再设置图片参数，该对话框中"透明"才为可选的，对其他类型的图像该项为不可选的。所谓二值图，就是没有灰阶单色图，设置了透明属性的二值图放在别的对象上时，图中空白的地方变成透明，可以显示出其下层的对象。如图 10-63，选中马的图像，在图片参数对话框中分别设置取代作用和透明作用，确认后得到两种不同的效果。

图 10-63　左图为取代作用的效果，右图为透明作用的效果

（四）叠加（只对二值图有效）

"叠加"也只对二值图有效。选择叠加后，所选择的图片将以叠印的方式输出。该功能可用于分色后的胶片处理，把分色后的 C、M、Y、K 四张胶片分别扫描，生成四个单色的图片，然后排到版面的同一个位置（互相重叠），把四个图片的属性置为"叠加"，则输出能达到原来的彩色效果。

（五）"阴阳属性"

图的阴阳属性表示图像是用阳图方式显示还是用阴图方式显示，该项的缺省值为"阳图"方式。如图 10-64 左图为阳图显示，显示的颜色是图像本身的颜色；右图为阴图显示，反转显示图像本身的颜色。

图 10-64　对同一图像，左图为阳图显示，右图为阴图显示

（六）"网目"

只能对灰度图和彩色图可以设置此参数，选中其他图像的情况下为置灰不可选。该项设置输出胶片时的挂网目数，图像数据通过 RIP 输出时，设置有效。该项的对应单位为 lpi。lpi 是指每英寸所含网线的数目（Line Per Inch）。

（七）"网形"

只能对灰度图设置此参数，选中其他图像的情况下为置灰不可选。该项用来设置网点的形状，有圆形、直线、方形、椭圆。

选中"缺省"表示用后端输出 RIP 中的缺省设置。

（八）"网角"

只对灰度图和彩色图可以设置此参数设置，选中其他图像的情况下为置灰不可选的。对彩色图，通常的设置是：黑（K）45 度，青（C）15 度，品红（M）75 度，黄（Y）0 度。对灰度图能设置黑版的网角。

10.6.6 打开文件时重设图像路径

如果用户改变了尚未打开的 FIT 文件中所含图像文件的路径，或原路径下的相应图片已不存在，当打开该 FIT 文件时，飞腾系统会给出设置路径对话框，如图 10-65，可对已改变路径的图像重新指定路径。

用户此时可以在"路径"对应的编辑框中键入新的路径，或单击"浏览"，进入图 10-65 所示对话框，来设定图像新的路径；选择"忽略"或"取消"，飞腾将用矩形框来代表该图像的位置和大小，可以在版面上利用下面介绍的图像管理来重新设置该图像的路径。

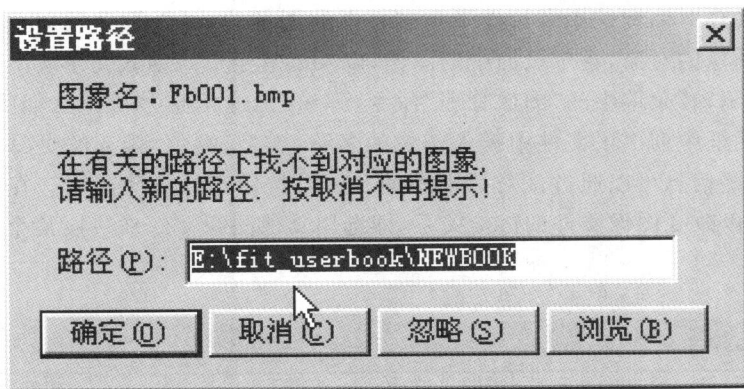

图 10-65 设置图像路径对话框

注：如果遇到多个图像文件找不到，单击"取消"按钮关闭该对话框，所有找不到的图像都将用矩形框显示；单击"忽略"按钮，只对设置路径对话框图 10-65 中显示的图像如 Fb001.bmp 用矩形框显示，对其他每个找不到的图像都将依次弹出图 10-65 对话框，来对每个图片文件路径进行重新设置。

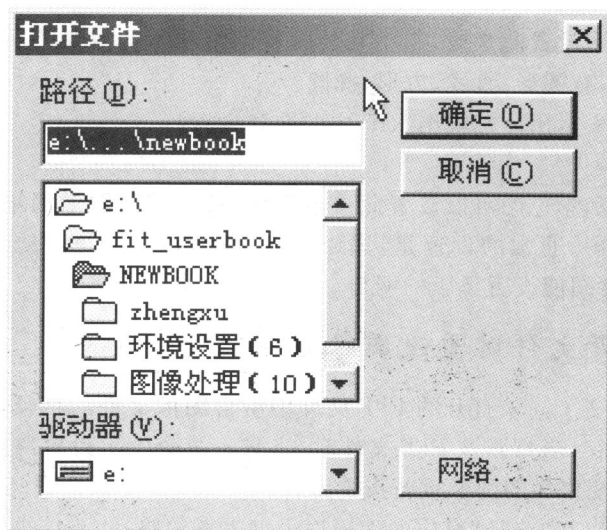

图 10-66　按浏览后,进入打开文件对话框

10.6.7　图像管理

　　图像管理对话框是用来管理飞腾文件中的图像的,可以管理版面上排入的图像或含有图像的对象,各个页面中的图像,以及以盒子形式插入文字块中的图像。

　　执行"编辑"菜单中的"图像管理"命令,弹出"图像信息"对话框(如图 10-67),在这个对话框中列出了文件中排入图像的名称、类型、颜色、排入的页号和图像所在路径,这些信息可以通过该对话框中的"打印"按钮直接打印出来。在这个对话框中,还可以改变图像文件的链接关系,即选用其他图像文件来替换某个选中的图像文件。

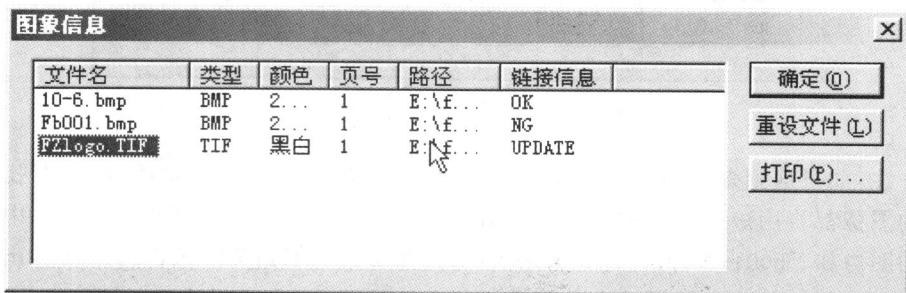

图 10-67　图像管理的"图像信息"窗口

其中"链接信息"项对应的内容有三种:"OK"表示链接正确;"UPDATE"表示

图像文件已通过"重设文件"被更换；"NG"表示此图像文件的链接路径不正确，需重新指定。

在该对话框中用鼠标选中一个图文件名后，该文件名呈反显，再按"重设文件"按钮，将弹出"图像排版"对话框，选择一个图像文件来替换选中的图像，该图对应的"链接信息"项内容为"UPDATE"，且重设后的图像将代替以矩形轮廓显示的图像。

10.7　图像的勾边和裁剪

10.7.1　图像勾边

飞腾系统可以用折线勾出一个图像的轮廓线，并赋予其裁剪路径属性，对被勾边的图像可以通过拖拉勾边线来裁剪图像，随意地对图像做一些特殊效果。

具体操作步骤如下：

一、用工具条中的选取工具选中一图像。

二、执行"版面"菜单的"图勾边"菜单命令，将显示出该图的勾边线，如图10-68所示。

图 10-68　图勾边后的图像

三、鼠标快速双击勾边线上的一点，将在勾边线上增加节点，选中该节点，按住鼠标左键不放，拖动节点可任意调整勾边后图像的形状（如图 10-69）。

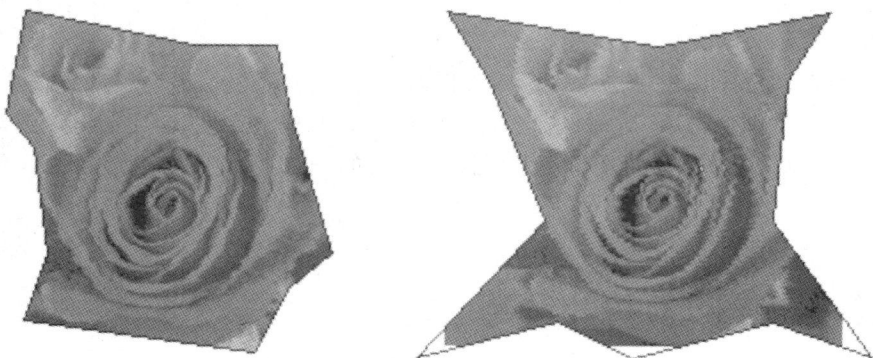

图 10-69 图勾边后,增加节点,再拖动节点的效果

四、对图勾边后的图像,还可以改变勾边线的线型和加花边。

使用"花边底纹窗口"或"线型"、"花边"对话框,改变边框线的线型、粗细,还可以选用花边加在边框线上。如图 10-70,图勾边后加花边和拖动勾边形成的效果。

图 10-70 图勾边加花边的效果

10.7.2 图像裁剪

一、被具有裁剪属性的路径裁剪

图片的裁剪有两种方式:利用封闭图元或文字块作裁剪路径,裁剪图片;利用工具箱中的裁剪工具,对图片进行裁剪。

(一)利用裁剪路径

裁剪路径是一条闭合路径,用于裁剪对象,只有在这个闭合路径内的对象才显示,其外面的部分将被裁剪掉,飞腾系统可以把封闭图元、文字块定义为裁剪路径,如图 10-71、图 10-72。

图 10-71　贝塞尔封闭曲线裁剪图像　　　　　图 10-72　文字块裁剪图像

操作步骤如下：

1. 选中工具条中的选取工具；

2. 选中要定义为裁剪路径的封闭图元（如贝塞尔封闭曲线）或者文字块；

3. 选择"美工"菜单中"路径属性"下的"裁剪路径"；

4. 拖动定义为裁剪路径的对象，与要被裁剪的图像重合；

5. 选择"版面"菜单的"块合并"，被裁剪的对象只显示在裁剪路径中的那部分；

6. 用工具条中的裁剪工具 ▣ 在裁剪路径中拖动，可选择出对象的最佳裁剪区域。

注：对没有设裁剪路径的封闭图元，选择该图元后，直接排入图片，图片被裁剪。但是，文字块不具备此属性，即直接向没有设置裁剪路径属性的文字块中排入图像，图像不能被裁剪。

（二）使用裁剪工具

使用裁剪工具，可以对图片进行最简单的裁剪，但只能在一个矩形区域中作裁剪。

具体操作步骤如下：

1. 选中工具箱中的裁剪工具 ▣，鼠标变为裁剪状态 ▣；

2. 单击要裁剪的图像，图像显示出把柄；

3. 将鼠标移到相应的把柄处，按下鼠标左键，鼠标变为 ▣ 形；

4. 拖动把柄，移动到合适位置，释放鼠标；

5. 如果按下鼠标左键时,同时按下 Ctrl 键,拖动把柄可以把图像一边框拉到比图像大。

二、改变裁剪区域

改变图像裁剪区域内显示的内容。

具体操作步骤如下:

(一)选取工具箱中的裁剪工具 ，鼠标变为裁剪状态 ；

(二)将鼠标移到图片裁剪区域内,按住鼠标左键,鼠标变成 形;

(三)拖动鼠标 ,裁剪区域内显示的内容随着移动;

(四)裁剪区域内显示出合适的内容后,释放鼠标;

三、图元裁剪图像

当设置了一个图元为裁剪路径,排一幅图后,图元自动将图像裁剪成图元的形状。

这时,如果选中图元,按 Delete 键,则将图元和图元里的图像都删除;如果选取工具箱中的裁剪工具 ,选中排入了图像的图元,按 Delete 键,则只删除图像,而图元还保留在版面中。

四、裁剪状态下对外包图元的拉压

在裁剪状态下,即选取工具箱中的裁剪工具 ,对于含有外包图元(包括矩形、圆角矩形、椭圆、菱形、多边形)的图片,飞腾不仅能对图片进行裁剪操作,而且也可以单独选中外包图元,并对外包图元的把柄进行操作来对图片进行裁剪。

鼠标点击不同的区域将选中不同的对象,鼠标点击区域分为三种情况:

(一)点击外包图元以外的区域:此时外包图元与图片均不被选中;

(二)点击外包图元与图片之间的区域(包括外包图元本身):此时只选中外包图元;

(三)点击图片内的区域:此时只选中图片。

图片或外包图元被选中之后就可以进行相应的拉压操作。

五、文字裁剪勾边

用户可以对放置在图像上或图元上的文字块中的文字加勾边,并裁剪掉落在图像或图元外文字的勾边线。选择"美工"菜单的"文字裁剪勾边"命令,弹出"文字裁剪勾边"对话框,在该对话框中必须用鼠标点击"调整"或"全部调整"按钮才能将裁剪勾边属性设到选中的文字块。如图 10-73。

选中"压图像时裁剪勾边",则可对压在图像上的文字设置裁剪勾边,选中"压图形时裁剪勾边"则可对压在图形上的文字设置裁剪勾边。以上两个选项可同时选中。

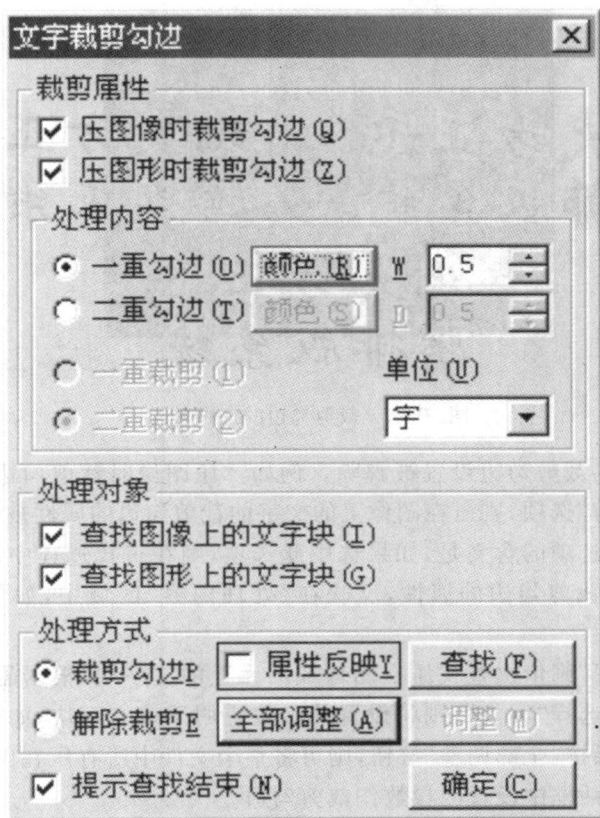

图 10-73 文字裁剪勾边对话框

在"处理内容"区域中设置文字勾边的重数、颜色、勾边宽度：当选中"二重勾边"后，可以选择是否要"二重裁剪"，如果选择"一重裁剪"则对于加了两重勾边的文字，图像内的文字两层勾边都保留，图像外的文字只裁掉外层勾边，保留内层勾边；如果选择"二重裁剪"，对于两重勾边的文字，图像内的文字两层勾边都保留，图像外的文字无论外层勾边还是内层勾边都被裁掉。

设置好对话框中的选项后，单击"调整"按钮，则在图像或图元内的文字被加上勾边，并且文字在图像内的部分其勾边被保留，而在图像外的部分其勾边被裁掉，如图 10-74。右上角的文字块为一重勾边，左上角的文字块为二重勾边且不选二重裁剪，下方的文字块为二重勾边且选二重裁剪的效果。

为了确定查找的范围，可以在"处理对象"编辑框中选中"查找图像上的文字块"，或选中"查找图形上的文字块"，也可以两个选项同时选中，表明查找的范围。

在"处理方式"编辑框中，如果选择"解除裁剪"，则对话框中的"处理内容"编辑框中的内容置灰，此时，"压图像时裁剪勾边"和"压图形时裁剪勾边"这两个选项

图 10-74　裁剪勾边的三种效果

中,被选中文字的裁剪勾边设置被解除。例如,"压图像时裁剪勾边"被选中,并且选中了"解除裁剪"选项,则压在图像上的文字的裁剪勾边的属性被解除。

　　"属性反映"选项的含义是,如果选中此选项,则在查找过程中,可以显示当前选中的文字块的裁剪勾边的属性,反映在"处理内容"区域中,如勾边的颜色、层数等。

　　若单击"查找"则依次查找压在图像或图元上的文字块,根据需要选择"调整"或"查找"。如果选择"调整",则将设置的参数应用于该文字块;如果选择"查找",则不做处理;如果按"全部调整"按钮,则可将整个文件中所有压在图像或图元上的文字块均按此对话框中设置的参数作裁剪勾边。

　　如果选中,则当查找完图元或图像上的所有文字块时,会弹出提示对话框,如图 10-75,询问是否继续查找。如果不选中"提示查找结果"选项,则可以循环查找,不会弹出提示对话框。

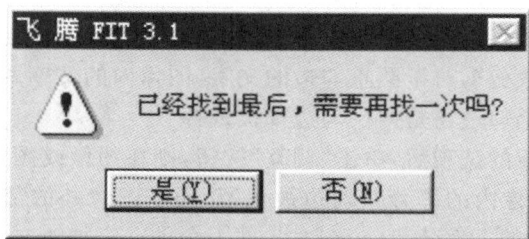

图 10-75　查找时的提示对话框

【本章小结】

　　飞腾排版软件中可生成的图元有直线段、矩形、棱形、椭圆、圆角矩形、多边形和贝塞尔曲线等,可以对这些图元进行编辑、修饰、添加立体底纹、路径属性及平面透视等方面的设置和操作。飞腾系统支持多种格式的图像文件排入,可以用文字或图元裁剪图像,可以对图像进行旋转、倾斜等操作,可以取代和取反被压的对象,可以用阳图或阴图显示,可以对图像进行管理,还可以对压在图像上的文字进行裁剪勾边,制作出一些特殊的文字和图像效果。

【思考训练】

1.查看排入图片的信息。

2.选择图像的显示精度。

3.设置图片参数和图像路径。

4.对图像进行勾边操作。

5.对图像进行裁剪操作。

【课堂讨论】

1.选取三个在图像编排方面比较有特色的报纸版面,谈谈图像编排的特殊手段如何有效地为版面设计服务。

2.选取两份同题材的报刊版面,谈谈它们在图像编排方面的异同。

【参考文献】

［1］高萍编著. 方正飞腾 4.1 排版应用教程［M］. 北京:科学出版社,2010.

［2］胡丹编著. 报纸电子编辑实验教程［M］. 北京:中国人民大学出版社,2009.

［3］罗昕,彭柳,刘敏编著. 报刊新闻电子编辑［M］. 北京:北京大学出版社,2009.

［4］北大方正电子有限公司编著. 方正飞腾 4.0/4.1 集成排版软件使用说明书［M］,2003.

附录：

报纸出版管理规定

（新闻出版总署令第 32 号）

《报纸出版管理规定》已经 2005 年 9 月 20 日新闻出版总署第 1 次署务会议通过,现予公布,自 2005 年 12 月 1 日起施行。

新闻出版总署署长:石宗源

二〇〇五年九月三十日

报纸出版管理规定

第一章　总则

第一条　为促进我国报业的发展与繁荣,规范报纸出版活动,加强报纸出版管理,根据国务院《出版管理条例》及相关法律法规,制定本规定。

第二条　在中华人民共和国境内从事报纸出版活动,适用本规定。

报纸由依法设立的报纸出版单位出版。报纸出版单位出版报纸,必须经新闻出版总署批准,持有国内统一连续出版物号,领取《报纸出版许可证》。

本规定所称报纸,是指有固定名称、刊期、开版,以新闻与时事评论为主要内容,每周至少出版一期的散页连续出版物。

本规定所称报纸出版单位,是指依照国家有关规定设立,经新闻出版总署批准并履行登记注册手续的报社。法人出版报纸不设立报社的,其设立的报纸编辑部视为报纸出版单位。

第三条　报纸出版必须坚持马克思列宁主义、毛泽东思想、邓小平理论和"三个代表"重要思想,坚持正确的舆论导向和出版方向,坚持把社会效益放在首位、社会效益和经济效益相统一和贴近实际、贴近群众、贴近生活的原则,为建设中国特色社会主义营造良好氛围,丰富广大人民群众的精神文化生活。

第四条　新闻出版总署负责全国报纸出版活动的监督管理工作,制定并实施全国报纸出版的总量、结构、布局的规划,建立健全报纸出版质量综合评估制度、报纸年度核验制度以及报纸出版退出机制等监督管理制度。

地方各级新闻出版行政部门负责本行政区域内的报纸出版活动的监督管理工作。

第五条　报纸出版单位负责报纸的编辑、出版等报纸出版活动。

报纸出版单位合法的出版活动受法律保护。任何组织和个人不得非法干扰、阻止、破坏报纸的出版。

第六条　新闻出版总署对为我国报业繁荣和发展做出突出贡献的报纸出版单位及个人实施奖励。

第七条　报纸出版行业的社会团体按照其章程,在新闻出版行政部门的指导下,实行自律管理。

第二章　报纸创办与报纸出版单位设立

第八条　创办报纸、设立报纸出版单位,应当具备下列条件:

(一)有确定的、不与已有报纸重复的名称;

(二)有报纸出版单位的名称、章程;

(三)有符合新闻出版总署认定条件的主管、主办单位;

(四)有确定的报纸出版业务范围;

(五)有30万元以上的注册资本;

(六)有适应业务范围需要的组织机构和符合国家规定资格条件的新闻采编专业人员;

(七)有与主办单位在同一行政区域的固定的工作场所;

(八)有符合规定的法定代表人或者主要负责人,该法定代表人或者主要负责人必须是在境内长久居住的中国公民;

(九)法律、行政法规规定的其他条件。

除前款所列条件外,还须符合国家对报纸及报纸出版单位总量、结构、布局的规划。

第九条　中央在京单位创办报纸并设立报纸出版单位,经主管单位同意后,由主办单位报新闻出版总署审批。

中国人民解放军和中国人民武装警察部队系统创办报纸并设立报纸出版单位,由中国人民解放军总政治部宣传部新闻出版局审核同意后报新闻出版总署审批。

其他单位创办报纸并设立报纸出版单位,经主管单位同意后,由主办单位向所在地省、自治区、直辖市新闻出版行政部门提出申请,省、自治区、直辖市新闻出版行政部门审核同意后,报新闻出版总署审批。

第十条　两个以上主办单位合办报纸,须确定一个主要主办单位,并由主要主办单位提出申请。

报纸的主要主办单位应为其主管单位的隶属单位。报纸出版单位和主要主办单位须在同一行政区域。

第十一条　创办报纸、设立报纸出版单位,由报纸出版单位的主办单位提出申请,并提交以下材料:

(一)按要求填写的《报纸出版申请表》;

(二)主办单位、主管单位的有关资质证明材料;

(三)拟任报纸出版单位法定代表人或者主要负责人的简历、身份证明文件及国家有关部门颁发的职业资格证书;

(四)新闻采编人员的职业资格证书;

(五)报纸出版单位办报资金来源及数额的相关证明文件;

(六)报纸出版单位的章程;

(七)工作场所使用证明;

(八)报纸出版可行性论证报告。

第十二条　新闻出版总署自收到创办报纸、设立报纸出版单位申请之日起90日内,作出批准或者不批准的决定,并直接或者由省、自治区、直辖市新闻出版行政部门书面通知主办单位;不批准的,应当说明理由。

第十三条　报纸主办单位应当自收到新闻出版总署批准决定之日起60日内办理注册登记手续:

(一)持批准文件到所在地省、自治区、直辖市新闻出版行政部门领取并填写《报纸出版登记表》,经主管单位审核签章后,报所在地省、自治区、直辖市新闻出版行政部门;

(二)《报纸出版登记表》一式五份,由报纸出版单位、主办单位、主管单位及省、自治区、直辖市新闻出版行政部门各存一份,另一份由省、自治区、直辖市新闻出版行政部门在15日内报送新闻出版总署备案;

(三)省、自治区、直辖市新闻出版行政部门对《报纸出版登记表》审核无误后,在10日内向主办单位发放《报纸出版许可证》,并编入国内统一连续出版物号;

(四)报纸出版单位持《报纸出版许可证》到工商行政管理部门办理登记手续,依法领取营业执照。

第十四条　报纸主办单位自收到新闻出版总署的批准文件之日起60日内未办理注册登记手续,批准文件自行失效,登记机关不再受理登记,报纸主办单位须把有关批准文件缴回新闻出版总署。

报纸出版单位自登记之日起满90日未出版报纸的,由新闻出版总署撤销《报纸出版许可证》，并由原登记的新闻出版行政部门注销登记。

因不可抗力或者其他正当理由发生前款所列情形的，报纸出版单位的主办单位可以向原登记的新闻出版行政部门申请延期。

第十五条　报社应当具备法人条件，经核准登记后，取得法人资格，以其全部法人财产独立承担民事责任。

报纸编辑部不具有法人资格，其民事责任由其主办单位承担。

第十六条　报纸出版单位变更名称、合并或者分立，改变资本结构，出版新的报纸，依照本规定第九条至第十三条的规定办理审批、登记手续。

第十七条　报纸变更名称、主办单位、主管单位、刊期、业务范围，依照本规定第九条至第十三条的规定办理审批、登记手续。

报纸变更刊期，新闻出版总署可以委托省、自治区、直辖市新闻出版行政部门审批。

本规定所称业务范围包括办报宗旨、文种。

第十八条　报纸变更开版，经主办单位审核同意后，由报纸出版单位报所在地省、自治区、直辖市新闻出版行政部门批准。

第十九条　报纸出版单位变更单位地址、法定代表人或者主要负责人、报纸承印单位，经其主办单位审核同意后，由报纸出版单位在 15 日内向所在地省、自治区、直辖市新闻出版行政部门备案。

第二十条　报纸休刊连续超过 10 日的，报纸出版单位须向所在地省、自治区、直辖市新闻出版行政部门办理休刊备案手续，说明休刊理由和休刊期限。

报纸休刊时间不得超过 180 日。报纸休刊超过 180 日仍不能正常出版的，由新闻出版总署撤销《报纸出版许可证》，并由所在地省、自治区、直辖市新闻出版行政部门注销登记。

第二十一条　报纸出版单位终止出版活动的，经主管单位同意后，由主办单位向所在地省、自治区、直辖市新闻出版行政部门办理注销登记，并由省、自治区、直辖市新闻出版行政部门报新闻出版总署备案。

第二十二条　报纸注销登记，以同一名称设立的报纸出版单位须与报纸同时注销，并到原登记的工商行政管理部门办理注销登记。

注销登记的报纸和报纸出版单位不得再以该名称从事出版、经营活动。

第二十三条　中央报纸出版单位组建报业集团，由新闻出版总署批准；地方报纸出版单位组建报业集团，向所在地省、自治区、直辖市新闻出版行政部门提出申请，经审核同意后，报新闻出版总署批准。

第三章　报纸的出版

第二十四条　报纸出版实行编辑责任制度，保障报纸刊载内容符合国家法律、法规的规定。

第二十五条　报纸不得刊载《出版管理条例》和其他有关法律、法规以及国家规定的禁止内容。

第二十六条　报纸开展新闻报道必须坚持真实、全面、客观、公正的原则，不得刊载虚假、失实报道。

报纸刊载虚假、失实报道，致使公民、法人或者其他组织的合法权益受到侵害的，其出版单位应当公开更正，消除影响，并依法承担相应民事责任。

报纸刊载虚假、失实报道，致使公民、法人或者其他组织的合法权益受到侵害的，当事人有权要求更正或者答辩，报纸应当予以发表；拒绝发表的，当事人可以向人民法院提出诉讼。

报纸因刊载虚假、失实报道而发表的更正或者答辩应自虚假、失实报道发现或者当事人要求之日起，在其最近出版的一期报纸的相同版位上发表。

报纸刊载虚假或者失实报道，损害公共利益的，新闻出版总署或者省、自治区、直辖市新闻出版行政部门可以责令该报纸出版单位更正。

第二十七条　报纸发表或者摘转涉及国家重大政策、民族宗教、外交、军事、保密等内容，应严格遵守有关规定。

报纸转载、摘编互联网上的内容，必须按照有关规定对其内容进行核实，并在刊发的明显位置标明下载文件网址、下载日期等。

第二十八条　报纸发表新闻报道，必须刊载作者的真实姓名。

第二十九条　报纸出版质量须符合国家标准和行业标准。报纸使用语言文字须符合国家有关规定。

第三十条　报纸出版须与《报纸出版许可证》的登记项目相符，变更登记项目须按本规定办理审批或者备案手续。

第三十一条　报纸出版时须在每期固定位置标示以下版本记录：

（一）报纸名称；

（二）报纸出版单位、主办单位、主管单位名称；

（三）国内统一连续出版物号；

（四）总编辑（社长）姓名；

（五）出版日期、总期号、版数、版序；

（六）报纸出版单位地址、电话、邮政编码；

（七）报纸定价（号外须注明"免费赠阅"字样）；

（八）印刷单位名称、地址；

（九）广告经营许可证号；

（十）国家规定的涉及公共利益或者行业标准的其他标识。

第三十二条　一个国内统一连续出版物号只能对应出版一种报纸，不得用同一国内统一连续出版物号出版不同版本的报纸。

出版报纸地方版、少数民族文字版、外文版等不同版本（文种）的报纸，须按创办新报纸办理审批手续。

第三十三条　同一种报纸不得以不同开版出版。

报纸所有版页须作为一个整体出版发行，各版页不得单独发行。

第三十四条　报纸专版、专刊的内容应与报纸的宗旨、业务范围相一致，专版、专刊的刊头字样不得明显于报纸名称。

第三十五条　报纸在正常刊期之外可出版增期。出版增期应按变更刊期办理审批手续。

增期的内容应与报纸的业务范围相一致；增期的开版、文种、发行范围、印数应与主报一致，并随主报发行。

第三十六条　报纸出版单位因重大事件可出版号外；出版号外须在报头注明"号外"字样，号外连续出版不得超过 3 天。

报纸出版单位须在号外出版后 15 日内向所在地省、自治区、直辖市新闻出版行政部门备案，并提交所有号外样报。

第三十七条　报纸出版单位不得出卖、出租、转让本单位名称及所出版报纸的刊号、名称、版面，不得转借、转让、出租和出卖《报纸出版许可证》。

第三十八条　报纸刊登广告须在报纸明显位置注明"广告"字样，不得以新闻形式刊登广告。

报纸出版单位发布广告应依据法律、行政法规查验有关证明文件，核实广告内容，不得刊登有害的、虚假的等违法广告。

报纸的广告经营者限于在合法授权范围内开展广告经营、代理业务，不得参与报纸的采访、编辑等出版活动。

第三十九条　报纸出版单位不得在报纸上刊登任何形式的有偿新闻。

报纸出版单位及其工作人员不得利用新闻报道牟取不正当利益，不得索取、接受采访报道对象及其利害关系人的财物或者其他利益。

第四十条　报纸采编业务和经营业务必须严格分开。

新闻采编业务部门及其工作人员不得从事报纸发行、广告等经营活动；经营部门及其工作人员不得介入新闻采编业务。

第四十一条　报纸出版单位的新闻采编人员从事新闻采访活动，必须持有新闻出版总署统一核发的新闻记者证，并遵守新闻出版总署《新闻记者证管理办法》的有关规定。

第四十二条　报纸出版单位根据新闻采访工作的需要，可以依照新闻出版总署《报社记者站管理办法》设立记者站，开展新闻业务活动。

第四十三条　报纸出版单位不得以不正当竞争行为或者方式开展经营活动，不得利用权力摊派发行报纸。

第四十四条　报纸出版单位须遵守国家统计法规,依法向新闻出版行政部门报送统计资料。

报纸出版单位应配合国家认定的出版物发行数据调查机构进行报纸发行量数据调查,提供真实的报纸发行数据。

第四十五条　报纸出版单位须按照国家有关规定向国家图书馆、中国版本图书馆和新闻出版总署以及所在地省、自治区、直辖市新闻出版行政部门缴送报纸样本。

第四章　监督管理

第四十六条　报纸出版活动的监督管理实行属地原则。

省、自治区、直辖市新闻出版行政部门依法负责本行政区域报纸和报纸出版单位的登记、年度核验、质量评估、行政处罚等工作,对本行政区域的报纸出版活动进行监督管理。

其他地方新闻出版行政部门依法对本行政区域内报纸出版单位及其报纸出版活动进行监督管理。

第四十七条　报纸出版管理实施报纸出版事后审读制度、报纸出版质量评估制度、报纸出版年度核验制度和报纸出版从业人员资格管理制度。

报纸出版单位应当按照新闻出版总署的规定,将从事报纸出版活动的情况向新闻出版行政部门提出书面报告。

第四十八条　新闻出版总署负责全国报纸审读工作。地方各级新闻出版行政部门负责对本行政区域内出版的报纸进行审读。下级新闻出版行政部门要定期向上一级新闻出版行政部门提交审读报告。

主管单位须对其主管的报纸进行审读,定期向所在地新闻出版行政部门报送审读报告。

报纸出版单位应建立报纸阅评制度,定期写出阅评报告。新闻出版行政部门根据管理工作需要,可以随时调阅、检查报纸出版单位的阅评报告。

第四十九条　新闻出版总署制定报纸出版质量综合评估标准体系,对报纸出版质量进行全面评估。

经报纸出版质量综合评估,报纸出版质量未达到规定标准或者不能维持正常出版活动的,由新闻出版总署撤销《报纸出版许可证》,所在地省、自治区、直辖市新闻出版行政部门注销登记。

第五十条　省、自治区、直辖市新闻出版行政部门负责对本行政区域的报纸出版单位实施年度核验。年度核验内容包括报纸出版单位及其所出版报纸登记项目、出版质量、遵纪守法情况、新闻记者证和记者站管理等。

第五十一条　年度核验按照以下程序进行:

(一)报纸出版单位提出年度自检报告,填写由新闻出版总署统一印制的《报纸出版年度核验表》，经报纸主办单位、主管单位审核盖章后，连同核验之日前连续出版的 30 期样报，在规定时间内报所在地省、自治区、直辖市新闻出版行政部门；

（二）省、自治区、直辖市新闻出版行政部门对报纸出版单位自检报告、《报纸出版年度核验表》等送检材料审核查验；

（三）经核验符合规定标准的，省、自治区、直辖市新闻出版行政部门在其《报纸出版许可证》上加盖年度核验章；《报纸出版许可证》上加盖年度核验章即为通过年度核验，报纸出版单位可以继续从事报纸出版活动；

（四）省、自治区、直辖市新闻出版行政部门自完成报纸出版年度核验工作后的 30 日内，向新闻出版总署提交报纸年度核验工作报告。

第五十二条　有下列情形之一的，暂缓年度核验：

（一）正在限期停刊整顿的；

（二）经审核发现有违法情况应予处罚的；

（三）主管单位、主办单位未履行管理责任，导致报纸出版管理混乱的；

（四）存在其他违法嫌疑需要进一步核查的。

暂缓年度核验的期限由省、自治区、直辖市新闻出版行政部门确定，报新闻出版总署备案。缓验期满，按照本规定第五十条、第五十一条重新办理年度核验。

第五十三条　有下列情形之一的，不予通过年度核验：

（一）违法行为被查处后拒不改正或者没有明显整改效果的；

（二）报纸出版质量长期达不到规定标准的；

（三）经营恶化已经资不抵债的；

（四）已经不具备本规定第八条规定条件的。

不予通过年度核验的，由新闻出版总署撤销《报纸出版许可证》，所在地省、自治区、直辖市新闻出版行政部门注销登记。

未通过年度核验的，报纸出版单位自第二年起停止出版该报纸。

第五十四条　《报纸出版许可证》加盖年度核验章后方可继续使用。有关部门在办理报纸出版、印刷、发行等手续时，对未加盖年度核验章的《报纸出版许可证》不予采用。

不按规定参加年度核验的报纸出版单位，经催告仍未参加年度核验的，由新闻出版总署撤销《报纸出版许可证》，所在地省、自治区、直辖市新闻出版行政部门注销登记。

第五十五条　年度核验结果，核验机关可以向社会公布。

第五十六条　报纸出版从业人员，应具备国家规定的新闻出版职业资格条件。

第五十七条　报纸出版单位的社长、总编辑须符合国家规定的任职资格和条件。

报纸出版单位的社长、总编辑须参加新闻出版行政部门组织的岗位培训。

报纸出版单位的新任社长、总编辑须经过岗位培训合格后才能上岗。

第五章 法律责任

第五十八条 报纸出版单位违反本规定的,新闻出版行政部门视其情节轻重,可采取下列行政措施:

(一)下达警示通知书;

(二)通报批评;

(三)责令公开检讨;

(四)责令改正;

(五)责令停止印制、发行报纸;

(六)责令收回报纸;

(七)责成主办单位、主管单位监督报纸出版单位整改。

警示通知书由新闻出版总署制定统一格式,由新闻出版总署或者省、自治区、直辖市新闻出版行政部门下达给违法的报纸出版单位,并抄送违法报纸出版单位的主办单位及其主管单位。

本条所列行政措施可以并用。

第五十九条 未经批准,擅自设立报纸出版单位,或者擅自从事报纸出版业务,假冒报纸出版单位名称或者伪造、假冒报纸名称出版报纸的,依照《出版管理条例》第五十五条处罚。

第六十条 出版含有《出版管理条例》和其他有关法律、法规以及国家规定禁载内容报纸的,依照《出版管理条例》第五十六条处罚。

第六十一条 报纸出版单位违反本规定第三十七条的,依照《出版管理条例》第六十条处罚。

报纸出版单位允许或者默认广告经营者参与报纸的采访、编辑等出版活动,按前款处罚。

第六十二条 报纸出版单位有下列行为之一的,依照《出版管理条例》第六十一条处罚:

(一)报纸出版单位变更名称、合并或者分立,改变资本结构,出版新的报纸,未依照本规定办理审批手续的;

(二)报纸变更名称、主办单位、主管单位、刊期、业务范围、开版,未依照本规定办理审批手续的;

(三)报纸出版单位未依照本规定缴送报纸样本的。

第六十三条 报纸出版单位有下列行为之一的,由新闻出版总署或者省、自治区、直辖市新闻出版行政部门给予警告,并处3万元以下罚款:

(一)报纸出版单位变更单位地址、法定代表人或者主要负责人、承印单位,未按照本规定第十九条报送备案的;

（二）报纸休刊，未按照本规定第二十条报送备案的；

（三）刊载损害公共利益的虚假或者失实报道，拒不执行新闻出版行政部门更正命令的；

（四）在其报纸上发表新闻报道未登载作者真实姓名的；

（五）违反本规定第二十七条发表或者摘转有关文章的；

（六）未按照本规定第三十一条刊登报纸版本记录的；

（七）违反本规定第三十二条，"一号多版"的；

（八）违反本规定第三十三条，出版不同开版的报纸或者部分版页单独发行的；

（九）违反本规定关于出版报纸专版、专刊、增期、号外的规定的；

（十）报纸刊登广告未在明显位置注明"广告"字样，或者以新闻形式刊登广告的；

（十一）刊登有偿新闻或者违反本规定第三十九条其他规定的；

（十二）违反本规定第四十三条，以不正当竞争行为开展经营活动或者利用权力摊派发行的。

第六十四条　报纸出版单位新闻采编人员违反新闻记者证的有关规定，依照新闻出版总署《新闻记者证管理办法》的规定处罚。

第六十五条　报纸出版单位违反报社记者站的有关规定，依照新闻出版总署《报社记者站管理办法》的规定处罚。

第六十六条　对报纸出版单位做出行政处罚，应告知其主办单位和主管单位，可以通过媒体向社会公布。

对报纸出版单位做出行政处罚，新闻出版行政部门可以建议其主办单位或者主管单位对直接责任人和主要负责人予以行政处分或者调离岗位。

第六章　附　则

第六十七条　以非新闻性内容为主或者出版周期超过一周，持有国内统一连续出版物号的其他散页连续出版物，也适用本规定。

第六十八条　本规定施行后，新闻出版署《报纸管理暂行规定》同时废止，此前新闻出版行政部门对报纸出版活动的其他规定，凡与本规定不一致的，以本规定为准。

第六十九条　本规定自二〇〇五年十二月一日起施行。

期刊出版管理规定

第一章　总　则

第一条　为了促进我国期刊业的繁荣和发展,规范期刊出版活动,加强期刊出版管理,根据国务院《出版管理条例》及相关法律法规,制定本规定。

第二条　在中华人民共和国境内从事期刊出版活动,适用本规定。

期刊由依法设立的期刊出版单位出版。期刊出版单位出版期刊,必须经新闻出版总署批准,持有国内统一连续出版物号,领取《期刊出版许可证》。

本规定所称期刊又称杂志,是指有固定名称,用卷、期或者年、季、月顺序编号,按照一定周期出版的成册连续出版物。

本规定所称期刊出版单位,是指依照国家有关规定设立,经新闻出版总署批准并履行登记注册手续的期刊社。法人出版期刊不设立期刊社的,其设立的期刊编辑部视为期刊出版单位。

第三条　期刊出版必须坚持马克思列宁主义、毛泽东思想、邓小平理论和"三个代表"重要思想,坚持正确的舆论导向和出版方向,坚持把社会效益放在首位、社会效益和经济效益相统一的原则,传播和积累有益于提高民族素质、经济发展和社会进步的科学技术和文化知识,弘扬中华民族优秀文化,促进国际文化交流,丰富人民群众的精神文化生活。

第四条　期刊发行分公开发行和内部发行。

内部发行的期刊只能在境内按指定范围发行,不得在社会上公开发行、陈列。

第五条　新闻出版总署负责全国期刊出版活动的监督管理工作,制定并实施全国期刊出版的总量、结构、布局的规划,建立健全期刊出版质量评估制度、期刊年度核验制度以及期刊出版退出机制等监督管理制度。

地方各级新闻出版行政部门负责本行政区域内的期刊出版活动的监督管理工作。

第六条　期刊出版单位负责期刊的编辑、出版等期刊出版活动。

期刊出版单位合法的出版活动受法律保护。任何组织和个人不得非法干扰、阻止、破坏期刊的出版。

第七条　新闻出版总署对为我国期刊业繁荣和发展做出突出贡献的期刊出版单位及个人实施奖励。

第八条　期刊出版行业的社会团体按照其章程,在新闻出版行政部门的指导下,实行自律管理。

第二章　期刊创办和期刊出版单位设立

第九条　创办期刊、设立期刊出版单位,应当具备下列条件:

（一）有确定的、不与已有期刊重复的名称；

（二）有期刊出版单位的名称、章程；

（三）有符合新闻出版总署认定条件的主管、主办单位；

（四）有确定的期刊出版业务范围；

（五）有 30 万元以上的注册资本；

（六）有适应期刊出版活动需要的组织机构和符合国家规定资格条件的编辑专业人员；

（七）有与主办单位在同一行政区域的固定的工作场所；

（八）有确定的法定代表人或者主要负责人，该法定代表人或者主要负责人必须是在境内长久居住的中国公民；

（九）法律、行政法规规定的其他条件。

除前款所列条件外，还须符合国家对期刊及期刊出版单位总量、结构、布局的总体规划。

第十条　中央在京单位创办期刊并设立期刊出版单位，经主管单位审核同意后，由主办单位报新闻出版总署审批。

中国人民解放军和中国人民武装警察部队系统创办期刊并设立期刊出版单位，由中国人民解放军总政治部宣传部新闻出版局审核同意后报新闻出版总署审批。

其他单位创办期刊并设立期刊出版单位，经主管单位审核同意后，由主办单位向所在地省、自治区、直辖市新闻出版行政部门提出申请，省、自治区、直辖市新闻出版行政部门审核同意后，报新闻出版总署审批。

第十一条　两个以上主办单位合办期刊，须确定一个主要主办单位，并由主要主办单位提出申请。

期刊的主要主办单位应为其主管单位的隶属单位。期刊出版单位和主要主办单位须在同一行政区域。

第十二条　创办期刊、设立期刊出版单位，由期刊出版单位的主办单位提出申请，并提交以下材料：

（一）按要求填写的《期刊出版申请表》；

（二）主管单位、主办单位的有关资质证明材料；

（三）拟任出版单位法定代表人或主要负责人简历、身份证明文件及国家有关部门颁发的职业资格证书；

（四）编辑出版人员的职业资格证书；

（五）办刊资金来源、数额及相关的证明文件；

（六）期刊出版单位的章程；

（七）工作场所使用证明；

（八）期刊出版可行性论证报告。

第十三条　新闻出版总署应当自收到创办期刊、设立期刊出版单位的申请之日起 90 日内，作出批准或者不批准的决定，并直接或者由省、自治区、直辖市新闻出版行政部门书面通知主办单位；不批准的，应当说明理由。

第十四条　期刊主办单位应当自收到新闻出版总署批准决定之日起 60 日内办理注册登记手续：

（一）持批准文件到所在地省、自治区、直辖市新闻出版行政部门领取《期刊出版登记表》，填写一式五份，经期刊主管单位审核签章后，报所在地省、自治区、直辖市新闻出版行政部门，省、自治区、直辖市新闻出版行政部门应在 15 日内，将《期刊出版登记表》报送新闻出版总署备案；

（二）公开发行的期刊，可以向 ISSN 中国国家中心申领国际标准连续出版物号，并向新闻出版总署条码中心申领条型码；

（三）省、自治区、直辖市新闻出版行政部门对《期刊出版登记表》审核无误后，在 10 日内向主办单位发放《期刊出版许可证》；

（四）期刊出版单位持《期刊出版许可证》到工商行政管理部门办理登记手续，依法领取营业执照。

《期刊出版登记表》由期刊出版单位、主办单位、主管单位及所在地省、自治区、直辖市新闻出版行政部门各留存一份。

第十五条　期刊主办单位自收到新闻出版总署的批准文件之日起 60 日内未办理注册登记手续，批准文件自行失效，登记机关不再受理登记，期刊主办单位须把有关批准文件缴回新闻出版总署。

期刊出版单位自登记之日起满 90 日未出版期刊的，由新闻出版总署撤销《期刊出版许可证》，并由原登记的新闻出版行政部门注销登记。

因不可抗力或者其他正当理由发生前款所列情形的，期刊出版单位可以向原登记的新闻出版行政部门申请延期。

第十六条　期刊社应当具备法人条件，经核准登记后，取得法人资格，以其全部法人财产独立承担民事责任。

期刊编辑部不具有法人资格，其民事责任由其主办单位承担。

第十七条　期刊出版单位变更名称、合并或者分立、改变资本结构，出版新的期刊，依照本规定第十条至第十四条的规定办理审批、登记手续。

第十八条　期刊变更名称、主办单位或主管单位、登记地、业务范围、刊期的，依照本规定第十条至第十四条的规定办理审批、登记手续。

期刊变更刊期，新闻出版总署可以委托省、自治区、直辖市新闻出版行政部门审批。

本规定所称期刊业务范围包括办刊宗旨、文种。

第十九条　期刊出版单位变更期刊开本、法定代表人或者主要负责人、在同一登记地内变更地址，经其主办单位审核同意后，由期刊出版单位在 15 日内向所在地省、自治区、直辖市新闻出版行政部门备案。

第二十条　期刊休刊，期刊出版单位须向所在地省、自治区、直辖市新闻出版行政部门备案并说明休刊理由和期限。

期刊休刊时间不得超过一年。休刊超过一年的，由新闻出版总署撤销《期刊出版许可证》，所在地省、自治区、直辖市新闻出版行政部门注销登记。

第二十一条　期刊出版单位终止期刊出版活动的，经主管单位同意后，由其主办单位向所在地省、自治区、直辖市新闻出版行政部门办理注销登记，并由省、自治区、直辖市新闻出版行政部门报新闻出版总署备案。

第二十二条　期刊注销登记，以同一名称设立的期刊出版单位须与期刊同时注销，并到原登记的工商行政管理部门办理注销登记。

注销登记的期刊和期刊出版单位不得再以该名称从事出版、经营活动。

第二十三条　中央期刊出版单位组建期刊集团，由新闻出版总署批准；地方期刊出版单位组建期刊集团，向所在地省、自治区、直辖市新闻出版行政部门提出申请，经审核同意后，报新闻出版总署批准。

第三章　期刊的出版

第二十四条　期刊出版实行编辑责任制度，保障期刊刊载内容符合国家法律、法规的规定。

第二十五条　期刊不得刊载《出版管理条例》和其他有关法律、法规以及国家规定的禁止内容。

第二十六条　期刊刊载的内容不真实、不公正，致使公民、法人或者其他组织的合法权益受到侵害的，期刊出版单位应当公开更正，消除影响，并依法承担其他民事责任。

期刊刊载的内容不真实、不公正，致使公民、法人或者其他组织的合法权益受到侵害的，当事人有权要求期刊出版单位更正或者答辩，期刊出版单位应当在其最近出版的一期期刊上予以发表；拒绝发表的，当事人可以向人民法院提出诉讼。

期刊刊载的内容不真实、不公正，损害公共利益的，新闻出版总署或者省、自治区、直辖市新闻出版行政部门可以责令该期刊出版单位更正。

第二十七条　期刊刊载涉及国家安全、社会安定等重大选题的内容，须按照重大选题备案管理规定办理备案手续。

第二十八条　公开发行的期刊不得转载、摘编内部发行出版物的内容。

期刊转载、摘编互联网上的内容，必须按照有关规定对其内容进行核实，并在刊发的明显位置标明下载文件网址、下载日期等。

第二十九条　期刊出版单位与境外出版机构开展合作出版项目，须经新闻出版总署批准，具体办法另行规定。

第三十条　期刊出版质量须符合国家标准和行业标准。期刊使用语言文字须符合国家有关规定。

第三十一条　期刊须在封底或版权页上刊载以下版本记录：期刊名称、主管单位、主办单位、出版单位、印刷单位、发行单位、出版日期、总编辑（主编）姓名、发行范围、定价、国内统一连续出版物号、广告经营许可证号等。

领取国际标准连续出版物号的期刊须同时刊印国际标准连续出版物号。

第三十二条　期刊须在封面的明显位置刊载期刊名称和年、月、期、卷等顺序编号，不得以总期号代替年、月、期号。

期刊封面其他文字标识不得明显于刊名。

期刊的外文刊名须是中文刊名的直译。外文期刊封面上必须同时刊印中文刊名；少数民族文种期刊封面上必须同时刊印汉语刊名。

第三十三条　一个国内统一连续出版物号只能对应出版一种期刊，不得用同一国内统一连续出版物号出版不同版本的期刊。

出版不同版本的期刊，须按创办新期刊办理审批手续。

第三十四条　期刊可以在正常刊期之外出版增刊。每种期刊每年可以出版两期增刊。

期刊出版单位出版增刊，应在申请报告中说明拟出增刊的文章编目、印数、定价、出版时间、印刷单位，经其主管单位审核同意后，由主办单位报所在地省、自治区、直辖市新闻出版行政部门审批；批准的，发给一次性增刊许可证。

增刊内容必须符合正刊的业务范围，开本和发行范围必须与正刊一致；增刊除刊印本规定第三十一条所列版本记录外，还须刊印增刊许可证编号，并在封面刊印正刊名称和注明"增刊"。

第三十五条　期刊合订本须按原期刊出版顺序装订，不得对期刊内容另行编排，并在其封面明显位置标明期刊名称及"合订本"字样。

期刊因内容违法被新闻出版行政部门给予行政处罚的，该期期刊的相关篇目不得收入合订本。

被注销登记的期刊，不得制作合订本。

第三十六条　期刊出版单位不得出卖、出租、转让本单位名称及所出版期刊的刊号、名称、版面，不得转借、转让、出租和出卖《期刊出版许可证》。

第三十七条　期刊出版单位利用其期刊开展广告业务，必须遵守广告法律规定，发布广告须依法查验有关证明文件，核实广告内容，不得刊登有害的、虚假的等违法广告。

期刊的广告经营者限于在合法授权范围内开展广告经营、代理业务，不得参与期刊的采访、编辑等出版活动。

第三十八条　期刊采编业务与经营业务必须严格分开。

禁止以采编报道相威胁,以要求被报道对象做广告、提供赞助、加入理事会等损害被报道对象利益的行为牟取不正当利益。

期刊不得刊登任何形式的有偿新闻。

第三十九条　期刊出版单位的新闻采编人员从事新闻采访活动,必须持有新闻出版总署统一核发的新闻记者证,并遵守新闻出版总署《新闻记者证管理办法》的有关规定。

第四十条　具有新闻采编业务的期刊出版单位在登记地以外的地区设立记者站,参照新闻出版总署《报社记者站管理办法》审批、管理。其他期刊出版单位一律不得设立记者站。

期刊出版单位是否具有新闻采编业务由新闻出版总署认定。

第四十一条　期刊出版单位不得以不正当竞争行为或者方式开展经营活动,不得利用权力摊派发行期刊。

第四十二条　期刊出版单位须遵守国家统计法规,依法向新闻出版行政部门报送统计资料。

期刊出版单位应配合国家认定的出版物发行数据调查机构进行期刊发行数据调查,提供真实的期刊发行数据。

第四十三条　期刊出版单位须在每期期刊出版 30 日内,分别向新闻出版总署、中国版本图书馆、国家图书馆以及所在地省、自治区、直辖市新闻出版行政部门缴送样刊 3 本。

第四章　监督管理

第四十四条　期刊出版活动的监督管理实行属地原则。

省、自治区、直辖市新闻出版行政部门依法负责对本行政区域期刊和期刊出版单位的登记、年度核验、质量评估、行政处罚等工作,对本行政区域的期刊出版活动进行监督管理。

其他地方新闻出版行政部门依法对本行政区域内期刊出版单位及其期刊出版活动进行监督管理。

第四十五条　期刊出版管理实施期刊出版事后审读制度、期刊出版质量评估制度、期刊年度核验制度和期刊出版从业人员资格管理制度。

期刊出版单位应当按照新闻出版总署的规定,将从事期刊出版活动的情况向新闻出版行政部门提出书面报告。

第四十六条　新闻出版总署负责全国期刊审读工作。地方各级新闻出版行政部门负责对本行政区域内出版的期刊进行审读。下级新闻出版行政部门要定期向上一级新闻出版行政部门提交审读报告。

主管单位须对其主管的期刊进行审读,定期向所在地新闻出版行政部门报送审读报告。

期刊出版单位应建立期刊阅评制度,定期写出阅评报告。新闻出版行政部门根据管理工作的需要,可以随时调阅、检查期刊出版单位的阅评报告。

第四十七条 新闻出版总署制定期刊出版质量综合评估标准体系,对期刊出版质量进行全面评估。

经期刊出版质量综合评估,期刊出版质量未达到规定标准或者不能维持正常出版活动的,由新闻出版总署撤销《期刊出版许可证》,所在地省、自治区、直辖市新闻出版行政部门注销登记。

第四十八条 省、自治区、直辖市新闻出版行政部门负责对本行政区域的期刊实施年度核验。年度核验内容包括期刊出版单位及其所出版期刊登记项目、出版质量、遵纪守法情况等。

第四十九条 年度核验按照以下程序进行:

(一)期刊出版单位提出年度自检报告,填写由新闻出版总署统一印制的《期刊登记项目年度核验表》,经期刊主办单位、主管单位审核盖章后,连同本年度出版的样刊报省、自治区、直辖市新闻出版行政部门;

(二)省、自治区、直辖市新闻出版行政部门对期刊出版单位自检报告、《期刊登记项目年度核验表》及样刊进行审核查验;

(三)经核验符合规定标准的,省、自治区、直辖市新闻出版行政部门在《期刊出版许可证》上加盖年度核验章;《期刊出版许可证》上加盖年度核验章即为通过年度核验,期刊出版单位可以继续从事期刊出版活动;

(四)省、自治区、直辖市新闻出版行政部门在完成期刊年度核验工作 30 日内向新闻出版总署提交期刊年度核验工作报告。

第五十条 有下列情形之一的,暂缓年度核验:

(一)正在限期停业整顿的;

(二)经审核发现有违法情况应予处罚的;

(三)主管单位、主办单位未履行管理责任,导致期刊出版管理混乱的;

(四)存在其他违法嫌疑需要进一步核查的。

暂缓年度核验的期限由省、自治区、直辖市新闻出版行政部门确定,报新闻出版总署备案。缓验期满,按本规定第四十八条、第四十九条重新办理年度核验。

第五十一条 期刊有下列情形之一的,不予通过年度核验:

(一)违法行为被查处后拒不改正或者没有明显整改效果的;

(二)期刊出版质量长期达不到规定标准的;

(三)经营恶化已经资不抵债的;

(四)已经不具备本规定第九条规定条件的。

不予通过年度核验的,由新闻出版总署撤销《期刊出版许可证》,所在地省、自治区、直辖市新闻出版行政部门注销登记。

未通过年度核验的,期刊出版单位自第二年起停止出版该期刊。

第五十二条　《期刊出版许可证》加盖年度核验章后方可继续使用。有关部门在办理期刊出版、印刷、发行等手续时,对未加盖年度核验章的《期刊出版许可证》不予采用。

不按规定参加年度核验的期刊出版单位,经催告仍未参加年度核验的,由新闻出版总署撤销《期刊出版许可证》,所在地省、自治区、直辖市新闻出版行政部门注销登记。

第五十三条　年度核验结果,核验机关可以向社会公布。

第五十四条　期刊出版从业人员,应具备国家规定的新闻出版职业资格条件。

第五十五条　期刊出版单位的社长、总编辑须符合国家规定的任职资格和条件。

期刊出版单位的社长、总编辑须参加新闻出版行政部门组织的岗位培训。

期刊出版单位的新任社长、总编辑须经过岗位培训合格后才能上岗。

第五章　法律责任

第五十六条　期刊出版单位违反本规定的,新闻出版行政部门视其情节轻重,可以采取下列行政措施:

(一)下达警示通知书;

(二)通报批评;

(三)责令公开检讨;

(四)责令改正;

(五)责令停止印制、发行期刊;

(六)责令收回期刊;

(七)责成主办单位、主管单位监督期刊出版单位整改。

警示通知书由新闻出版总署制定统一格式,由新闻出版总署或者省、自治区、直辖市新闻出版行政部门下达给违法的期刊出版单位,并抄送违法期刊出版单位的主办单位及其主管单位。

本条所列行政措施可以并用。

第五十七条　未经批准,擅自设立期刊出版单位,或者擅自从事期刊出版业务,假冒期刊出版单位名称或者伪造、假冒期刊名称出版期刊的,依照《出版管理条例》第五十五条处罚。

期刊出版单位擅自出版增刊、擅自与境外出版机构开展合作出版项目的,按前款处罚。

第五十八条　出版含有《出版管理条例》和其他有关法律、法规以及国家规定禁载内容期刊的,依照《出版管理条例》第五十六条处罚。

第五十九条　期刊出版单位违反本规定第三十六条的,依照《出版管理条例》第六十条处罚。

期刊出版单位允许或者默认广告经营者参与期刊采访、编辑等出版活动的,按前款处罚。

第六十条　期刊出版单位有下列行为之一的,依照《出版管理条例》第六十一条处罚:

(一)期刊变更名称、主办单位或主管单位、登记地、业务范围、刊期,未依照本规定办理审批手续的;

(二)期刊出版单位变更名称、合并或分立、改变资本结构、出版新的期刊,未依照本规定办理审批手续的;

(三)期刊出版单位未将涉及国家安全、社会安定等方面的重大选题备案的;

(四)期刊出版单位未依照本规定缴送样刊的。

第六十一条　期刊出版单位违反本规定第四条第二款的,依照新闻出版总署《出版物市场管理规定》第四十八条处罚。

第六十二条　期刊出版单位有下列行为之一的,由新闻出版总署或者省、自治区、直辖市新闻出版行政部门给予警告,并处 3 万元以下罚款:

(一)期刊出版单位变更期刊开本、法定代表人或者主要负责人、在同一登记地内变更地址,未按本规定第十九条报送备案的;

(二)期刊休刊未按本规定第二十条报送备案的;

(三)刊载损害公共利益的虚假或者失实报道,拒不执行新闻出版行政部门更正命令的;

(四)公开发行的期刊转载、摘编内部发行出版物内容的;

(五)期刊转载、摘编互联网上的内容,违反本规定第二十八条第二款的;

(六)未按照本规定第三十一条刊载期刊版本记录的;

(七)违反本规定第三十二条关于期刊封面标识的规定的;

(八)违反本规定第三十三条,"一号多刊"的;

(九)出版增刊违反本规定第三十四条第三款的;

(十)违反本规定第三十五条制作期刊合订本的;

(十一)刊登有偿新闻或者违反本规定第三十八条其他规定的;

(十二)违反本规定第四十一条,以不正当竞争行为开展经营活动或者利用权力摊派发行的。

第六十三条　期刊出版单位新闻采编人员违反新闻记者证的有关规定,依照新闻出版总署《新闻记者证管理办法》的规定处罚。

第六十四条　期刊出版单位违反记者站的有关规定,依照新闻出版总署《报社记者站管理办法》的规定处罚。

第六十五条 对期刊出版单位做出行政处罚,新闻出版行政部门应告知其主办单位和主管单位,可以通过媒体向社会公布。

对期刊出版单位做出行政处罚,新闻出版行政部门可以建议其主办单位或者主管单位对直接责任人和主要负责人予以行政处分或者调离岗位。

第六章 附 则

第六十六条 本规定施行后,新闻出版署《期刊管理暂行规定》和《〈期刊管理暂行规定〉行政处罚实施办法》同时废止,此前新闻出版行政部门对期刊出版活动的其他规定,凡与本规定不一致的,以本规定为准。

第六十七条 本规定自二〇〇五年十二月一日起施行。

中华人民共和国主席令

（第三十七号）

《中华人民共和国国家通用语言文字法》已由中华人民共和国第九届全国人民代表大会常务委员会第十八次会议于 2000 年 10 月 31 日通过，现予公布，自 2001 年 1 月 1 日起施行。

中华人民共和国主席　江泽民

二〇〇〇年十月三十一日

中华人民共和国国家通用语言文字法

（2000 年 10 月 31 日第九届全国人民代表大会常务委员会第十八次会议通过）

第一章　总　则

第一条　为推动国家通用语言文字的规范化、标准化及其健康发展，使国家通用语言文字在社会生活中更好地发挥作用，促进各民族、各地区经济文化交流，根据宪法，制定本法。

第二条　本法所称的国家通用语言文字是普通话和规范汉字。

第三条　国家推广普通话，推行规范汉字。

第四条　公民有学习和使用国家通用语言文字的权利。

国家为公民学习和使用国家通用语言文字提供条件。

地方各级人民政府及其有关部门应当采取措施，推广普通话和推行规范汉字。

第五条　国家通用语言文字的使用应当有利于维护国家主权和民族尊严，有利于国家统一和民族团结，有利于社会主义物质文明建设和精神文明建设。

第六条　国家颁布国家通用语言文字的规范和标准，管理国家通用语言文字的社会应用，支持国家通用语言文字的教学和科学研究，促进国家通用语言文字的规范、丰富和发展。

第七条　国家奖励为国家通用语言文字事业做出突出贡献的组织和个人。

第八条　各民族都有使用和发展自己的语言文字的自由。

少数民族语言文字的使用依据宪法、民族区域自治法及其他法律的有关规定。

第二章　国家通用语言文字的使用

第九条　国家机关以普通话和规范汉字为公务用语用字。法律另有规定的除外。

第十条　学校及其他教育机构以普通话和规范汉字为基本的教育教学用语用字。法律另有规定的除外。

学校及其他教育机构通过汉语文课程教授普通话和规范汉字。使用的汉语文教材,应当符合国家通用语言文字的规范和标准。

第十一条　汉语文出版物应当符合国家通用语言文字的规范和标准。

汉语文出版物中需要使用外国语言文字的,应当用国家通用语言文字作必要的注释。

第十二条　广播电台、电视台以普通话为基本的播音用语。

需要使用外国语言为播音用语的,须经国务院广播电视部门批准。

第十三条　公共服务行业以规范汉字为基本的服务用字。因公共服务需要,招牌、广告、告示、标志牌等使用外国文字并同时使用中文的,应当使用规范汉字。

提倡公共服务行业以普通话为服务用语。

第十四条　下列情形,应当以国家通用语言文字为基本的用语用字:

(一)广播、电影、电视用语用字;

(二)公共场所的设施用字;

(三)招牌、广告用字;

(四)企业事业组织名称;

(五)在境内销售的商品的包装、说明。

第十五条　信息处理和信息技术产品中使用的国家通用语言文字应当符合国家的规范和标准。

第十六条　本章有关规定中,有下列情形的,可以使用方言:

(一)国家机关的工作人员执行公务时确需使用的;

(二)经国务院广播电视部门或省级广播电视部门批准的播音用语;

(三)戏曲、影视等艺术形式中需要使用的;

(四)出版、教学、研究中确需使用的。

第十七条　本章有关规定中,有下列情形的,可以保留或使用繁体字、异体字:

(一)文物古迹;

(二)姓氏中的异体字;

(三)书法、篆刻等艺术作品;

(四)题词和招牌的手书字;

(五)出版、教学、研究中需要使用的;

（六）经国务院有关部门批准的特殊情况。

第十八条　国家通用语言文字以《汉语拼音方案》作为拼写和注音工具。

《汉语拼音方案》是中国人名、地名和中文文献罗马字母拼写法的统一规范，并用于汉字不便或不能使用的领域。

初等教育应当进行汉语拼音教学。

第十九条　凡以普通话作为工作语言的岗位，其工作人员应当具备说普通话的能力。

以普通话作为工作语言的播音员、节目主持人和影视话剧演员、教师、国家机关工作人员的普通话水平，应当分别达到国家规定的等级标准；对尚未达到国家规定的普通话等级标准的，分别情况进行培训。

第二十条　对外汉语教学应当教授普通话和规范汉字。

第三章　管理和监督

第二十一条　国家通用语言文字工作由国务院语言文字工作部门负责规划指导、管理监督。

国务院有关部门管理本系统的国家通用语言文字的使用。

第二十二条　地方语言文字工作部门和其他有关部门，管理和监督本行政区域内的国家通用语言文字的使用。

第二十三条　县级以上各级人民政府工商行政管理部门依法对企业名称、商品名称以及广告的用语用字进行管理和监督。

第二十四条　国务院语言文字工作部门颁布普通话水平测试等级标准。

第二十五条　外国人名、地名等专有名词和科学技术术语译成国家通用语言文字，由国务院语言文字工作部门或者其他有关部门组织审定。

第二十六条　违反本法第二章有关规定，不按照国家通用语言文字的规范和标准使用语言文字的，公民可以提出批评和建议。

本法第十九条第二款规定的人员用语违反本法第二章有关规定的，有关单位应当对直接责任人员进行批评教育；拒不改正的，由有关单位作出处理。

城市公共场所的设施和招牌、广告用字违反本法第二章有关规定的，由有关行政管理部门责令改正；拒不改正的，予以警告，并督促其限期改正。

第二十七条　违反本法规定，干涉他人学习和使用国家通用语言文字的，由有关行政管理部门责令限期改正，并予以警告。

第四章　附　则

第二十八条　本法自 2001 年 1 月 1 日起施行。

浙江省实施《中华人民共和国国家通用语言文字法》办法

（浙江省人民政府令第 228 号）

《浙江省实施〈中华人民共和国国家通用语言文字法〉办法》已经省人民政府第 84 次常务会议审议通过，现予公布，自 2007 年 4 月 1 日起施行。

省长　吕祖善
2006 年 12 月 25 日

浙江省实施《中华人民共和国国家通用语言文字法》办法

第一条　为加强语言文字工作，推广普通话，推行规范汉字，根据《中华人民共和国国家通用语言文字法》及有关法律、法规，结合本省实际，制定本办法。

第二条　本省行政区域内的单位和个人从事语言文字工作和使用语言文字，均须遵守本办法。法律、法规另有规定的，从其规定。

第三条　使用语言文字应当符合国家通用语言文字规范和标准。

本办法所称国家通用语言文字的规范和标准，主要包括《汉语拼音方案》、《简化字总表》、《汉语拼音正词法基本规则》、《现代汉语通用字表》、《标点符号用法》等规范和标准。

第四条　县级以上人民政府应当加强对语言文字工作的领导，将推广普通话和推行规范汉字事业纳入国民经济和社会发展规划，所需经费列入本级财政预算。

各级人民政府及其有关部门应当有计划地对农民（包括进城务工人员）等人员开展普通话培训和规范汉字推广使用工作。

第五条　县级以上人民政府及有关部门对在推广普通话和推行规范汉字工作中作出显著成绩的组织和个人，应当给予表彰和奖励。

第六条　县级以上人民政府语言文字工作主管部门履行下列职责：

（一）宣传贯彻语言文字法律制度，依法制定工作规划并组织实施；

（二）监督检查国家通用语言文字规范和标准的执行情况；

（三）指导、协调各部门、各行业推广使用普通话和推行使用规范汉字工作；

（四）组织实施语言文字工作的评估；

（五）管理、监督普通话和规范汉字的培训、测试工作；

（六）受委托对因语言文字的歧义、误解引起纠纷提出鉴别意见；

（七）组织做好本系统推广使用普通话和推行使用规范汉字工作；

（八）本级人民政府规定的有关语言文字的其他职责。

第七条　教育、人事、民政、工商、质量技监、城管、公安、交通、建设、文化、体育、卫生、旅游、广播电视、新闻出版等行政管理部门和铁路、民航、银行、保险、证券、邮政、电信等行业监督管理机构，应当做好本系统、本行业推广使用普通话和推行使用规范汉字工作，并配合语言文字工作主管部门做好普通话和规范汉字的有关监督检查和测试、评估工作。

第八条　国家机关和具有管理公共事务职能的事业组织的工作用语，应当使用普通话。

学校及其他教育机构的教育教学用语，广播、电视等新闻媒体用语，公共服务行业直接面向公众的服务用语，各类会议、展览、大型活动的工作用语，应当以普通话为基本用语。

广告、汉语文出版物用语，应当使用普通话。

第九条　下列人员的普通话水平应当达到相应等级要求：

（一）省级广播电台、电视台的播音员、主持人达到一级甲等，其他广播电台、电视台的播音员、主持人达到一级乙等；

（二）影视话剧演员达到一级乙等；

（三）学校及其他教育机构的汉语语音教师达到一级乙等，语文教师和对外汉语教学教师达到二级甲等，其他教师达到二级乙等；

（四）高等学校、中等职业学校的播音与主持艺术专业、影视话剧表演专业毕业生达到一级乙等，师范类中文专业毕业生达到二级甲等，其他与口语表达密切相关专业毕业生达到二级乙等；

（五）国家机关和具有管理公共事务职能的事业组织的工作人员达到三级甲等，经省公务员主管部门认定属特殊情况的，不得低于三级乙等；

（六）直接面向公众服务的公共服务行业工作人员根据国家行业主管部门的规定达到三级乙等以上，其中播音员、话务员、解说员、导游员等公共服务岗位人员达到二级乙等以上。

前款规定的人员尚未达到相应等级要求的，所在单位应当组织其参加培训。

第十条　有关单位招聘、录用本办法第九条第一款规定岗位的工作人员，应当对应聘人员的普通话水平提出具体要求。

第十一条　普通话水平测试应当执行国家统一的普通话水平测试管理规定、测试大纲和等级标准。普通话培训、测试的具体实施办法由省语言文字工作主管部门会同有关部门制定，报省人民政府备案。

普通话水平达到相应等级标准的人员，由省语言文字工作主管部门颁发等级证书。

第十二条　依照本办法第八条规定应当使用普通话或者以普通话为基本用语的，有下列情形，可以使用方言：

（一）国家机关和具有管理公共事务职能的事业组织工作人员执行公务时确需使用的；

（二）地方戏剧、曲艺、影视作品等艺术形式中需要使用的；

（三）出版、教学、研究中确需使用的。

广播电视播音确需使用方言的，应当报经国家或者省广播电视行政管理部门依法批准，并在规定时间内播放；电视播放的，还应当加配规范汉字字幕。

第十三条　下列情形应当使用规范汉字：

（一）各类名称牌、指示牌、标志牌、招牌、标语（牌）等牌匾用字；

（二）各类公文、公务印章、信笺、信封、档案、合同、广告、公务名片、票据、报表、宣传材料等用字；

（三）各类报纸、期刊、图书、电子出版物和网络出版物、音像制品等出版物的用字；

（四）各类企业名称，国内销售的商品名称、包装、标志、说明等用字；

（五）各类电子屏幕用字；

（六）各类汉语文教材、讲义、讲稿、试卷、板报、板书等用字；

（七）各类证件、徽章、旌旗、奖状、奖牌等用字；

（八）广播、电影、电视等用字；

（九）医疗机构出具的病历、处方、检验报告等用字；

（十）电子信息处理和信息技术产品等用字；

（十一）公共场所用字，建筑物及其他设施面向公众的用字；

（十二）山川、河流、岛、礁等自然地理实体名称、行政区划名称、居民地名称以及路名、街名、巷名、站名、名胜古迹、纪念地、游览地等名称用字；

（十三）法律、法规、规章规定应当使用规范汉字的其他情形。

第十四条　下列情形可以保留、使用繁体字和异体字：

（一）文物、古迹；

（二）历史名人、革命先烈的手迹；

（三）姓氏中的异体字；

（四）老字号牌匾的原有字迹；

（五）已有的题词和招牌的手书字；

（六）已注册的商标用字；

（七）书法、篆刻等艺术作品用字；

（八）出版、教学、研究中确需的用字；

（九）涉及港澳台与华侨事务确需使用的情形。

第十五条　新作手书招牌或者为公共场所题词，应当使用规范汉字；已有的题词和手书招牌使用繁体字、异体字的，应当在适当的位置配有规范汉字。

人名用字提倡使用规范汉字、常用字。

第十六条　公共场所用字，地名标志牌、建筑物及其他设施面向公众的用字，应当规范完整，缺损时应当及时修复或者拆除。

在广告中不得使用错别字、繁体字、异体字等不规范汉字和窜改成语的谐音字。

第十七条　《汉语拼音方案》是普通话和规范汉字的拼写和注音工具。不便使用或不能使用汉字的领域，可以单独使用汉语拼音。

各类名称牌、指示牌、标志牌、招牌、标语（牌）、广告牌等牌匾不得单独使用汉语拼音；对规范汉字加注汉语拼音的，应当加注在汉字的下方。

第十八条　外商投资企业依法使用外国文字名称的，应当与规范汉字同时使用。

公共场所用字，建筑物及其他设施面向公众的用字，确需使用外国文字的，应当与规范汉字、汉语拼音同时使用。

第十九条　学校及其他教育机构应当加强普通话和规范汉字的培训工作，并将其作为教育教学和教师学生技能训练的基本内容纳入工作计划和教学计划，切实提高教师学生的普通话水平和使用规范汉字的能力。

各级人民政府教育督导机构，应当把学校及其他教育机构推广使用普通话和推行使用规范汉字工作，作为教育督导的重要内容。

第二十条　任何单位和个人有权对不规范用语用字行为提出批评，并有权向语言文字工作主管部门或者其他有关行政主管部门举报投诉，提出意见和建议；接到举报投诉的部门应当进行调查处理，并及时予以答复。

新闻媒体应当加强推广普通话和推行规范汉字工作的宣传报道，对社会用语用字的行为进行督促，对违法使用语言文字的行为予以批评。

第二十一条　国家机关和具有管理公共事务职能的事业组织、学校及其他教育机构、公共服务单位等违反本办法规定用语用字的，由县级以上人民政府语言文字工作主管部门或者其他有关行政主管部门责令其限期改正；拒不改正的，予以通报批评，并依法追究其主管负责人和直接责任人的责任。

第二十二条　广播、电视、网站等媒体和各类出版物的用语用字，违反本办法规定的，由县级以上人民政府语言文字工作主管部门或者其他有关行政主管部门责令相关单位限期改正，并予以通报批评；拒不改正的，由有关部门依法对其主管负责人和直接责任人员给予行政或者纪律处分。

第二十三条　企业名称、商品名称、商品包装、产品说明、广告以及电子信息处理和信息技术产品的用语用字等，违反本办法规定的，由工商、质量技监等有关部门依法予以查处。

公共场所用字，地名标志牌、建筑物及其他设施面向公众的用字，违反本办法规定的,由民政、城管等有关部门依法予以查处。

第二十四条　语言文字工作主管部门、其他有关行政主管部门和行业监督管理机构及其工作人员,不履行职责或者滥用职权、徇私舞弊的,由有关部门依法予以查处。

第二十五条　对妨碍、阻挠语言文字工作主管部门和其他有关行政主管部门、行业监督管理机构及其工作人员依法履行职责的行为,由所在单位或者有关部门依法予以查处;违反治安管理法律、法规规定的,由公安机关依法给予行政处罚。

第二十六条　本办法自 2007 年 4 月 1 日起施行。

关于印发《浙江省报纸期刊审读实施办法(试行)》的通知

浙新出发〔2007〕73 号

各设区市和义乌市文化广电新闻出版局,各报刊主管主办单位、报刊社:

现将《浙江省报纸期刊审读实施办法(试行)》印发给你们,请认真贯彻执行。

二○○七年十一月九日

浙江省报纸期刊审读实施办法
(试行)

第一章　总　则

第一条　为贯彻落实国务院《出版管理条例》和新闻出版总署《报纸出版管理规定》《期刊出版管理规定》,使新闻出版行政部门、报刊主管主办单位和报刊社切实履行审读管理职责,推动报刊审读工作的制度化、规范化建设,做到关口前移,加强预警,坚持报刊出版的正确导向,促进我省报刊出版事业繁荣和产业发展,使报刊业更好地为社会主义文化大发展大繁荣服务,为“创业富民、创新强省”服务,为全面建设小康社会服务,特制定本办法。

第二条　凡编入国内统一连续出版物号、在我省登记注册的报纸、期刊和经省级新闻出版行政部门批准、取得内部准印证的报型及刊型连续性内部资料出版物,均适用本办法。

第三条　报刊出版管理实行事后审读制度。报刊审读是报刊出版管理的一项重要制度,是新闻出版行政部门依法行政、科学管理的基础和重要措施,是正确把握舆论导向,提高舆论引导水平,促进报刊出版业繁荣发展的重要手段。

第四条　报刊审读结果作为报刊年度综合评估和报刊社年度核验的重要依据。

第二章 审读内容

第五条 报刊审读是对报纸、期刊和连续性内部资料出版物进行审阅和评介。其主要任务是掌握报刊出版动态,研究报刊出版中的倾向性问题,了解报刊市场状况和发展趋势;其基本原则是坚持以科学发展观为统领,坚持客观公正的评判标准,坚持批评和表扬相结合,增强审读工作的指导性、针对性和有效性。

第六条 报刊审读主要包括以下内容:

(一)审版面内容。重点审读是否符合党的基本纲领、基本理论、基本路线、基本经验;是否遵守党和国家的方针政策,坚持为人民服务、为社会主义服务的出版方向和舆论导向;是否含有国家规定的禁载内容;是否坚持正面宣传为主,团结、稳定、鼓劲的方针,有利于和谐文化建设;是否注重品位格调,抵制新闻宣传的低俗化倾向;稿件选用是否具有指导性、真实性、新闻性、时效性和可读性,做到群众喜闻乐见,讲究宣传艺术;典型宣传是否得到群众的公认和拥护;舆论监督是否达到改进工作的目的;热点引导是否能以正确导向维护社会稳定;对虚假和失实报道是否及时公开更正,并做好善后工作。

(二)审出版规范。主要审读是否遵守报纸、期刊出版行政法规和规章;是否执行国家标准和出版物有关管理规定;是否坚持办报办刊宗旨和出版业务范围;是否存在出售、出租及以其他形式转让出版单位的名称、刊号、版面等买卖刊号的情况;重大选题是否备案;报刊名称、出版单位、主办单位、主管单位、国内统一连续出版物号、总编辑(主编、社长)姓名、出版周期、出版日期、总期号、版数、版序、出版单位地址、电话、邮政编码、报刊定价、印刷单位名称与地址、广告经营许可证号等版本记录和标识是否完整、规范;文字编校质量是否符合规定要求;是否按期、正常出版;是否按规定及时缴送样报、样刊。

(三)审广告发布。主要审读报刊是否违反社会公德,损害群众利益,刊载内容虚假、格调低下的违法广告和禁载广告;广告内容是否真实可信,广告用语是否文明规范,广告设计是否美观、健康;是否存在广告版面不标明"广告"标记,而使用"专版"、"专题"、"企业形象"等非广告标记,以通讯、评论、消息、人物专访、专家访谈、纪实报道、报告文学、专家咨询、科普宣传等形式发布广告,在新闻报道中标明企业、事业单位的详细地址、邮政编码、手机电话、电子邮箱之类联系方法等以新闻报道形式发布广告的现象;新闻报道和商业广告的比例是否合理、协调;公益性广告刊登情况。

(四)审其他与报纸、期刊出版工作有关的内容。

第三章 审读管理

第七条 报刊审读实行属地管理原则,建立省、市新闻出版行政部门和报刊主办单位、报刊出版单位四级审读工作机制。

第八条 省级新闻出版行政部门负责全省报刊审读工作的协调和指导。对全省报刊进行重点审读和抽查审读,每半年向新闻出版总署报送综合审读报告。

第九条　市级新闻出版行政部门负责本行政区域内报刊的审读,每三个月向省级新闻出版行政部门提交综合审读报告。主要报告上一季度开展审读工作情况,总结分析本行政区域内报刊出版的动态、特色和好的做法,反映存在的倾向性问题及改进措施等。

第十条　报刊主办单位负责本单位所属报刊的审读,并每两个月向省、市新闻出版行政部门报送一次审读报告。

第十一条　报刊出版单位要建立"三审责任制"和"第一读者"等制度,定期写出阅评报告,并每个月向省、市新闻出版行政部门和报刊的主管主办单位报送。

第十二条　新闻出版行政部门、报刊的主管主办单位和出版单位应建立重大事项报告制度。对在审读和阅评中发现的重大政治性差错和错误、重大版面质量事故以及易产生重大社会影响的问题等,采取有效的补救措施,并在 24 小时内向上级管理部门报告。

第十三条　新闻出版行政部门应定期或不定期编发审读简报,及时总结报刊出版中的特色、做法和改进新闻报道的有益探索,反映审读中发现的各类倾向性问题和差错。审读简报应报送上级新闻出版行政部门,通报有关报刊主管、主办单位和出版单位。

第十四条　报刊主管、主办单位和报刊出版单位应建立审读意见反馈制度。被发现问题的报刊社,应在 10 个工作日内向新闻出版行政部门报告改进的措施,及时制止、纠正有关违规行为。报刊出版单位对涉及本报刊的审读意见有异议的,可以向新闻出版行政部门和报刊主管、主办单位申辩、反映。

第四章　审读组织

第十五条　新闻出版行政部门和报刊主办单位应根据所属报刊的总量,聘请专职或兼职人员组成审读小组,并明确审读工作的管理部门和联系人员,对本行政区域内或所属报刊开展审读工作。

杭州、宁波、温州、金华市新闻出版行政部门,应聘请的专职和兼职审读人员总数原则上为 4～6 人;其他市新闻出版行政部门,应聘请的专职和兼职审读人员总数原则上为 2～4 人;拥有 5 种以上报刊的主办单位,应聘请的专职和兼职审读人员总数原则上不少于 4 人。

审读人员和审读管理及联系人员名单须报省新闻出版局备案。

第十六条　审读人员应具备以下基本条件:

(一)政治性强,热爱报刊出版事业,熟悉有关新闻出版法规规章和报刊出版工作,坚持实事求是的原则,客观、公正地开展审读工作;

(二)有丰富的业务工作经验和较高的文字水平,了解报刊业及相关领域的发展动态和情况;

（三）能按报刊出版周期完成审读任务；能将审读工作中发现的问题和报刊特色、经验等及时反馈管理部门，并结合审读工作提出审读意见，提交书面审读报告。对于重要情况和重大质量事故，应随时反映。

第十七条　对聘请的专职和兼职审读人员，由聘请单位根据当地实际和其承担的审读工作数量及质量情况，支付相应的报酬。对不能胜任审读工作的审读人员应随时调整。

第十八条　新闻出版行政部门对在审读工作中认真负责、成绩突出的审读组织和审读员予以表彰、奖励。

第十九条　新闻出版行政部门应适时组织审读人员学习党的方针政策、新闻出版政策法规和业务知识，召开报刊审读工作会议，研讨审读工作，改进审读方法，提升审读工作的整体水平和质量。

第二十条　新闻出版行政部门和报刊主办单位应确保报刊审读经费的落实。行政部门和财政拨款的主办单位，可以向有关部门专项申请审读经费；非财政拨款的单位应将审读经费列入年度预算。

第五章　附　则

第二十一条　本办法由浙江省新闻出版局负责解释。

第二十二条　本办法自公布之日起施行。

关于新闻采编人员从业管理的规定（试行）

中宣部　国家广电总局　新闻出版总署

2005 年 3 月 22 日

为加强新闻职业道德建设，规范新闻采编人员行为，维护新闻界良好形象，促进新闻事业健康发展制定本规定。本规定所称新闻采编人员，是指在中华人民共和国境内经批准设立的报社、新闻性期刊社、通讯社、广播电台、电视台、新闻网站等新闻单位内的记者、编辑、制片人、主持人、播音员、评论员、翻译等从事新闻采访、编辑、制作、刊播等新闻报道业务的人员。

第一条　新闻采编人员要坚持以马克思列宁主义、毛泽东思想、邓小平理论和"三个代表"重要思想为指导，拥护中国共产党的领导，拥护社会主义制度，树立政治意识、大局意识和责任意识，贯彻团结稳定鼓劲、正面宣传为主的方针，把握正确舆论导向，支持改革开放和现代化建设，为人民服务，为社会主义服务，为全党全国工作大局服务。

第二条　新闻采编人员要遵守宪法和法律，遵守党的新闻宣传纪律，维护党和国家利益，维护人民群众的根本利益。要严格保守党和国家秘密。报道违纪违法案件，要自觉遵守案件报道的纪律，注意报道的政治效果、社会效果。采编涉外新闻报道,要遵守我国涉外法律和我国已加入的国际条约,贯彻我国对外政策。采编民族宗教报道,要遵守我国民族宗教政策和相关法规。要依法维护公民个人隐私权,依法维护报道对象的合法权益。采编涉及未成年人的负面报道,要遵守我国对未成年人保护的法律规定,维护未成年人的权益,未获得未成年人的监护人同意,一般不披露未成年人的姓名、住址、肖像等能够辨别和推断其真实身份的信息和音像资料。

第三条　新闻采编人员要坚持真实、全面、客观、公正的原则,确保新闻事实准确。要认真核实消息来源,杜绝虚假不实报道。新闻报道在新闻媒体刊发时要实行实名制,即署作者的真名实姓。不得干预民事纠纷和经济纠纷的调解,不得干预正常的司法审判活动。报道涉及有争议的内容时,要充分听取相关各方的意见,认真核对事实,准确把握分寸。

第四条　新闻采编人员要发扬实事求是、敬业奉献的精神,深入实际、深入生活、深入群众,调查研究,求真务实,努力改进工作作风和文风,不断创新报道内容、形式和手段,使新闻报道贴近实际、贴近生活、贴近群众,增强新闻报道的针对性、实效性和吸引力、感染力。

第五条　新闻采编人员从事新闻报道活动时如遇以下情形应实行回避,并不得对稿件的采集、编发、刊播进行干预或施加影响:

1.新闻采编人员与报道对象具有夫妻关系、直系血亲关系、三代以内旁系血亲以及近姻亲关系;

2.新闻采编人员采访报道涉及地区系本人出生地、曾长期工作或生活所在地;

3.新闻采编人员与报道对象属于素有往来的朋友、同乡、同学、同事等关系;

4.新闻采编人员与报道对象存在具体的经济、名誉等利益关系。

第六条　新闻单位各级分支机构和派出机构的主要负责人(分社社长、记者站站长等),实行任期轮岗交流或易地安排。新闻采编人员不得被派往本人出生地、曾长期工作或生活所在地担任分社社长或记者站站长。

第七条 新闻采编人员要杜绝各种有偿新闻行为。不得利用采编报道谋取不正当利益,不得接受可能影响新闻报道客观公正的宴请和馈赠,不得向采访报道对象或利害关系人索取财物和其他利益,不得从事与职业有关的有偿中介活动,不得经商办企业,不得在无隶属关系的其他新闻单位或经济组织兼职取酬。

第八条　新闻采编人员要严格执行新闻报道与经营活动分开的规定。不得以记者、编辑、审稿人、制片人、主持人、播音员等身份拉广告,不得以新闻报道换取广告,不得以变相新闻形式刊播广告内容,不得为经营谋利操纵新闻报道。新闻采编人员不得以订阅报刊为条件进行新闻报道,不得直接要求被采访报道单位或个人订阅报刊,更不得以批评曝光为由强迫被采访报道单位或个人订阅报刊、投放广告或提供赞助。

第九条　规范新闻采编人员记者证管理和使用。公开的新闻采访必须出示经新闻出版单位、广播电视主管部门资格认定，由国家新闻出版行政主管部门核发的记者证件。对使用假记者证或冒充记者的人员要严肃查处。新闻单位要向社会公布监督电话，方便群众监督。

第十条　对违规违纪的新闻采编人员要按有关规定和纪律严肃查处。新闻采编人员有虚假报道、有偿新闻等行为，情节严重的，一律吊销记者证。凡被吊销记者证的新闻采编人员，自吊销之日起5年之内不得从事新闻采编工作；因故意犯罪被判处刑罚的，终身不得从事新闻采编工作。

第十一条　本规定自公布之日起在全国主要新闻单位试行，其他新闻单位参照试行。

报纸编校质量评比差错认定细则

第一章　总　　则

第一条　为使报纸编校质量评比工作公开、公平、公正，使内部评判的标准具有一致性和可操作性，根据新闻出版署发布的《报纸管理暂行规定》和《报纸质量管理标准（试行）》的基本精神制定本细则。

第二条　报纸编校质量评比有两项内容：第一，依法出版情况评比。主要检查是否坚持正确的办报方针、宗旨和舆论导向，是否按照《报纸管理暂行规定》刊登了国内统一刊号、邮发代号、通讯地址、联系电话、出版期号、印刷厂、广告经营许可证（编号）、报纸单价，是否按照《广告法》和有关法规经营广告业务，禁止有偿新闻和违法广告。第二，语言文字编校质量评比。依据新闻出版署和国家语委发布的《出版物汉字使用管理规定》和其他有关规范，主要审查在用字、词语、语法、标点、数字、计量单位、格式、文风等方面存在的问题。

第三条　评比总分为100分。其中，依法出版情况满分为20分，凡某项不符合要求，根据扣分标准直接从总分20分中扣除，不另行折算；语言文字编校质量评比满分为80分，按差错率换算最后的得分。评比结果公布：(1)依法出版情况得分，(2)语言文字编校质量得分，(3)总分，(4)名次。

第四条　评审工作要坚持原则、严肃认真、一丝不苟，做到：有错必纠，不搞迁就；有理有据，不"想当然"；评出的优秀，让各报社心悦诚服；指出的错误，让当事人不持异议。

第五条　评审过程中如有疑难问题，首先由评委查阅有关的文件或工具书，或者向有关部门咨询；未能解决的，提交评审小组讨论；如果仍有争议，提交评委全体会议讨论裁定。

第二章　依法出版

第六条　凡有违背"四项基本原则"和"两为"方针内容的报纸，一律以不合格论,不再进行其他项目的评比。

第七条　因技术性差错导致政治性错误的,每项视情节轻重扣 5～8 分。

第八条　没有注明国内统一刊号、邮发代号、通讯地址、联系电话、出版期号、印刷厂、广告经营许可证(编号)、报纸单价(即"八必登")的,每项各扣 1 分。

第九条　所刊载的内容严重超越版面分工范围的,扣 5 分。

第十条　违反《报纸质量管理标准(试行)》的其他错误由评委提出,交评委全体会议讨论处理。

第三章　语言文字编校质量

第十一条　语言文字现象是复杂的,本细则只能列举报纸常见的错误供参考,不可能涵盖各类问题。语言文字的运用,有正误之分,有优劣之分。作为报纸编辑,应追求准确无误、尽善尽美;作为质量评比,主要是检查和纠正那些违反有关规范的、违反出版惯例的、不合常识的错误。

第十二条　语言文字正误的判别,以国家的语言文字各项规定为依据。字词正误的判别,以《现代汉语词典》1996 年版为首选工作范本,并适当参照 1983 年版。标点符号正误的判别,以 GB/T 15834—1995《标点符号用法》为依据;数字用法正误的判别,以 GB/T 15835—1995《出版物上数字用法的规定》为依据;知识性问题以新版《辞海》和《中国大百科全书》等权威的工具书为依据。

第十三条　所抽查的报纸中任何一处(包括由客户提供胶片的广告),出现了属于编校质量评比范围内的错误,均判作"差错"。差错依性质确定扣分标准。出现在标题上的差错,扣分按正文同类差错的三倍计。本细则所举的例子前面标有"＊"号的,均为差错示例。

第十四条　差错率的计算公式:差错率=(因差错被扣除的总分÷所抽查版面的总字数)×100％。

第十五条　版面字数的计算。对开版:使用 5 号字的头版为 8000 字,其他版为 10000 字。四开版分别减半。半版或半版以上是广告或图片的版面另行估算。

第四章　文　字

第十六条　文字差错包括错字、别字、繁体字、异体字、漏字、多字、字序颠倒等。

第十七条　文字差错一处扣 1 分。同一版有两处或两处以上相同的差错,扣 2 分。如有整句或整段文字排重的,一处扣 3 分。

第十八条　报纸上应使用规范的简化字,不得使用已废止的《第二次汉字简化方案(草案)》(1977)中的简化字。以下汉字必须严格区别:象—像,迭—叠,了—瞭,罗—啰,复—覆,桔—橘,兰—蓝,予—预,咀—嘴,欠—歉,付—傅/副,借—藉,令—龄。

第十九条　报纸上不得使用繁体字。除广告中企业和产品商标经注册的定型标志外,繁体字一律按差错处理。

第二十条 报纸上不得使用异体字。但本着实事求是的精神,人名(特别是古代人名)中的异体字允许使用。如:坤[堃]、奔[犇]、昆[崑]、梁[樑]、哲[喆]、升[昇]、昭[炤]、苏[甦]、和[龢]、沾[霑]、渺[淼]。

第二十一条 报纸上不得使用已废止的旧字形。使用排版系统字库(如目前流行的一种圆角字)中不符合国家标准的汉字字形,以差错论处。一般的变形美术字在字形规范方面不作严格要求。旧字形和标准字形举例(略)

第二十二条 一些形近、音近、义近的汉字常容易用混,必须严格区别。如:矫—骄—娇,尝—赏—偿,两—俩,度—渡,涵—缅,镑—磅,霭—蔼,暄—喧,绌—拙—咄,缭—撩—潦,姗—蹒,署—暑,寥—廖,掬—鞠,胫—径,缉—辑,埔—浦—蒲,瘙—骚—搔,贯—惯,符—苻,藉—籍,弛—驰,震—振,燥—躁,惋—婉—宛,陡—徙—徒,宵—霄,夏—嘎,鹜—鹜,壁—璧,梁—粱,涨—胀,梢—捎—稍,嘻—嬉—喜,赝—膺,赃—脏,摹—摩,杆—竿,郎—朗,采—彩,炷—柱—拄,辐—幅—副,赚—馈,分—份,朔—溯,慨—概,蜡—腊,睢—雎,孚—负—赋,黏—粘—沾,跨—垮,碳—炭,脂—酯,洲—州,拥—涌,茸—茸,菏—荷—苛,戴—带—代,跤—交,账—帐,颗—棵,鱼—渔。

下列例子中括号里的词形是错误的:家具(傢俱),安排(按排),戛然(嘎然),陷阱(陷井),沿用(延用),赋予(赋于),参与(参予),拼搏(拚搏),拼凑(拚凑),麻风病(麻疯病),刹那间(霎那间),霎时间(刹时间),直截了当(直接了当),铤而走险(挺而走险)。

第二十三条 用计算机临时造字要合乎规范。要弄清所造的字是否为繁体字、异体字和自造简化字。如"憩"字是"憩"的异体字,"莅"是"莅"的异体字,"噹"已经简化作"当"。

第五章 词 语

第二十四条 词语差错一处扣1分。同一版有两处或两处以上相同的差错,扣2分。

第二十五条 注意正确地区别使用以下词语:截止—截至,学历—学力,权力—权利,有利—有力,不利—不力,其间—期间,以至—以致,融会—融汇,合龙—合拢,化装—化妆,经纪—经济,启示—启事,事务—事物,阻击—狙击,蒸气—蒸汽,传诵—传颂,反应—反映,察看—查看,上缴—上交,处置—处治。

第二十六条 关于同义异形词。提倡使用《现代汉语词典》首选的词形。以下各组例子中,前者为首选的词形:装潢—装璜,仓促—仓猝,粗鲁—粗卤,措辞—措词,倒霉—倒楣,抹杀—抹煞,烦琐—繁琐,轱辘—轱轳,皇历—黄历,思维—思惟,夙愿—宿愿,取消—取销,糟蹋—糟踏,成分—成份,身份—身分,给予—给与,订阅—定阅,希罕—稀罕,其他—其它,车厢—车箱,烂漫—烂熳,宏图—鸿图/弘图,名副其实—名符其实,归真返璞—归真返朴。

第二十七条　不应使用生造的词语和生造的缩略语。不合适的缩略语的例子如:多种经营→多经|街道居委会→街居|评选合格党员→评格|开展业务→展业|宣传贯彻→宣贯|贯彻 ISO 9000 系列国际标准→贯标|劳动服务公司→劳司|达到并超过→达超|创造出新水平高水平→创新高。

第二十八条　文章中使用专名的缩略形式时,除人们非常熟悉的(如鞍钢、欧盟)以外,应先交代较详的名称(标题上可先出现缩略形式,但正文里要交代较详的名称)。一份报纸中同一个专名,较详的称谓要前后一致,缩略的形式也要前后一致。

第二十九条　人名、地名要正确。国内外地名的写法以中国地图出版社最新的地图和地名录为准。不为广大读者知悉的小地名,应根据报纸发行的区域,冠以适当的大的地名。国外名人的中文译名以《辞海》和《中国大百科全书》为准。

第三十条　不提倡使用生僻的方言词语。但这类词语只要用字正确,不予计错。

第三十一条　中文报纸不要过滥地夹用外文。必须使用外文时,除了人们比较熟悉的(如 CT、DNA)以外,外文在文章中第一次出现时,要有相应的汉译。是括注外文还是括注汉译,全报要一致。外文移行要符合规则。

第三十二条　外文、少数民族拼音文字和汉语拼音,一个词(普通词、专有名词、缩略语)里头,拼写错误(包括大小写错误)不论几处,均按一处扣分。

第六章　语　法

第三十三条　不合语法的句子,平常称作"病句"。语言是发展的,有些"病句",语言学界尚存争议。一个具体句子,是否以病句定论,需要有充分的依据。评审时,主要将那些不存在争议的病句判作差错。

第三十四条　一处病句扣 2 分。

第三十五条　病句的类型很多,同一个病句,从不同的角度分析,可能归类也不同。这里选择报纸上几种典型的病句列举如下:

(一)用词不当

＊在县长的一再压力下,银行无奈,最后只得给他们贷款 30 万元。

＊如今,裕安大厦已成为安徽省和各地市接轨浦东的重要载体。

(二)主语残缺

＊1996 年的税收财务物价大检查取消自查阶段,直接进入重点检查,不禁拍手叫好。

＊在他们的辛勤工作下,使这些外商消除了思想顾虑,积极投资于当地的开发建设。

＊去年以来,由于日方在对历史问题的认识和钓鱼岛问题上接连采取错误举

措，使中日关系正常发展受到严重干扰。

（三）宾语残缺

＊这个集团目前已成为拥有 11 个专业公司、2 个研究所、3 个生产厂，现有固定资产 6500 万元。

（四）搭配不当

＊加快高等教育事业发展的规模和速度。

＊急忙中，衣服、手掌被峭壁乱石划破、划伤，可他全然不顾。

（五）词序不当

＊太监是我国封建皇宫中特有的产儿，是被阉割过的封建帝王的奴仆。

（六）重复累赘

＊这种新型筑路材料，用于高等级公路上作过湿土路基用料，效果很好。

（七）句式杂糅

＊客房内均设有闭路电视、国际国内直拨电话、音响、房间酒吧等应有尽有。

（八）关联不当

＊这种飞机因氧化剂比燃料重八倍，因此，起飞时的重量大大减轻。

（九）不合事理

＊截至 1996 年 6 月 1 日，乌克兰境内的核武器已全部运往俄罗斯销毁，销毁工作将在乌克兰专家的监督下进行。

＊他是大秦铁路工地上的风云人物，之所以远近闻名，不仅在于他自荐当队长、全国新长征突击手，还在于人们对他的一些争议。

＊工商局经济检查科根据举报的线索，仅用 32 个小时就查获了这起假冒名牌商品案，查扣假茅台 481 箱汁 5772 瓶，价值 126.98 万元。

第七章 标点符号

第三十六条 标点符号的使用，有正误之分与优劣之分。可用标点也可不用标点的地方，可用这种标点也可用那种标点的地方，一般属于优劣之争，不予计较。应该用标点而没有用，应该用这种标点而用了那种标点，应该把标点放在这里而放在了那里，则属于错误。评判时应严格要求，不可降低标准。

第三十七条 标点差错不论类型是否相同，每处均扣 0.5 分。

第三十八条 以下几种情形是报纸不应该错但又极容易错的，须严格把关。

（一）问号

虽然有"谁""什么""怎么"等疑问词，但全句并不是疑问句，末尾不能用问号。

＊他不得不认真思考企业的生产为什么会滑坡？怎样才能扩大产品的销路？

（二）顿号

1.并列成分中又有另一层次的并列成分时，不能一概用顿号。

＊全国人大常委会又颁布了禁毒决定，对制造、贩卖、运输、非法持有毒品、非

法种植罂粟、大麻等毒品原植物、引诱、教唆他人吸食、注射毒品等,都作了严厉的处罚规定。

2.相邻的数字连用表示一个概数,不能用顿号隔开。

*我们曾去过六、七个这样的购物中心,看到有二、三十位老人买这种健身器。

3.相邻和数字连用表示缩略语,可以用顿号隔开。如:

*省委负责同志向退居二、三线的老同志介绍了我省明年经济建设的总体规划。

(三)分号

1.被分号分隔的分句中不能出现句号(即"以小包大")。

*他在会上要求全省各部门、各单位接收和安排好今年的大中专毕业生。国有大中型企业应积极接收计划分配的毕业生,并尽可能地多收一些。这对企业今后的长远发展大有好处,是储备人才,积攒后劲;中央单位,和地方企事业单位一样,也有义务接收大中专毕业生。规模大的中央单位消化能力强,应该多接收一些;"三资"企业、股份制企业、乡镇企业,也要积极接收应届大中专毕业生。

2.分号不能用在普通单句中。

*报名者请携带户口簿;身份证;高中毕业证书;体检证明;两张二寸近期免冠照片。

*今年全公司要继续走"少投入、多产出;以适用技术服务于农"的路子。

(四)冒号

提示性词语后面无停顿,相呼应的是引语后的宾语,这个提示性词语后面不能用冒号。

*厂领导及时提出:"以强化管理抓节约挖潜、以全方位节约促成本降低、以高质量低成本开拓市场增效益"的新思路。

(五)引号

1.引语被当作完整独立的话语来用,句末标点应放在引号里面。

*古人曰:"多行不义必自毙"。

引语被作为作者的话的组成部分,句末标点应放在引号外面。

*大革命虽然失败了,但火种犹存。共产党人"从地下爬起来,揩干净身上的血迹,掩埋好同伴的尸首,他们又继续战斗了。"

2.横排和竖排的引号都要外双内单,即引号里面还有引号时,外面一层用双引号,里面一层用单引号。

(六)括号

括号里的话如果是注释句子里某个词语,括号要紧贴在被注释的词语之后。

*如果国家主权遭到贬损或剥夺,个人的一切就将失去保障(包括人权在内)。

（七）省略号

1. 省略号前面的话用了句号、叹号、问号，说明前面是完整的句子，这个名末点号应予保留；如果前面是顿号、逗号、分号，这个句中点号不保留。省略号后面的标点，一般不用，因为连文字都省略了，标点符号自然也可以不要。

＊雄伟庄严的人民大会堂，是首都最著名的建筑之一，……。那壮丽的廊柱，淡雅的色调，以及四周层次繁多的建筑立面，组成了一幅绚丽的图画。

2. 省略号不得与"等"或"等等"并用。

＊在另一领域中，人却超越了自然力，如飞机、火箭、电视、计算机，等等。

（八）书名号

1. 除了书名、报纸名、刊物名、篇章名可用书名号以外，下列文化产品名称也可以用书名号：影片《红高粱》|小提琴协奏曲《梁祝》|独舞《月光》|黑白摄影《救死扶伤》|董希文《开国大典》|石雕《和平》|湘绣《龙凤呈祥》|特种邮票《中国皮影》|相声《钓鱼》|小品《英雄母亲的一天》|报纸上《人民子弟兵》专栏|北京文艺台《周末三人谈》专题节目

2. 书名号里面的名称要与原名相符。如：不应把"《人民邮电》报"标点作"《人民邮电报》"。合适的缩略形式可以使用，如《毛选》四卷本、《沙》剧。

3. 不能使用书名号的情形：

＊《长征二号》运载火箭|《永久牌》自行车|《桑塔那》轿车|颁发《身份证》|持有《生产许可证》|办理《营业执照》|住在《北京饭店》|室内乐队《爱乐女》荣获《百花奖》|《喜乐杯》足球赛|《科技日语速成班》招生|召开《'96 油画艺术研讨会》|《法国近代艺术展览》开幕

4. 丛书的标点，早年习惯上用书名号（如《万有文库》《四部丛刊》等）。现在的丛书最好使用引号而不使用书名号。丛书名为一个词的，连同"丛书"加引号，如"五角丛书""妇女丛书"；丛书名为短语的，只把这个短语加引号，如"当代农村百事通"丛书、"从小爱科学"丛书。

5. 教科书名称用书名号，而课程名称不用书名号。如：这学期开设微积分课，需要买一本高等教育出版社出版的《微积分》。

6. 报社（报纸编辑部）和杂志社（杂志编辑部）的名称，如果着眼于单位，不用书名号更好。如：《讽刺与幽默》是人民日报办的漫画增刊|新闻出版报邀请首都部分出版单位负责人座谈。如果报刊名称易与普通名词混同，一般要加书名号。如：《山西青年》向"一稿多投"宣战|《少男少女》请宏志班学生在广州作报告。

（九）序号的标点

"第一""第二""第三"后面用逗号；"一""二""三"后面用顿号；"1""2""3"和"A""B""C"后面用齐线黑点。带了括号的序号，后面不得再加顿号、逗号之类。

（十）"97"这种形式是从英文出版物引进的，可以使用，这里的高撇号"'"习惯

上称作"省字号"。这种形式限用于某项活动"标题式"的名称中,如"'97 全国足球甲 A 联赛"。"'97"这种形式不可替代"1997 年"用于一般的年代表述(如作时间状语)。"'97 年""'97 年度"中的"年""年度"是多余的。

(十一)"g/cm³"中的斜线,是科技符号中的"除号",不属于标点符号。凡是复合量词(如:人次、架次、人公里、吨公里),不可用斜线除号分隔(如:吨/公里)。

(十二)标点符号位置禁则

1.句号、问号、叹号、逗号、顿号、分号和冒号不应居一行之首。

2.引号、括号、书名号的前一半不应居一行之末,后一半不应居一行之首。

3.句末省略号不应独居下一行之首。

4.破折号和省略号不能断开分居一行之末、一行之首。破折号不应排作"— —"。

第八章　数字用法

第三十九条　数字用法着重检查:(1)处理是否得体;(2)是否保持局部统一;(3)带有计量单位的量值(横排)是否用了阿拉伯数字;(4)一个用阿拉伯数字书写的量值是否移行了。

第四十条　数字差错一处扣 0.5 分,同一篇文章有两处或两处以上同类型的差错扣 1 分。

第四十一条　以下几种情形是报纸不应该错但又极容易错的;须严格把关。

(一)使用阿拉伯数字不得体。

＊西峡人戏称"5000 轻骑闹山乡"。(应作"五千")

＊开发范围跨津冀鲁三省市的 20 几个区县。(应作"二十几")

(二)同类情形在同一篇文章中体例不一致。

＊一一〇九钻井队……1211 钻井队……六根枕木……7 辆载重汽车……400多元……一千多美元……四分之一……1/3……

(三)使用阿拉伯数字,夹用汉字"十、百、千、十万、百万、千万、十亿、百亿、千亿"记位,如:5 千公斤|7 百万人口|3 千亿元|2 万 8 千 6 百多亩。但出版界使用的"千字"是唯一的例外。至于"百米、千克、千瓦、兆赫"中的"百""千""兆"属于计量单位中的词头,性质不同。

(四)单位名称中的数字代码,用汉字还是阿拉伯数字(如 301 医院/三〇一医院),以"名从主人"为原则,但全文前后要统一。标题可根据排版需要予以变通。

(五)汉文数码"〇"、拉丁字母"O"、阿拉伯数字"0"要避免混同。

第九章　计量单位

第四十二条　计量单位差错一处扣 1 分。同一版有两处或两处以上相同的差错,扣 2 分。

第四十三条　要使用法定计量单位,不使用非法定计量单位,如:公尺、公分、

立方公尺、公升。但文学作品(包括老百姓口头语引语)和历史资料,可以出现"里""尺""斤""英寸"之类的计量单位。如:扯了六尺花布|离县城 15 里地|小猪崽刚买来时才二十来斤|一口气吃了八两馒头|家里换上了一台 20 英寸的彩电|要节约每一度电。

第四十四条　不得使用已废除的计量单位旧译名用字。如:浬(应用"海里"),哩(必要时用"英里"),呎(必要时用"英尺"),吋(必要时用"英寸"),唡(必要时用"盎司")。

第四十五条　要正确使用计量单位符号,注意词头符号和单位符号的大小写。如:m(米),cm(厘米),km(千米),g(克),kg(千克,公斤),t(吨),A(安[培]),W(瓦[特]),kW(千瓦[特]),Hz(赫[兹]),MHz(兆赫[兹]),V(伏[特]),dB(分贝),min(分)。

第四十六条　表示参数范围的数值应按国家有关标准处理。如:

$63\% \sim 68\%$(不写作 $63 \sim 68\%$);

$-15 \sim -8℃$;

$155 \sim 220$ 公斤(亦可写作 155 公斤 $\sim$ 220 公斤);

8 万 $\sim$ 11 万吨(不写作 8 $\sim$ 11 万吨);

包装外形尺寸为 $400mm \times 200mm \times 300mm$(不写作 $400 \times 200 \times 300mm$)。

第十章　标题与引文

第四十七条　标题制作要题文相符,要准确、鲜明、生动。

第四十八条　标题应避免不适当的移行,如:(1)把一个词拆开,分在两行;(2)把助词"的"移到下一行行首;(3)由于句读不明而产生歧义。凡有严重歧义的标题,一处扣 2～3 分。如:

○外交部发言人沈国放说

　中国对美再次袭击

　伊拉克深表不满

○短讯荟萃

　山西人口报请

　读者"挑毛病"

　苏州局限时装

　电话说到做到

第四十九条　引文(尤其是引用马克思主义经典著作和古代名著),应注意核实,以保证准确无误。

第五十条　由引用造成的差错(如丢字、多字、标点错误或曲解),按同类型差错的两倍扣分。

第十一章　知识性问题

第五十一条　知识性差错可能涉及各个领域。这里仅举几例：

＊福建有名山曰雁荡山。（雁荡山在浙江省）

＊春分刚过,离惊蛰还有十几天。（二十四节气中,春分在惊蛰后面）

＊这种食品中含有维生素、蛋白质、氨基酸等多种元素。（维生素、蛋白质、氨基酸都不是元素）

＊由于某些"左"的错误,特别是十年动乱中的"苦迭打",作者和评论工作者之间存在着很深的裂痕。（"苦迭打"不是残酷打击的意思）

第五十二条　知识性差错一处扣 2.5 分。

第十二章　文　风

第五十三条　提倡准确、鲜明、生动的文风,忌假大空的"八股腔",忌花里胡哨、似是而非的"花腔",忌流里流气、粗俗不堪的"痞子腔"。目前尤其要反对"花腔",即堆砌辞藻、故弄玄虚,看似漂亮深沉但无论从内容上还是文法上都经不起推敲的文字。

第五十四条　文风问题要从一篇文章的总体上去衡量。要把正当地运用修辞手段跟文风不正区别开来。不能用新闻写作的要求去要求文学作品。文学作品为了取得艺术效果,可以创造性地使用文学语言。

第五十五条　一篇文章如确属文风不正,扣 3～5 分。

（原载 1997 年 4 月 9 日《新闻出版报》第 3 版）

主要参考文献

[1]黄奇杰编著.报刊编辑案例评析[M].杭州:浙江大学出版社,2008.

[2]郑兴东,陈仁风,蔡雯著.报纸编辑学教程[M].北京:中国人民大学出版社,2001.

[3]张子让著.当代新闻编辑[M].上海:复旦大学出版社,1999.

[4]韩松,黄燕著.当代报刊编辑艺术[M].上海:复旦大学出版社,2006.

[5]郑兴东,陈仁风编.中外报纸编辑参考资料[M].北京:中国人民大学出版社,1987.

[6]吴飞著.新闻编辑学[M].杭州:浙江大学出版社,2002.

[7]许清茂编著.杂志学[M].厦门:厦门大学出版社,2002.

[8]王咏赋著.报纸版面学[M].北京:人民日报出版社,2001.

[9]蒋小丽编著.现代新闻编辑学[M].北京:高等教育出版社,2002.

[10]王晓宁著.现代新闻编辑学[M].郑州:郑州大学出版社,2004.

[11]胡武编著.现代新闻编辑学[M].武汉:武汉大学出版社,1999.

[12]赵鼎生著.西方报纸编辑学[M].北京:中国人民大学出版社,2002.

[13]范敬宜著.怎样当好总编辑[M].北京:人民日报出版社,1997.

[14]白庆祥,刘乃仲,郑保章编著.新闻采访写作编辑案例教程[M].北京:新华出版社,2003.

[15]顾耀铭主编.我看美国媒体[M].北京:新华出版社,2000.

[16]徐柏容著.期刊编辑学概论[M].沈阳:辽海出版社,2005.

[17]刘海涛等著.中国新闻官司二十年:1987—2007[M].北京:中国广播电视出版社,2007.

[18]李孟昱编.当代中国报纸版面精粹[M].广东:南方日报出版社,2003.

[19]罗小萍编著.新编新闻编辑学[M].北京:法律出版社,2004.

[20]桑金兰著.报纸版面创意艺术与电脑编辑[M].上海:复旦大学出版社,1999.

[21]邝云妙主编.当代新闻编辑学[M].广州:暨南大学出版社,2000.

[22]彭朝丞,王秀芬著.标题的制作艺术[M].北京:新华出版社,2005.

[23]彭朝丞著.新闻标题制作[M].北京:中国广播电视出版社,2007.

[24]沈兴耕著.报纸编辑学实务[M].北京:中国广播电视出版社,2000.

报刊编辑实务教程

［25］陆炳麟著.怎样当新闻编辑［M］.北京：新华出版社，1989.

［26］高萍编著.方正飞腾 4.1 排版应用教程［M］.北京：科学出版社，2010.

［27］胡丹编著.报纸电子编辑实验教程［M］.北京：中国人民大学出版社，2009.

［28］罗昕，彭柳，刘敏编著.报刊新闻电子编辑［M］.北京：北京大学出版社，2009.

［29］北大方正电子有限公司编著.方正飞腾 4.0/4.1 集成排版软件使用说明书［M］，2003.

［30］［美］斯坦利•J.巴伦著，刘鸿英译.大众传播概论（中文版）［M］.北京：中国人民大学出版社，2005.

［31］［美］多萝西•A.鲍尔斯、黛安•L.博登著，李蕻等译.现代媒体编辑技巧（中文版）［M］.北京：新华出版社，1999.

图书在版编目（CIP）数据

报刊编辑实务教程/黄奇杰，李淑瑛编著.—杭州：
浙江大学出版社，2013.12（2022.7重印）
　ISBN 978-7-308-12675-5

　　Ⅰ.①报… Ⅱ.①黄… ②李… Ⅲ.①报刊—编辑
学—教材 Ⅳ.①G232.2

中国版本图书馆CIP数据核字（2013）第303296号

报刊编辑实务教程

黄奇杰　李淑瑛　编著

责任编辑	李海燕
封面设计	续设计
出版发行	浙江大学出版社
	（杭州市天目山路148号　邮政编码310007）
	（网址：http://www.zjupress.com）
排　　版	杭州青翊图文设计有限公司
印　　刷	杭州良诸印刷有限公司
开　　本	710mm×1000mm　1/16
印　　张	19.75
字　　数	387 千
版 印 次	2013年12月第1版　2022年7月第3次印刷
书　　号	ISBN 978-7-308-12675-5
定　　价	36.00元